贵州师范大学马克思主义理论学科建设资助出版

贵州师范大学教学改革项目"高校思想政治理论课'三位一体'教学改革实践研究"（项目编号：2022027）

思想政治研究文库

高校意识形态话语权建设研究
基于全媒体的视角

杜朝举◎著

光明日报出版社

图书在版编目（CIP）数据

高校意识形态话语权建设研究：基于全媒体的视角 /

杜朝举著 . -- 北京：光明日报出版社，2024. 8.

ISBN 978 - 7 - 5194 - 7720 - 2

Ⅰ. G641

中国国家版本馆 CIP 数据核字第 2024SA6924 号

高校意识形态话语权建设研究：基于全媒体的视角

GAOXIAO YISHI XINGTAI HUAYUQUAN JIANSHE YANJIU：JIYU QUANMEITI DE SHIJIAO

著　　者：杜朝举

责任编辑：许　怡　　　　　　　责任校对：王　娟　董小花

封面设计：中联华文　　　　　　责任印制：曹　净

出版发行：光明日报出版社

地　　址：北京市西城区永安路 106 号，100050

电　　话：010-63169890（咨询），010-63131930（邮购）

传　　真：010-63131930

网　　址：http：//book. gmw. cn

E - mail：gmrbcbs@ gmw. cn

法律顾问：北京市兰台律师事务所龚柳方律师

印　　刷：三河市华东印刷有限公司

装　　订：三河市华东印刷有限公司

本书如有破损、缺页、装订错误，请与本社联系调换，电话：010-63131930

开　　本：170mm×240mm

字　　数：305 千字　　　　　　印　　张：16.5

版　　次：2025 年 3 月第 1 版　　印　　次：2025 年 3 月第 1 次印刷

书　　号：ISBN 978 - 7 - 5194 - 7720 - 2

定　　价：95.00 元

前　言

人类社会诞生以来，传播媒介始终发挥着价值渗透、思想传播与文化传递等重要功能，并随着人类文明的发展而发展，传播媒介先后经历了口头语言、纸张书籍、广播、电视、电话，再到以网络为依托的新兴传播媒介，尤其是网络信息传播技术的问世，标志着现代传播领域进入了新兴媒体时代。全媒体作为新兴媒体与传统媒体有机融合的产物，时常被称为多媒体有机融合发展而成的现代传播载体。全媒体时代是全程媒体、全息媒体、全员媒体、全效媒体等综合作用的媒体时代。全媒体与全媒体时代是辩证统一的关系，即全媒体催生了全媒体时代，是全媒体时代的技术基础，全媒体技术的发展是形成全媒体时代的物质技术基础。当前，在现代网络信息技术的作用下，全媒体不仅已经成为人们获取信息、表达诉求、传播思想的重要工具，还深刻地影响着人们的生活方式与价值理念。高校作为意识形态争夺的主阵地，高校意识形态问题事实上就是话语权的问题，而意识形态话语权就是以意识形态话语为载体，是在意识形态话语表达、话语叙事、话语阐释中形成的作用力、控制力与影响力。当全媒体与高校意识形态话语权耦合时，全媒体既可以成为增强高校意识形态话语权的利器，也可以成为弱化高校意识形态话语权的工具。而规避全媒体传播带来的现实问题，发挥好全媒体的技术优势及其传播功能，助力高校提升意识形态工作的效率，才能真正达到切实增强高校意识形态话语权之目的。

高校作为我国培育社会主义合格建设者和接班人的重要基地，高校意识形态话语权的建设质量影响着我国意识形态话语权建设的整体质量，从这个角度来说，增强高校意识形态话语权就是意味着要增强我国的意识形态话语权。全媒体作为现代传播载体，具有传统媒体所不具备的技术优势和强大的传播功能，谁完全掌控全媒体，那么全媒体就会承载和传播掌控者所倡导的价值观，并且能够极大地增强掌控者价值观的传播力和影响力。因此，在全媒体时代，探讨高校意识形态话语权面临的机遇和挑战，探索其存在困境的原因，提出解决问题的对策，对于弘扬主旋律、传播正能量、规范媒体行为、净化媒体空间、营造优良环境、引领社会舆情、提升舆论质量，以及拓展高校思想政治教育的内容、丰富高校思想政治教育的方法等具有重要的价值意义。

理论思辨、经验总结、问卷调查与个别访谈等表明，全媒体时代高校意识形态话语权面临着机遇与挑战并存的状况。在机遇方面，有助于提升意识形态话语权的执行效能、拓展意识形态话语权的实践渠道、创新意识形态话语权的实现方式、赢得意识形态话语权的主动权等，为增强高校意识形态话语权提供了机遇；在挑战方面，话语主体多元化会弱化高校意识形态话语权的主导力，话语内容的戏谑化会消解高校意识形态话语权的引导力，话语信息的碎片化传播会稀释高校意识形态话语权的影响力，传播媒介的资本化会削弱高校意识形态话语权的感召力。通过深入考察发现，全媒体时代高校意识形态话语权面临的困境是多种因素综合作用的结果，这些因素主要包括高校思政课教师的综合素养不高、西方意识形态的强势渗透、不规制的网络传播媒体、高校意识形态教育话语的弱吸引力，以及高校部分大学生辨识力不强易被蒙蔽、待成熟的心理易被诱导、未定型的"三观"易被蛊惑、不完善的知识体系易被误导等，正是在这些因素的共同作用下，高校意识形态话语权面临着比较严峻的挑战。

全媒体时代要全面提升高校意识形态工作的效能，高举中国特色社会主义伟大旗帜，坚定高校师生的价值立场，统一高校师生的思想意识，汇聚高校师生的精神力量，就要牢牢掌握和积极增强高校的意识形态话语权。为此，在全媒体时代，我们要广泛借鉴马克思主义经典作家的意识形态理论及其关于增强意识形态话语权的方法，始终坚持马克思主义在高校意识形态领域的指导地位，用马克思主义来筑牢高校师生员工的精神之基、补足师生员工的精神之"钙"，为增强高校意识形态话语权提供方向指引，切实更好地推动高校意识形态工作的高质量发展；坚持党管意识形态工作的原则，高校作为党的意识形态工作的前沿阵地，高校党委要高度重视意识形态工作、自觉增强责任意识、提升意识形态工作本领，是增强高校意识形态话语权的重要保障；提升高校思想政治理论课教师的理论素养、文化素养、媒介素养，全面增强高校思想政治理论课教师的胜任力；

优化话语内容，关键是要保持话语内容因时而新、因事而新、因势而新，不断生产出贴近时代、贴近实际、贴近学生的话语内容，以此增强高校意识形态话语权的感召力；加大监管力度，就是要明确高校各部门的工作职责，落实意识形态工作责任制，建立线上线下双向监督管理机制，加强网络意识形态治理，净化现代传播媒体的生态环境，积极构建全媒体传播格局；等等。基于理论指导、技术支撑、话语内容与学校主体的共同作用，以此构建起化解高校意识形态话语权面临困境的结构模型与方法路径。

目 录
CONTENTS

导 论

论文要写在实地上，课题研究也要从实处着力、从问题入手，尤其要从自己所从事的教学工作着手，才能更好地做好自己的本职工作。因此，我作为高校思想政治工作的研究人员，更应该从高校的意识形态工作着手。从高校意识形态工作成效的衡量指标来看，首要考虑的就是高校意识形态话语权。为此，笔者基于全媒体视角，以高校意识形态为着力点，探讨全媒体时代高校意识形态话语权建设的相关问题，对于维护高校的意识形态安全，提升高校意识形态工作的实效性等，具有重要的价值意义。

一、研究缘起及意义

习近平总书记指出，"一个政权的瓦解往往是从思想领域开始的，政治动荡、政权更迭可能在一夜之间发生，但思想演化是个长期过程，思想防线被攻破了其他防线就很难守住，在集中精力进行经济建设的同时，一刻也不能放松和削弱意识形态工作"①。一个政权的瓦解往往始于思想领域的动荡，这是因为政治动荡和政权更迭很可能在短暂的时间内突然降临，但思想演变却是一个漫长的过程。一旦思想防线被攻破，其他防线就会变得脆弱，难以坚守。思想领域的瓦解可能源于多种因素，包括社会矛盾的累积、民众对现行政策的不满以及对未来发展的担忧。当人们对政权的核心价值观和信仰产生怀疑时，思想防线就开始动摇。这种动摇可能逐渐蔓延至整个社会，进而引发政治动荡和政权更迭。在我国，党和政府高度重视思想政治教育工作，深知做好思想防线的重要性。因此，我们必须加强意识形态工作，巩固党和人民团结奋斗的共同思想基础。同时，我们还要密切关注社会舆情，了解民众需求和诉求，及时回应社会关切。通过深化改革、改善民生、保障社会公平正义等措施，积极化解社会

---

① 中共中央文献研究室.十八大以来重要文献选编（上）[M].北京：中央文献出版社，2014：465.

矛盾，为维护国家政治稳定奠定坚实基础。总之，只有守住了思想防线，才能确保国家的长治久安。

全媒体时代，意识形态话语权之争更加间接、隐蔽，斗争手段从单一趋向多元，斗争内容从物质层面向精神层面的转化更具渗透性，致使我国高校意识形态话语权建设面临的形势严峻复杂。对内"西强我弱""有理说不出、说了传不开""理论创新滞后"等方面的困境还未根本改变；对外西方仍然凭借强大的信息技术优势和话语优势在场内外推行着"西方中心主义"的霸权思想，肆意歪曲、污蔑中国实践，炮制出"历史终结论""中国威胁论""中国崩溃论"等错误思想。高校作为我国研究、宣传主流意识形态的重要前沿阵地之一，我们以"高校意识形态话语权"作为主题来开展相关方面的课题研究，是适应新形势、化解新矛盾的有效路径。

高校作为意识形态争夺的前沿阵地，研究全媒体时代高校意识形态话语权面临的机遇与困境，探讨高校意识形态话语权面临困境的成因，构建化解高校意识形态话语权面临困境的对策。这无论对于我们提升高校意识形态工作的质量，还是牢牢把握和增强高校意识形态话语权，都具有重要的现实意义。

（一）研究缘起

2019 年 1 月 25 日，习近平总书记在主持中央政治局集体学习时提出，"全媒体不断发展，出现了全程媒体、全息媒体、全员媒体、全效媒体，信息无处不在、无所不及、无人不用，导致舆论生态、媒体格局、传播方式发生深刻变化，新闻舆论工作面临新的挑战。我们要因势而谋、应势而动、顺势而为，加快推动媒体融合发展"①。该论断表明，"四全媒体"能够得以问世是现代传播技术的迅速崛起与飞速发展的结果，尤其是随着传播媒体从单一传播媒体向多元传播媒体融合发展的转化，推动着现代传播媒体进入了全媒体时代。以现代传播技术为依托的全媒体不仅成为各种思想文化传播与渗透的重要平台，还成为增强高校意识形态话语权的重要渠道。

2013 年，习近平总书记在全国宣传思想工作会议上首次提出意识形态工作话语权这一概念，并将话语权与领导权、管理权并列，明确指出要"必须把意识形态工作的领导权、管理权、话语权牢牢掌握在手中，任何时候都不能旁落，否则就要犯无可挽回的历史性错误"②。众所周知，牢牢掌握意识形态话语权就

---

① 谢环驰. 习近平在中共中央政治局第十二次集体学习时强调：推动媒体融合向纵深发展巩固全党全国人民共同思想基础［N］. 人民日报, 2019-01-26（1）.
② 习近平. 论党的宣传思想工作［M］. 北京：中央文献出版社, 2020：21.

是在积极推动意识形态的工作，就是在提升意识形态工作的效能。全媒体时代，中西方在意识形态领域的斗争异常激烈，并显著地表现在争夺意识形态话语权上，如果"准确、权威的信息得不到及时传播，虚假、歪曲的信息就会搞乱人心；积极、正确的思想舆论不发展壮大，消极、错误的言论观点就会肆虐泛滥"①。因此，高校作为我国高校意识形态工作的重要前沿阵地之一，我们要守护好高校这个意识形态工作的前沿阵地，就必须牢牢把握高校的意识形态话语权。正因如此，我们通过深入探讨"全媒体时代高校意识形态话语权"建设方面的相关问题，以此在全面把握和深刻洞悉高校意识形态话语权面临困境的普遍性与特殊性的基础上，全面科学地构建能够切实增强高校意识形态话语权的策略。

从既有研究成果来看，学界已从多个方面探讨了高校意识形态话语权建设的相关问题，如互联网对高校意识形态话语权的影响问题、新媒体时代高校意识形态话语权的建设问题等。然而，尽管已有大量研究成果关注了高校意识形态话语权方面的相关问题，但仍存在一些不完善的地方，这使得我们还需要继续深入研究全媒体时代高校意识形态话语权建设的相关问题：

首先，复杂多变的国际环境。随着全球化的推进，国际政治、经济和文化交流日益频繁，西方话语霸权对我国高校意识形态领域产生了深刻的影响。在这种背景下，研究高校意识形态话语权的建设问题，有助于增强我国高校大学生的民族自豪感和认同感，维护国家意识形态安全，坚定大学生的理想信念，引领大学生树立正确的价值观。从高校青年大学生群体的特点来看，他们正处于成长的拔节孕穗的关键时期，思维活跃，求知欲强，但同时也容易受到各种思潮的影响。尤其是随着科技进步的影响，当代大学生在信息获取、传播和交流方式上发生了很大变化。他们更加注重个性表达，价值观更加多元，这对高校意识形态教育提出了更高的要求。此外，现代科学技术的发展，也为国际反华势力和敌对势力提供了便捷的条件。因此，我们需要深入研究高校意识形态话语权的建设问题，一方面是为了适应这一环境的变化，增强应对这一环境变化的能力；另一方面有助于开阔大学生的国际视野，提升高校青年大学生的辨别力和适应力，培养担当民族复兴大任的时代新人等。这些都具有极其重要的价值。

其次，社会多元化的发展。随着我国社会经济的蓬勃发展，人们的思想观念和价值取向逐渐呈现出多元化态势。在这个大背景下，高校意识形态工作所

---

① 谢新洲. 推动媒体融合向纵深发展［N］. 人民日报，2019-03-26（10）.

面临的挑战也变得越来越复杂。在这个过程中，我们需要积极探索适应新形势下的高校意识形态工作方法，以确保高校的正确发展方向和培养出具有正确价值观的社会主义建设者和接班人。研究高校意识形态话语权的建设问题，有助于整合多元价值观，推动社会主义核心价值体系的构建，发挥好社会主义核心价值观的引领力、凝聚力与感召力。为此，我们要紧紧围绕立德树人这一根本任务，因势利导、创新举措，切实加强意识形态工作，为培养一代又一代有理想、有道德、有文化、有纪律的社会主义建设者和接班人贡献力量。

再次，科技进步的影响。互联网技术的快速发展，为高校意识形态工作提供了新的传播渠道和载体，同时也带来了话语权的重新分配。研究高校意识形态话语权建设问题，有助于我们更好地利用互联网技术，提高高校意识形态工作的实效性。科技进步加快了信息传播速度，科技进步带来了互联网、大数据等新兴媒体技术，使得信息传播速度迅速提升，人们能够在短时间内获取和分享大量的信息。这既为高校意识形态教育提供了新的载体和手段，也使得不良信息和价值观的传播更加迅速，对高校意识形态话语权构成挑战；科技进步带来了信息传播方式的多样化，在科技进步的推动下，信息传播方式呈现出多样化的趋势，包括文字、图片、音频、视频等。这种多样化使得意识形态教育的形式更加丰富，但同时也给不良信息和价值观的传播提供了更多渠道，增加了高校意识形态话语权的维护难度；科技进步扩大了舆论场域，科技进步推动了舆论场域的扩张，从传统的纸质媒体、广播电视拓展到网络媒体、社交媒体等。这为高校意识形态教育提供了更广泛的平台，有助于提升话语权。但同时，舆论场域的扩张也意味着更多元化的观点和价值观的碰撞，对高校意识形态话语权带来冲击。

最后，全媒体时代的机遇与挑战。在全媒体时代，信息传播呈现出去中心化、碎片化、瞬时性的特点，这给高校意识形态话语权带来了新的挑战。为了应对这些挑战，我们需要加强对高校意识形态话语权的研究，具体来说，主要有四方面的因素：一是全媒体时代信息传播格局的变化。全媒体时代，信息传播呈现出全程、全息、全员、全效的特点，媒体融合不断发展，传播渠道和平台日益多样化。这使得高校意识形态话语传播面临着更为复杂的环境，需要适应新的传播格局，提高话语权和影响力。二是舆论引导和价值观传播的重要性。在全媒体时代，舆论引导和价值观传播成为争夺意识形态话语权的关键。高校作为人才培养的重要场所，需要在全媒体环境下加强舆论引导，确保主流意识形态的传播和弘扬，维护国家意识形态安全。三是全媒体技术手段的运用。全媒体技术日新月异，高校意识形态工作可以借助先进的技术手段，提高话语传播的实效性。例如，通过大数据、云计算、人工智能等技术手段，实现意识形态话语的精准传播、个性化推送，提高话语权的竞争力。四是适应全媒体时代的发展需求。随着我国社会经济的快速发展，全媒体时代带来的机遇和挑战将对高校意识形态工作产生深远影响。从全媒体的视角研究高校意识形态话语权，有助于适应新时代的发展需求，确保高校意识形态工作的与时俱进。

综上所述，尽管已有研究成果对高校意识形态话语权建设问题进行了探讨，但在复杂多变的国际环境、社会多元化、科技进步、高校学生群体特点和意识形态工作重要性等多方面因素的影响下，为了在全媒体时代更好地推动高校意识形态工作，为了掌握全媒体时代高校意识形态话语权的变化规律，我们以全媒体为背景，以高校为立足点，继续研究高校意识形态话语权建设的相关问题，有助于把握社会发展的大趋势，有助于应对新的时代挑战和机遇，有助于全面提高意识形态理论研究、教育实践、管理制度等方面的水平，有助于为实现国家发展战略提供有力支持等，以此提升高校意识形态教育的实效性、增强高校意识形态话语权和维护好高校意识形态的安全。

（二）研究意义

本书基于全媒体的视角，探讨高校意识形态话语权建设的机遇、面临的困境及原因，形成应对困境的对策，为进一步推动该领域的研究提供新思路、新策略。本书着力于研究如何突破高校意识形态话语权的建设问题，着力于扩大高校意识形态的影响力、辐射力、引领力和感召力，着力于探讨高校意识形态话语权存在的机遇、面临的风险及其原因，为进一步推动高校意识形态话语权建设等，具有极其重要的价值意义。

第一，理论意义。全媒体时代高校意识形态话语权问题，关涉高校如何应对全媒体弱化高校意识形态话语权的重大问题，我们提出这一选题就是要从内容、技术和管理三个方面对高校意识形态话语权的理论与实践层面展开进一步探讨，这一方面有利于进一步阐释和研究党的十九届四中全会提出的关于"建立以内容建设为根本、先进技术为支撑、创新管理为保障的全媒体传播体系"[①]的内容。所谓"以内容建设为根本"，即要增强高校意识形态话语权，要推进高校意识形态话语权建设，其内容建设既是根本也是重点，是揭示问题、把握建设规律的重要突破口，尤其在全媒体时代，信息传播途径和载体的多样化，使话语内容为王的特性更加凸显，因此我们通过研究高校意识形态话语权所涉及

---

① 中共中央关于坚持和完善中国特色社会主义制度 推进国家治理体系和治理能力现代化若干重大问题的决定 [N]. 人民日报，2019-11-06（1）.

的知识体系去把握其内容体系，可以着力提升主流意识形态内容的时代性、针对性和吸引力，使社会主义价值观更好地融入日常生活，提高大学生对主流意识形态的认同感；所谓"以先进技术为支撑"，全媒体时代要解决好高校意识形态话语权的建设问题，就要关注先进技术在意识形态工作中的应用，因为随着现代科技的发展，特别是互联网、大数据等技术的快速发展及其广泛运用，这为提升意识形态工作的实效性提供了新的技术支撑，在推动新兴媒体与传统媒体深度融合的同时，增强了主流意识形态的传播效果；所谓"以创新管理为保障"，创新管理在全媒体时代高校意识形态话语权建设的过程中扮演着非常重要的角色，在全媒体时代，高校意识形态工作面临着诸多挑战，需要创新管理手段和方式。因为，在全媒体时代，信息传播的渠道和方式发生了根本性的变化，尤其是互联网、社交媒体、移动通信等新兴媒体的兴起，使得信息传播更加迅速、广泛和多元化，这种变化对高校意识形态工作提出了新的挑战，也带来了新的机遇，在机遇与挑战并存的现实环境中我们要增强高校意识形态话语权，就要自觉主动地从创新管理手段和方式去入手。由此可见，探讨全媒体时代高校意识形态话语权的建设问题，有助于进一步阐释"建立以内容建设为根本、先进技术为支撑、创新管理为保障的全媒体传播体系"的内容，并通过加强内容建设、运用先进技术、创新管理手段等，有助于提升高校意识形态工作的实效性，有助于确保高校始终坚持正确的办学方向，更有助于培养一代又一代社会主义建设者和接班人。

另一方面，有利于拓展全媒体与高校意识形态话语权的研究领域，进一步完善高校意识形态理论体系。首先，我们尝试对全媒体与高校意识形态话语权之间的互动关系、理论谱系等进行探讨，在一定程度上深化和拓展了该领域的研究，为学界进一步把握其存在的问题及原因、分析其特征及构建有效的对策等方面提供一定的学理性参考。其次，围绕该领域的研究，有助于进一步丰富和完善意识形态理论体系。具体来说，我们通过研究全媒体时代高校意识形态话语权的建设问题，有助于丰富和完善我国意识形态理论体系，为构建中国特色社会主义意识形态提供理论支撑和实践参考。全媒体时代高校意识形态话语权建设研究有助于深入探讨全媒体时代高校意识形态发展的规律，为我国意识形态理论体系增添新的内容。最后，我们通过对全媒体时代高校意识形态话语权的研究，可以更好地理解全媒体时代下意识形态工作的特点、挑战和机遇，为我国在新时代加强意识形态工作提供理论支撑，为我国高校意识形态工作提供有针对性的理论指导，尤其是随着各种意识形态的交流交融，在西方价值观和错误思想乘虚而入的情况下，我们通过深入研究把握其本质及其危害性，并在此基础上寻找破解之法，以此既可以达到进一步强化主流意识形态的目的，也可以达到有效抵制错误思想的目的，还可以达到进一步确保我国高校意识形态领域的安全和稳定的目的。

第二，现实意义。习近平总书记指出，"意识形态工作是党的一项极端重要的工作"①。意识形态工作具有政治认同、利益整合、组织动员、教育引导、文化批判等多种重要功能，有利于巩固全党全国人民团结奋斗的共同思想基础，因而必须把意识形态工作当作一项极端重要的工作来抓。当前，面对各种错误社会思潮的渗透和冲击，高校思想政治工作者必须牢固树立意识形态工作极端重要的理念，抓牢抓实抓深抓强高校意识形态工作，不断增进广大师生对中国特色社会主义、对中国共产党领导的广泛认同，增强对中国特色社会主义的道路自信、理论自信、制度自信、文化自信，巩固和夯实党执政的思想政治基础。

首先，是增强高校意识形态话语权的现实需要。意识形态话语权是指以非强制的方式支配、掌控与引领社会思想行为发展方向的能力，使人们自觉接受某种价值观，且自愿服从该价值观的支配行为。如果不控制消极的错误的社会舆论，不引导人们的思想行为，高校的意识形态工作要取得更好的成效是比较困难的。因为，高校并不是一个孤立的个体，它的某些工作是需要全社会参与完成的，甚至在某些领域的突出成效是全社会协同合力的结果。全媒体赋能之下的高校意识形态话语权在高校意识形态工作中扮演着关键性角色，且在全媒体本身已成为各种意识形态话语的聚集地时，在各种思想观念激荡、碰撞的重要场域等的现实境况之下，如果高校再不牢牢掌握意识形态话语权，那么高校的主流意识形态就会受到弱化，主流价值观甚至还会偏离正轨。

其次，是培育优秀人才的需要。全媒体彻底打破了信息传播的时空鸿沟，让信息传播的渠道、规模和速度都有了显著的提升。当然，这在增强高校意识形态的传播力、影响力的同时，也为各种非主流意识形态的传播与渗透提供了平台。当前，高校已成为各种非主流意识形态传播与渗透的重要阵地之一，并企图影响高校师生员工的价值观，尤其是青年大学生的价值观。青年大学生正处于成长的拔节孕穗的关键期，对非主流意识形态的鉴别力、认识力较为不足，容易受到非主流意识形态话语的影响，使其在面对错综复杂的话语信息时，某些青年大学生难免会质疑主流价值观，甚至导致政治信仰模糊。为此，增强高校意识形态话语权，净化高校意识形态环境，不仅是一项事关高校发展、事关人才培育的重要课题，还是事关国家强盛和民族复兴的重要课题。总而言之，

① 习近平.习近平谈治国理政：第一卷［M］.北京：外文出版社，2018：153.

全媒体时代，高校面临着各种非主流意识形态的侵蚀，这对高校的意识形态工作提出了新要求，只有加强高校意识形态话语权建设，进一步优化高校意识形态话语环境，才能切实为党和国家培育更多优秀可靠的青年人才。

再次，有助于建立保障高校意识形态话语权的全媒体传播体系。我们选择这个主题就是要探讨关于提升高校意识形态话语权的技术支撑，尝试建立以内容为王和管理创新为要的全媒体传播体系。而且，通过建立全媒体传播体系也有助于贯彻落实习近平总书记提出的打好网络意识形态攻坚战、加强全媒体建设，全面提升高校意识形态话语权的根本要求。因此，我们通过增强高校意识形态话语权，发挥其效能，引领大学生树立正确价值观，使其拥有爱国心、强国志、报国行，激励其锤炼品质、提升本领，以此，不断壮大优秀人才的队伍，为中国特色社会主义事业提供用之不竭的人才资源并做出更多、更大的贡献。

最后，是增强大学生思想政治教育实效性的需要。要增强大学生思想政治教育的实效性，需要满足方法的可操作性、实践的可行性与结果的可靠性。本书以全媒体时代高校意识形态话语权的困境及成因为着力点，构建了较为科学合理的应对策略，这对于提升思想政治教育的实效性具有积极意义。强化主流价值观的传播，提升意识形态话语权能够使主流价值观在高校中具有更强的影响力，有助于引导师生树立正确的世界观、人生观和价值观。具体来说，通过有效的思想政治教育，师生能够更好地认识到社会主义核心价值观的重要性，从而内化为自身的行为准则。具体来说，高校意识形态话语权可以增强师生员工的认同感，提升意识形态话语权有助于增强师生员工对国家和民族的认同感，培养他们的爱国主义情怀，因此在充分掌握话语权的情况下，高校可以有效地宣传国家政策、传播中华优秀传统文化，使师生员工更加坚定"四个自信"，自觉地为国家和民族的繁荣富强贡献力量；可以提高教学质量，提升意识形态话语权有助于提升高校思想政治教育的质量，即我们通过深入研究教育对象的特点，创新教育方法，针对性地开展思想政治教育，教育实效性将得到显著提升；可以有效应对网络环境所带来的挑战，网络空间的开放性、交互性和多元性使得主流意识形态面临着巨大压力，在网络环境的挑战之下，提升意识形态话语权有助于高校更好地应对网络环境的挑战，只有掌握话语权，才能在网络环境中传播正能量，引导学生树立正确的世界观、人生观和价值观；培养担当民族复兴大任的时代新人，增强高校意识形态话语权有助于培养具有担当民族复兴大任的时代新人，即通过加强思想政治教育，引导师生树立崇高的道德品质，促进其掌握丰富的理论知识，在实践活动中使其具备较强的实践能力，使其能够成为实现中华民族伟大复兴中国梦的强大力量。总之，提升高校意识形态话语权可以从多个层面助力高校提升思想政治教育的实效性，使教育成果更好地服务于国家发展和民族振兴。

二、国内外研究现状

"高校意识形态话语权建设——基于全媒体的视角"研究的问题，事实上就是关于在全媒体时代，探索"高校意识形态话语权面临的困境及对策"研究的问题，要弄清这个问题需要运用多学科领域的知识理论和实践方法。随着学科交叉与范式融合的不断发展，全媒体、高校、意识形态、话语权、意识形态话语权等逐渐被引入马克思主义理论学科中，产生了一系列研究成果，为进一步推动本课题的研究奠定了学理基础。

（一）国外研究现状

国外研究者主要集中于全媒体、意识形态、话语权等领域，但专门以全媒体为背景去探讨高校意识形态话语权的相关论著则极其不足。全媒体是新旧媒体有机融合的产物，是现代传播媒体发展的趋势，具有极强的计算力、传播力、整合力和影响力，它在一定程度上能够同时满足不同群体对个性化内容的需求，受到学界广泛关注，并产生了较为丰富的研究成果。

第一，关于意识形态的研究。意识形态这个概念起始于西方，涉及的领域广泛、深刻，产生了一系列的研究成果，这主要表现在肯定性、否定性和中立性三个方面。其一，基于肯定性评价的视角分析，即对意识形态持正面的、积极的、进步的评价，认为意识形态是认识的始基，是科学的基础，持这种观念的国外学者主要有巴林与特拉西，法国启蒙思想家特拉西作为"意识形态"这一概念的首创者，他将其看作"认识的起源、界限和认识的可靠性的程度"[1]，并进一步指出意识形态是科学的，并且是一切科学的始基，负有强大的社会使命，能够更好地服务人类。具体来说，特拉西把意识形态看作一种具有理解性的想象，是一种观看事物的方法，也是共识和一些哲学趋势的体现。首先，意识形态是认识的起源。特拉西认为，意识形态是人类对现实世界的初次认知和理解，是人类思维发展的基础。在他看来，意识形态是一种原始的、天生的认识方式，是人类认识世界的最初形式。其次，意识形态是认识的界限。特拉西认为，意识形态在一定程度上限制了我们对世界的认识。这是因为意识形态是一种特定的观看事物的方法，它决定了我们如何理解和解读现实世界。当我们习惯了某种意识形态时，往往会忽略其他可能的认识方式，从而使我们的认识

---

① 俞吾金. 意识形态论［M］. 北京：人民出版社，2009：28.

陷入局限。最后，意识形态是认识的可靠性的程度。特拉西认为，意识形态的可靠性程度取决于其与现实世界的契合程度。在一定程度上，意识形态可以为我们提供可靠的认识，但同时也可能产生错误的认识。因此，我们需要不断地对意识形态进行反思和修正，以提高认识的可靠性。总之，特拉西将意识形态看作"认识的起源、界限和认识的可靠性的程度"，是为了强调意识形态在人类认识发展过程中的重要作用以及意识形态在认识现实世界时的局限性。这有助于我们更好地理解意识形态的本质和功能，以及如何在实际生活中运用和反思意识形态。巴林把特拉西的这种观点作为重要的研究领域，并将其指定为"哲学上的基础科学"。肯定性意识形态认为，意识形态能够客观地、科学地反映事物的本质，能够为人类社会的发展服务。① 其二，基于否定性评价的视角分析。所谓否定性评价主要表现为对意识形态持批判、否定态度的评价，认为意识形态具有虚假性、欺骗性。这种评价主要基于意识形态存在着感性、知觉、意愿、判断等涉及价值理念与心理认知的要素，意识形态容易成为塑造假象、催生幻想的工具，基于这种情况，又有学者将其看作虚假意识形态、虚幻意识形态。否定性意识形态，认为意识形态本身是虚假的、虚幻的意识，不能够反映事物的本来面貌，甚至对人类的发展也没有任何的积极意义。其三，基于描述性的视角分析，抑或中立性的视角分析。中立性的意识形态，即只是用来分析、描述的工具，当然这种分析和描述是建立在没有政治立场、主观意识的基础上，即只做客观公正的判断与分析，认为意识形态不存在肯定与否定的问题，它就是一个客观存在的意识观念。如列宁认为意识形态是"思想的社会关系"，而"思想的社会关系不过是物质的社会关系的上层建筑，而物质的社会关系是不以人的意志和意识为转移而形成的，是人维持生存的活动的（结果）形式"。② 列宁的这一思想蕴含着深刻的历史唯物主义的内涵。首先，这种思想涉及意识形态与物质基础的关系。如列宁认为，意识形态是建立在物质生产和社会经济基础之上的上层建筑，它受到物质基础的制约。物质基础决定意识形态的性质和发展方向，而意识形态则对物质基础具有反作用。这一观点体现了历史唯物主义的基本原理，强调意识形态不是孤立的，而是与物质生活密切相关的。其次，蕴含了意识形态的阶级性。列宁认为，意识形态是阶级斗争的产物，不同阶级具有不同的意识形态。在阶级社会中，意识形态是统治阶级维护其统治地位的

---

① GEUSS R. The Idea of A Critical Theory［M］. Cambridge：Cambridge University Press，1981：12.

② 中共中央马克思恩格斯列宁斯大林著作编译局. 列宁全集：第 1 卷［M］. 北京：人民出版社，2013：121.

工具，而被统治阶级则需要通过斗争来改变现有的意识形态，从而实现社会制度的变革。这一观点揭示了意识形态的阶级性及其在阶级斗争中的重要作用。最后，关于意识形态的变革与实践。列宁强调，意识形态的变革不是孤立的，而是与实践活动紧密相连。只有通过实践，才能检验和修正意识形态，使其更加接近客观实际。同时，意识形态的变革需要与实际相结合，发挥指导作用，推动社会实践的发展。列宁在继承和发展马克思主义的基础上，形成了列宁主义。在列宁主义指导下的苏联社会主义建设，成功打破了资本主义意识形态的垄断，为无产阶级的话语体系在世界政治舞台争取到地位。这一实例充分证明了列宁关于意识形态观点的正确性。

卡尔·曼海姆（Karl Mannheim）认为，意识形态的概念是不固定的，它没有确切的含义，更是不确定的思想观念，"因为它最初只表示思想理论"。[①] 他进一步指出，尽管意识形态领域既存在着没落阶级意识的要素，也存在着新兴阶级意识的成分，但意识形态的终极目标是从特殊走向一般，最终摆脱"特殊的意识形态"，成为一个中立性的工具，仅仅是思想观念层面的内容，其特殊的阶级性的意识形态终将谢幕。莱蒙德·盖斯（Raymond Geuss）作了进一步分析，他认为如果没有赋予阶级立场，那么意识形态就是中性，反之就存在着肯定性和否定性的意识形态，这两种特性的归属主要取决于能不能为其阶级统治服务。由此可见，国外学者，尤其是西方学者对意识形态概念的研究从最初的观念学、认识论逐步拓展到人文学科、国家意识、阶级意识等领域，为进一步深入本研究本课题奠定了坚实的学理基础。

第二，关于话语与话语权的研究。国外学者对"话语权"的研究起始于对"话语"的研究，即由对"话语"的研究延伸至对"话语权"的研究。话语作为语言学领域的重要概念，被理解成"语言"或"言语"。随着"话语"这个概念被广泛探讨，且被大量应用于各个学科领域，"话语"逐渐向"话语权"演变。最早提出"话语权"这个概念的是法国社会学家米歇尔·福柯，他认为"人通过话语赋予自己权力"[②]，这是"话语权"被首次提及，初步实现了话语与权力的连接，他进一步指出话语即权力，意味着谁拥有话语，谁就拥有权力。米歇尔·福柯关于"人通过话语赋予自己权力"的内涵可以理解为，人通过知识、话语权、微观权力运作、主体性建构以及抵抗与超越等方式，在与权力关系的互动中为自己赋予权力。具体来说，其一，主要涉及知识与权力的互动关

---

① 曼海姆. 意识形态与乌托邦［M］. 黎鸣，译. 北京：商务印书馆，2000：72.
② 福柯. 话语的秩序［M］. 肖涛，译. 北京：中央编译出版社，2001：21

系，知识的生产和传播往往受到权力的制约，同时，知识也可以为权力的运作提供合法性依据。在这个过程中，人通过生产和传播知识，赋予自己权力。其二，话语权的掌握。掌握话语权是实现权力的关键。在一个社会中，占据统治地位的群体往往拥有话语主导权，他们可以通过话语来塑造和控制其他群体的思想和行为。因此，人通过掌握话语权，为自己赋予权力。其三，权力的微观运作。权力在微观层面上通过各种制度和实践得以运作。这些制度和实践包括教育、医疗、法律等，它们对话语的生产和传播产生深远影响。人通过参与这些制度和实践，为自己赋予权力。其四，主体性的建构。主体性是权力运作的结果。在一个权力关系中，个体或群体通过遵循一定的规范和价值观，塑造自己的行为和认知。人通过这个过程，赋予自己权力。其五，抵抗与超越。权力并非绝对不变的，个体和群体可以通过话语抵抗和超越现有的权力关系。在这个过程中，人通过创造新的知识和话语，为自己赋予更多的权力。这些观点揭示了权力与人、话语之间的密切关系，对于我们理解社会现实和权力运作具有重要的理论价值。

第三，关于意识形态话语权的研究。意识形态话语权争夺的实质是地位和权力。罗宾·洛克夫（Robin Tolmach Lakoff）在《语言的战争》一书中指出，20世纪末争夺地位和权力的实质是争夺话语权，谁拥有话语权意味着谁就具有创造权和规则的制定权。那么谁具有掌握意识形态话语权的资格呢？科学技术的拥有者具有话语权。如法兰克福学派代表赫伯特·马尔库塞（Herbert Marcuse）认为，科学技术具有意识形态的属性，科学技术的合理性能够让政治意识形态变得更有合理性，即科学技术具有执行意识形态的功能，意味着谁掌握最先进最全面的科学技术，谁就具有掌握意识形态话语的优先权。尤尔根·哈贝马斯（Jürgen Habermas）在《作为"意识形态"的技术与科学》一文中指出，科学技术具有意识形态属性，拥有先进科技的国家也掌握着较多的意识形态话语权。尼古拉斯·尼葛洛庞帝（Nicholas Negroponte）作为世界闻名遐迩的技术预测家，他认为信息技术革命会改变人们的生活方式、学习方式与休闲方式等。[①] 首先，对生活方式的影响，主要表现为随着信息技术的发展，人们的生活方式将发生重大变革。数字化将成为生活的主导趋势，使得传统行业和新兴产业都将面临数字化转型的压力。此外，智能设备、物联网、大数据等技术将进一步渗透到日常生活中，为人们提供更加便捷、个性化的服务。与此同时，隐私保护和网络安全问题也将越发重要，成为人们关注的焦点。其次，对学习

---

① 尼葛洛庞帝. 数字化生存［M］. 胡泳，译. 海口：海南出版社，1997：3.

方式的影响，信息技术革命将彻底颠覆传统的教育模式。在线教育、远程教育、虚拟现实等技术将逐渐成为主流，为学生提供更加灵活、个性化的学习体验。同时，大数据和人工智能技术可以帮助教师更好地了解学生需求，实现精准教学。此外，学习不再局限于课堂，人们可以通过互联网随时随地获取知识，自主学习成为未来教育的重要趋势。最后，对休闲方式的影响，随着信息技术的发展，人们的休闲方式也将发生重大变化。尼葛洛庞帝认为，数字娱乐将成为人们的主要休闲方式，例如网络游戏、短视频、直播等。同时，虚拟现实和增强现实技术将为人们提供更加沉浸式的娱乐体验。此外，智能家居技术使得人们可以在家里享受更加便捷的生活服务，如智能家居设备、智能厨房等。然而，过度依赖数字娱乐也可能导致人们面临现实社交和心理问题，因此平衡数字娱乐与现实生活的重要性越发凸显。总之，在信息技术革命的时代，我们要积极适应时代变化并发挥技术的优势，同时关注潜在风险，是我们在面对信息技术革命时需要思考的问题。

第四，关于全媒体与意识形态话语权的研究。关于全媒体及其在意识形态研究中的价值研究，概括起来主要有两种观点，即技术决定论、文化决定论。其一，技术决定论认为，全媒体是整合社会意识形态的重要手段，决定社会文明的意识形态的发展状况，媒介就是万物，万物等同于媒介。尼尔·波兹曼（Neil Postman）在《娱乐至死》中提出，"媒介形式偏好某些特殊的内容，从而最终控制文化意识形态"。这种观点，实际上是关于媒介对文化产生影响的深入探讨。他从媒介的角度出发，认为媒介的性质和形式会潜移默化地影响到社会文化的演变。首先，"媒介形式偏好某些特殊的内容"，指的是不同媒介对于信息的处理和呈现方式存在差异，从而使得某些内容更容易在特定媒介中传播和流行。例如，电视媒介偏向于视觉和声音的刺激，因此更容易传播形象鲜明、富有表现力的内容；而印刷媒介则更偏向于文字和思想性的内容。其次，媒介最终会控制文化意识形态。这是因为媒介不仅传递信息，而且还具有隐喻的功能，可以塑造人们的认知方式和思维模式。强势媒介能够以一种隐蔽但强大的暗示力量重新定义现实世界，甚至塑造一个时代的文化精神。例如，在电视时代，娱乐成为主导，政治、宗教、教育等公共领域的内容也逐渐以娱乐化方式呈现，这使得人们更倾向于追求瞬间的愉悦，而忽视深度思考。由此可见，他的这种观点旨在提醒我们要关注媒介对文化的影响，要认识到媒介不仅是信息的传递者，更是文化建构的重要参与者。在当今社会，新兴媒介如互联网和社交媒体日益成为人们获取信息、交流和娱乐的主要平台，它们所传递的内容和价值观不可避免地影响着人们的认知、价值观和行为。因此，我们需要对媒介进行批判性思考，关注其在文化建构中的作用，以避免陷入"娱乐至死"的境地，以维护一个健康、多元的文化环境。其二，文化决定论认为，技术因文化转移为技术文化，而文化在包装后控制着技术。唐·伊德（Don Ihde）提出，文化意识形态通过改造与包容等方法对技术进行控制，同时改变其自身以期接近于新的文化意识形态群体。全媒体是现代传播技术发展的产物，它对社会生活有着深刻影响。埃姆·罗杰斯（EM Rogers）探讨了现代传播技术的使用给社会、组织和个人带来了深刻的影响和变化。

第五，关于全媒体时代意识形态话语权研究，概括起来主要有媒体塑造和控制意识形态话语权，媒体具有执行意识形态的功能。其一，媒体塑造意识形态话语权。曼纽尔·卡斯特（Manuel Castells）在《认同的力量》中提出："媒体政治不是所有的政治，但所有的政治必须通过媒体影响决策。如此一来，政治被根本地形塑，在其内涵、组织、过程与领导权上，被媒体系统的内在逻辑（特别是新的电子媒体）所形塑。"① 首先，这种观点表明了媒体政治的重要性。媒体政治并非直接参与政治决策，但它对政治的影响力不容忽视。无论是传统的纸质媒体还是新兴的电子媒体，都具备塑造公众舆论的能力。而舆论对于政治决策具有重要的影响，因为它可以塑造政治议程，推动政治变革。其次，表明了政治受媒体影响。所有的政治活动都必须通过媒体来传播、发酵和产生影响。这种影响在很大程度上决定了政治议题的关注度、公众对政治的看法以及政治力量的变化。再次，表明了媒体具有塑造政治形态的功能。媒体系统的内在逻辑，尤其是新的电子媒体，对政治的内涵、组织、过程和领导权产生了深刻影响。例如，新兴媒体平台使得政治信息传播更加迅速、广泛，同时也使得政治参与更加便捷；社交媒体的出现改变了政治传播的方式，使得政治宣传和舆论引导更加精准；网络政治崛起，政治人物和政党纷纷利用网络平台发声，争夺网络话语权。最后，表明了政治与媒体的互动关系。政治力量不仅要善于利用媒体传播自己的观点和主张，还要关注媒体对政治议题的塑造和引导。同时，媒体也需要在保持客观公正的基础上，关注政治议题的社会影响，以促进政治民主和社会进步。由此可见，曼纽尔·卡斯特关于媒体政治和媒体对政治影响的观点，为我们理解媒体与政治之间的关系提供了有益的启示。在当今信息社会，媒体在政治生活中的作用日益重要，政治人物和政党需要关注媒体的影响力，善于利用媒体传播自己的观点和主张，同时媒体也要承担起社会责任，

① 卡斯特. 认同的力量 [M]. 夏铸九，黄丽玲，译. 北京：社会科学文献出版社，2003：366.

推动政治民主和社会进步。媒体对某种意识形态的重复性报道，会提高该种意识形态在公众心中的地位。① 其二，媒体控制意识形态话语权，并代表政治权力执行意识形态的统治功能。大众媒介实际上发挥着思想灌输、政治控制的作用，已成为资产阶级进行思想控制和政治统治的工具，并执行意识形态的统治功能。如赫伯特·马尔库塞说："人们当真能对作为新闻与娱乐的工具和作为灌输与操纵力量的大众传播媒介作出区分吗？"②

第六，关于全媒体中提升意识形态话语权的研究，概括起来主要集中于数据信息的分析与筛选，即"议程设置""把关人"。其一，提升数据信息分析能力，筛选有价值的信息，增强意识形态话语权。V. M. 舍恩伯格（V. M. Scheenberg），K. 库克耶（K. Kukyer）在《大数据时代》中提出，运用大数据技术收集所有数据、处理海量数据、挖掘有价值的数据信息，提升全媒体传播的信息质量，牢牢把握全媒体空间主流意识形态的话语权。其二，通过"议程设置"提升意识形态话语权。唐纳德·肖（Donald Shaw）等探讨了"议程设置"理论，唐纳德·肖的"议程设置"理论，主要包括大众媒介对特定事件或问题的报道和强调程度会影响公众对这些事件或问题的关注程度和重视程度，主要表现在四个方面：首先，公众通过媒介知晓事件或问题。"议程设置"理论认为，大众媒介是公众获取外部信息的主要渠道。媒介对各种事件和问题的报道，使公众了解到这些事件的存在和重要性。其次，依据媒介提示的角度思考。大众媒介在报道事件或问题时，往往会选择特定的角度和立场。这些角度和立场会影响公众对事件的看法和理解。因此，公众在接触到媒介报道后，会倾向于从媒介所呈现的角度思考问题。再次，按照媒介对各种问题的重视程度来调整自己对问题重要性的看法。媒介在报道过程中，会对不同问题赋予不同程度的重视。公众在接收这些信息后，会根据媒介的强调程度调整自己对问题的重视程度。换句话说，媒介认为某一事物的重视程度越高，公众对这一事物的重视程度也越高。最后，媒介对某一事物的强调程度同公众对同一事物的重视程度构成正比关系。这一观点强调了媒介议程与公众议程之间的关联性。媒介对某一事物的强调程度越高，公众对这一事物的关注和重视程度也越高。这种正比关系揭示了媒介在塑造公众议程方面的作用。总之，唐纳德·肖关于"议程设置"的理论认为，大众媒介通过对事件或问题的报道和强调，影响公众对这些事件或问题的认识

---

① 赛佛林，坦卡德. 传播理论：起源、方法与应用［M］. 郭镇之，等译. 北京：中国传媒大学出版社，2006：189.

② 马尔库塞. 单向度的人：发达工业社会意识形态研究［M］. 刘继，译. 上海：上海译文出版社，2008：8-9.

话语权路径的探讨等方面。在内涵的研究方面，在话语权领域，学界基于"权"的研究视角，对话语权进行了系统阐述，把话语权划分为话语权力或话语权利。如李宏伟在《意识形态话语权的四个基点》一文中就将其看作"权利"①；刘康基于"权力"的视角，认为话语权在一定程度上就是控制权，具有引导社会舆论的权力②。话语"权"同时包含了"权力"和"权利"这两个要素。如林辉在《新时代大学生网络话语权的引导化育探析》一文中指出，话语权是话语表达的自由，是自由表达的权利，同时也蕴含着话语权力的博弈。③话语权，作为福柯首次提出的一个概念，原本是指人们在话语交流中所拥有的权利和地位。随着研究的发展，话语权概念逐渐丰富，形成了话语权力和话语权利两层含义。话语权力，这层含义主要强调话语权在现实社会中的影响力和决策作用。话语权力体现在个体或团体在政治、经济、文化等领域的发言权和决策权。拥有话语权力的人或机构可以在一定程度上控制和影响他人的言论和行为。例如，政府、企业、媒体等领域的话语权力者可以通过发布信息、设置议题等方式，影响公众的观点和行为。话语权利，这层含义关注的是个体或团体在话语交流中的合法权益。话语权利包括自由表达观点、意见和诉求，以及获得平等对待和尊重的权利。话语权利是保障公民参与社会事务、实现民主监督的重要保障。在我国，宪法规定了公民的言论自由权利，即为公民提供了行使话语权利的基本保障。总体而言，学界把话语权分为话语权力和话语权利这两层含义，有助于我们更全面地理解话语权的内涵和外延。同时，这两层含义也反映了现实社会中话语权的复杂性和多元性。掌握话语权对于个体在社会中的地位、发展和交流具有重要意义。在我国，努力提升话语权，既包括争取更多的话语权力，也包括保障公民的话语权利，是构建社会主义民主法治进程中的重要任务。

在获取"话语权"路径的研究方面。张国祚从实力、队伍、平台等方面分析了获取话语权的三个条件，并从设置话语议题、把握话语导向、贴近话语对象三个层面进行了分析。④"设置话语议题"，在公共话语平台上，拥有话语权意味着可以提出并讨论特定的议题。设置话语议题的能力体现了个体或团体在某一领域的关注度、影响力和思考深度。通过提出有针对性、具有现实意义的

---

① 李宏伟．意识形态话语权的四个基点［J］．理论月刊，2016（1）：27-32．

② 刘康．"去中心化——再中心化"传播环境下主流意识形态话语权面临的双重困境及建构路径［J］．中国青年研究，2019（5）：102-109．

③ 林辉．新时代大学生网络话语权的引导化育探析［J］．思想理论教育导刊，2019（2）：130-133．

④ 张国祚．关于"话语权"的几点思考［J］．求是，2009（9）．

议题，可以引起公众的关注，进而引导话语走向，为自身观点和立场争取更多认同。"把握话语导向"，在话语交流中，掌握话语导向意味着可以引导对话进程，使自己的观点和意见得以传播和推广。把握话语导向需要具备较高的思辨能力、沟通技巧和说服力，以便在对话中占据有利地位，使自己的观点在公共话语中占据一席之地。"贴近话语对象"，要想获得话语权，则需要关注话语对象的需求、兴趣和困惑，并以他们为中心开展话语交流。贴近话语对象意味着要尊重他们的立场和观点，以平等、包容、开放的态度进行沟通。这样做既能提高对话语权的认同度，又能更好地传达自己的观点和立场。此外，还有"提高话语质量"，获得话语权需要具备较高的知识水平、理论素养和表达能力。在话语交流中，高质量的话语内容更容易引起共鸣，为个人或团体赢得话语权。因此，要从提高自身素质入手，不断丰富知识储备，提高话语质量。"积累话语资本"，在争夺话语权的竞争中，个体或团体需要具备一定的话语资本。这包括丰富的社会实践经验、广泛的人际关系、出色的业绩和成果等。通过积累话语资本，个体或团体可以在公共话语领域树立良好形象，为获得话语权创造有利条件。总之，从以上角度去思考话语权的获得资格，有助于提高个体或团体在话语交流中的竞争力，从而获得更多的话语权。这不仅有助于提升自身在公共话语领域的地位和影响力，也有利于推动社会进步和解决问题。

　　第二，关于意识形态话语权的研究。首先，在内涵的研究方面，主要表现为两个方面：一方面是以实现统治阶级的政治统治为目的的话语权，如"意识形态话语权是指一定的统治阶级或集团通过传播其系统的政治思想、价值观念来影响受众，以达到其政治目的"①。另一方面是基于马克思主义视角的分析，如"马克思主义意识形态话语权是指依据自身地位，拥有控制、引导或规范社会，以致足以为社会立言的权力，也就是马克思主义意识形态的价值判断、理论观点有资格、有能力主导、领导、指导社会的问题"②。该论断表明，马克思主义意识形态话语权是指在特定的社会、政治和文化背景下，拥有控制、引导或规范社会现象、公共议题以及价值观的权力。这种权力使马克思主义意识形态的价值判断、理论观点在社会舆论场所有资格、有能力发挥主导、领导、指导作用，进而影响社会的发展进程。同时表明了马克思主义意识形态话语权是一种综合性、全方位的权力，它使马克思主义意识形态在社会的各个方面都能

---

① 刘畅. 以传统文化复兴工程为契机巩固高校意识形态话语权［J］. 学校党建与思想教育，2017（18）：68-70.

② 张骥，申文杰. 马克思主义意识形态话语权在我国思想宣传领域面临的挑战与实现方式探究［J］. 当代世界与社会主义，2011（1）：163-168.

发挥指导作用。这些作用主要表现在以下方面：其一，地位决定话语权。马克思主义意识形态话语权的拥有者在社会、政治和文化领域具有较高的地位，这使得他们的价值判断、理论观点能够受到广泛关注，成为社会舆论的焦点。这种地位赋予他们在话语权竞争中的优势，使他们的观点具有更大的影响力。其二，价值引领。马克思主义意识形态话语权拥有者通过深入分析和理论阐述，将社会主义价值观融入社会主流话语，为社会发展提供价值导向。他们借助话语权，倡导社会主义核心价值观，引导社会公众形成正确的价值观念和行为准则。其三，理论创新。马克思主义意识形态话语权拥有者积极推动理论创新，为我国社会主义事业提供有力的理论支撑。他们在研究新情况、解决新问题的过程中，不断丰富和发展马克思主义理论，使之成为引领社会进步的强大思想武器。其四，舆论引导。在公共话语平台上，马克思主义意识形态话语权拥有者有能力引导舆论走向，使社会舆论符合社会主义核心价值观。他们通过发表评论、撰写文章、组织讨论等方式，推动社会舆论关注国家和人民的根本利益，促进社会和谐稳定。其五，实践指导。马克思主义意识形态话语权拥有者将理论联系实际，为社会发展提供实践指导。他们围绕国家发展战略，关注经济社会发展中的突出问题，提出具有针对性的政策建议，推动问题的解决和社会的进步。其六，对话与互动。马克思主义意识形态话语权拥有者倡导开展对话与互动，与不同观点进行平等交流，以促进共识的达成。他们积极参与公共话语领域的话题讨论，展示马克思主义意识形态的开放性和包容性。总之，在我国社会主义事业发展过程中，我们要不断加强马克思主义意识形态话语权的建设。

其次，在关于意识形态话语权结构要素的研究方面，主要有三要素、四要素、五要素、六要素等观点。持三要素的学者认为，它是话语主体、话语议题与话语载体。① 持四要素的学者认为，它是"话语主题、话语主体、话语模式和话语技巧"②，另外还有学者认为四要素包括"话语环体、话语载体、话语主体、话语客体"③。持五要素的学者认为，它是"话语主体、话语载体、话语内容、话语对象、话语效果"④。持六要素的学者认为，它是"话语基础、话语主

---

① 葛彦东. 掌握意识形态话语权初探 [J]. 思想理论教育导刊，2015（1）：73-77.

② 聂智，邓验. 自媒体领域主流意识形态话语权的构成要素及衡量维度 [J]. 湖南师范大学社会科学学报，2016，45（5）：69-74.

③ 曾长秋，曹挹芬. 网络环境下维护社会主义意识形态话语权的新特点 [J]. 学习论坛，2015，31（6）：47-50.

④ 文大山. 挑战与回应：新媒体时代的意识形态话语权 [J]. 中国社会科学院研究生院学报，2016（3）：12-16.

题、话语内容、话语主体、话语客体和话语与受众的融合方式"①。由此可见，话语权的结构要素比较丰富复杂，尽管以上学者从不同视角对话语权的结构要素进行了归纳总结，但都言及了话语主体、话语内容等是话语权不可缺少的基本要素。总体而言，学界把"话语权"归结为六方面的要素确实是一个相对比较完整、有效的话语体系，从话语基础来看，话语基础即是话语权的基石，包括语言、文化、历史、哲学等基本元素。一个完整的话语体系需要建立在丰富、扎实的基础之上，才能保证话语的准确性和权威性。从话语主题来看，这是指话语所关注的核心问题或讨论的主题，一个明确、有针对性的主题能够提高话语的针对性和实际意义。从话语内容来看，这是指话语的具体表述，包括观点、论述、证据等，内容应当充实、有逻辑、有条理，以便使听众或读者信服。从话语主体来看，这是指话语的发出者，可以是个人或团体，主体在话语体系中承担着表达观点、传播思想的角色。从话语客体来看，这是指话语所指向的对象，可以是人物、事件、现象等，清晰、准确的客体能够使话语更具针对性、更具说服力。从话语与受众的融合方式来看，这是指话语传播的方式，包括口头、书面、图像等多种形式，有效地与受众沟通，使话语深入人心，是实现话语权的关键。在这六个要素中，每个要素都相互影响、相互制约。只有当这些要素相互协调，形成一个有机的整体时，"话语权"才能真正发挥其作用。在实际应用中，我们需要根据具体情境和目的，注意语境对"话语权"的重要性，更加灵活地运用这六个要素，构建具有更强影响力的话语体系。

第三，关于全媒体与高校意识形态话语权的研究。话语是权力，高校意识形态话语权作为高校的"软力量"，对于引领高校的发展方向、形塑大学生的价值观具有重要的价值意义。

首先，关于全媒体与意识形态话语权的内涵及其关系的探讨。一是，全媒体的内涵主要有融合媒体观，现代传播技术发展的产物。于鹏等提出，全媒体是传统媒体与新媒体的融合。② 张芝萍提出，全媒体是新媒体发展和普及的必然产物。③ 何小勇提出，全媒体时代又被称为媒体融合时代，该时代要遵循媒体融

---

① 胡刚. 当代中国马克思主义意识形态话语权的审视与建构 [J]. 社会主义研究，2016（5）：26-31.

② 于鹏，邱燕妮. 全媒体时代公共危机舆情传播路径与演化机理研究 [J]. 中国行政管理，2019（8）：94-98.

③ 张芝萍. 全媒体视角下高校突发事件的应对与引导 [J]. 中国高等教育，2015（12）：56-58.

合的规律，打造全新型融合媒体平台。① 二是，何为意识形态话语权？侯惠勤提出，意识形态话语权是意识形态思想领导权的实现方式，主要包括提问权、论断权、解释权和批评权等。② 胡永志等提出，意识形态话语权是一种话语表达权、阐释权、传播权，以及吸引力和影响力。揭晓等提出，意识形态话语权本质上是一种政治性权力，是统治阶级的思想实现占统治地位的重要彰显。③ 三是，全媒体与意识形态话语权的内在关系，更多表现为媒介控制话语权，媒介空间中意识形态话语主体的多元化、话语内容的多样性，以及意识形态话语权的大众性。王玉鹏提出，媒介控制实质上是一种话语权和传播权的垄断。西方资产阶级试图通过占据和控制国际话语权，进而实现其在全球政治、经济、文化等领域的主导权。④ 事实上，西方资产阶级一直致力于占据和控制国际话语权，这是他们实现在全球政治、经济、文化等领域掌握主导权的关键策略。在他们看来，掌握国际话语权意味着能够塑造和传播全球价值观、理念和规范，进而在国际事务中起到领导作用。为了实现这一目标，西方资产阶级运用各种手段，包括但不限于以下几个方面：其一，他们大力提高和增强在国际组织和机制中的地位和影响力。西方资产阶级国家通过积极参与国际组织，如联合国、世界贸易组织、世界卫生组织等，力求在制定国际规则和议程中发挥关键作用。他们在这些组织中争取到足够的话语权，以便在关键议题上主导决策过程，进而塑造全球政治、经济、文化等领域的格局。其二，西方资产阶级利用其强大的经济实力，推动国际传播和交流。他们通过跨国公司、非政府组织和各类文化交流项目，将西方价值观、文化产品和服务推广至全球各地。这种软实力输出不仅扩大了西方文化的影响力，也为西方资产阶级在全球范围内拓展利益提供了有力支持。其三，西方资产阶级还致力于培养国际传媒巨头，通过掌控全球信息流通，塑造有利于自己的国际舆论。他们利用自己在新闻报道、学术交流、网络传播等方面的优势，将西方观点和价值观念传播至世界各地，从而影响全球公众的看法和认知。其四，西方资产阶级通过国际学术交流、人才培养和合作研究等途径，加强与世界各国的联系。他们通过这些方式，在世界范围

① 何小勇 . 媒体融合背景下主流意识形态话语权的提升 [J]. 东岳论丛，2018，39（8）：39-47，191.
② 侯惠勤 . 意识形态话语权初探 [J]. 马克思主义研究，2014（12）：5-12，157.
③ 揭晓，王永贵 . 论社会主义意识形态话语权提升的基本逻辑 [J]. 思想教育研究，2019（8）：56-61.
④ 王玉鹏 . 媒介帝国主义与资本主义意识形态话语权批判 [J]. 马克思主义研究，2020（5）：128-135.

内传播西方知识体系、研究方法和理论，进而影响全球学术和研究议程。由此可见，西方资产阶级通过占据和控制国际话语权，已在全球政治、经济、文化等领域取得了显著的主导地位。然而，这一过程并非一帆风顺，随着全球力量的对比变化，国际话语权的争夺将越发激烈。对我国而言，要在这一复杂环境中维护自身利益和发展空间，就需要加强自身话语体系建设，提高国际传播能力，积极参与国际竞争与合作，为构建人类命运共同体贡献力量。

张林基于媒体改变话语权的视角提出，自媒体的技术赋权打破了话语权力的集中和垄断，带来了普通个体自我意识和公共意识的提升，也推动了民间舆论场的空前崛起，改变了整个社会的话语生产模式、话语主体形式和话语权力结构。① 由此可见，随着现代传播媒体的技术赋权，自媒体的迅速崛起真是如同一股强劲的春风，吹散了话语权力的集中和垄断，为普通个体赋予了表达自我和参与公共事务的权利。尤其在互联网的普及下，信息传播不再受制于传统媒介，人们得以自由表达观点，共享观点，民间舆论场因此得以空前崛起。这种变革不仅唤醒了广大民众的公共意识，提升了个体的话语权，还推动了社会话语生产模式的转型，使得话语主体形式更加多元化，话语权力结构得到优化和调整。在此基础上，武雅君等学者进一步提出，融媒体的出现使意识形态话语主体和传播主体变得多元化，信息内容变得多样化。② 基于以上观点，我们可以发现，在这样的时代背景下，人们也不再仅仅局限于被动地接受信息，而是可以积极地参与其中，发挥自己的智慧和创造力；普通个体逐渐成为社会话语的重要组成部分，为整个社会的进步和发展贡献着无尽的活力。同时，现代传播媒体的技术赋权极大地推动了我国社会的话语权变革，为民众提供了更加广阔的表达空间，让民间舆论场充满了活力，使得整个舆论场在这个充满生机与活力的民间舆论场域，推动了不同声音的碰撞与融合，使得真理愈加明晰，共识得以凝聚。

其次，关于全媒体时代高校意识形态话语权面临困境的探讨。学界主要基于全媒体影响因素的视角，认为全媒体弱化了话语内容的吸引力、降低了话语方式的调控力、削弱了话语主体的影响力。一是，意识形态话语权主体的权威性受到挑战。武雅君等提出，话语主体的多元化冲击了主流意识形态话语的权威性，话语内容的复杂化降低了主流意识形态话语的认同度，话语表达的局限

---

① 张林 . 自媒体空间中国主导意识形态话语权建构的正当性澄清：以"网络意识形态终结论"批判为视角［J］. 湖北社会科学，2019（11）：25-30.

② 武雅君，范益民 . 融媒体时代主流意识形态话语权的建构［J］. 新闻爱好者，2020（4）：46-49.

性弱化了主流意识形态话语的吸引力。① 二是，基于话语内容的因素，导致高校意识形态话语权自身的底气不足。刘经纬等提出，理论创新不足导致话语体系的根基不稳，话语主体责任缺失导致话语体系缺少合理性基础，话语内容空泛化和传播方式简单化导致话语体系建设困难。② 三是，高校意识形态话语权边缘化。阳作林等提出，高校主流意识形态话语表现出话语主体影响力弱化、话语内容说服力虚化、话语传播渠道浅化等困境，导致高校主流意识形态话语边缘化。③ 从"话语"即"权"这个角度而言，话语的边缘化，必然会弱化话语权。这主要有以下三种因素：其一，话语主体影响力弱化，在当前的网络环境下，各种思潮和信息充斥着大学生的视野，导致主流意识形态话语的影响力相对减弱。大学生可能更倾向于关注和接受新鲜、有趣、富有吸引力的信息，而对主流意识形态话语的关注度降低。其二，话语内容说服力虚化，随着网络话语环境的多元化和个性化，主流意识形态话语在内容上可能难以满足部分学生的个性化需求和价值观。此外，一些主流意识形态话语在表达方式上也较为刻板、枯燥，缺乏时代感和吸引力，导致其说服力下降。其三，话语传播渠道浅化，在网络传播环境下，主流意识形态话语的传播渠道相对有限。相较于其他领域的信息，主流意识形态话语在传播途径、传播效果等方面可能存在不足，难以深入影响到每一个学生。正是这些原因，导致其边缘化，而边缘化意味着主流意识形态话语在校园内的地位和影响力可能逐渐减弱，从而最终导致话语权的弱化和边缘化。

最后，关于全媒体时代增强高校意识形态话语权对策的探讨。一是，提升高校意识形态话语权就是要增强意识形态工作的话语权。郑永廷等提出，坚持科学性与价值性的统一，理直气壮地开展意识形态工作，敢于面对高校意识形态领域的矛盾，旗帜鲜明地解决问题，加强对高校重要部门、课堂、互联网络等的管理和制度建设。④ 二是，提升高校意识形态话语权就要"在马言马"，夯实马克思主义在高校意识形态话语中的主导地位。曹建文提出，话语主体要"理直气壮"、敢于"言马"，话语体系要"顺理成章"、能于"言马"，话语载

---

① 武雅君，范益民．融媒体时代主流意识形态话语权的建构［J］．新闻爱好者，2020（4）：46-49.

② 刘经纬，董前程．对完善高校意识形态工作话语体系、掌握话语权的探讨［J］．思想教育研究，2015（9）：35-39.

③ 阳作林，张波．高校主流意识形态话语困境及其破解［J］．学校党建与思想教育，2018（13）：64-66.

④ 郑永廷，林伯海．坚持高校意识形态工作的领导权与话语权［J］．思想理论教育，2015（4）：10-14.

体要"守正出新"、善于"言马"。① "敢于言马，善于言马"这句话强调了在新时代背景下，我们要有自信、有能力去传播和弘扬马克思主义理论。"敢于言马"体现了要敢于直面现实问题，敢于对各种社会现象和问题进行马克思主义的分析，揭示问题的本质和规律；还体现了要敢于承担起传播马克思主义理论的责任，旗帜鲜明地坚持马克思主义立场，敢于与各种错误思潮进行斗争。而"善于言马"体现了要善于运用马克思主义的基本原理和方法，去分析解决实际问题，使马克思主义理论与现实紧密结合；还体现了要善于创新传播方式，利用现代传播技术，将马克思主义理论以更贴近时代、更易于接受的形式传播给广大人民群众。为此，我们要坚定信心，勇于担当，将马克思主义理论传播得更广泛、更深入，为推进中国特色社会主义事业贡献智慧和力量。三是，加强高校意识形态话语体系建设，是提升高校意识形态话语权的重要保障，而要加强其话语体系的建设就需要从多个方面着手，以构建一个既具有时代特征又符合国情的高校意识形态话语体系，唯有如此才能为党和国家培养出具有正确价值观和世界观的人才奠定坚实的基础。陈志勇基于构建话语体系视角提出，要培育优秀卓越的话语主体、培育高质量的话语建设团队，优化话语内容、提升话语品质，强化载体、形成话语合力，创新话语表达方式、重塑话语格局。② 四是，注重意识形态话语内容与表达方式的创新。创新是增强活力，增强实效的有效方式，为此在话语主体的建设方面，就是要强化高校意识形态话语主体地位，明确各级话语主体的职责和权限，推动各级领导和教师发挥示范引领作用，以坚定的政治信仰、丰富的人文素养和严谨的逻辑思维，确保话语传播的正确导向；在话语宣传方面，重点在于创新话语宣传形式，要充分利用现代信息技术，结合网络、大数据、人工智能等手段，丰富话语宣传形式，提高宣传的针对性和有效性。如詹志华、黎林娟就明确指出，"创新高校意识形态话语内容、强化高校意识形态话语主体责任、革新高校意识形态话语宣传形式"③。杨丽和郭清基于高校是意识形态的前沿阵地，进一步提出了高校通过提升意识形态话语的创新力、亲和力等方式来增强高校的意识形态话语权。④ 五是，形成共建、

---

① 曹建文. 话语权视域下维护意识形态安全的"三重逻辑"[J]. 马克思主义研究，2019（6）：93–101.

② 陈志勇. 自媒体环境下高校社会主义意识形态话语体系建构 [J]. 思想理论教育导刊，2019（12）：77–80.

③ 詹志华，黎林娟. 新媒体视域下高校意识形态话语权建设 [J]. 学校党建与思想教育，2020（22）：58–59.

④ 杨丽，郭清. 新时代高校意识形态话语权：特征、问题及应对 [J]. 黑龙江高教研究，2021，39（1）：120–135.

共享机制,黄君录指出,"打造共享平台、提升共情能力、建立共振机制、丰富共生体系"①。六是,基于增强高校意识形态话语权的控制力和引导力的视角,杨华提出,高校意识形态话语权表现为"舆论控制力"和"方向引导力",是能够"确保高校社会主义性质和正确发展方向"的重要保障。②

(三)研究述评

国内外学者对与本书相关的研究视角多样、见解独到,涵盖了"全媒体""意识形态""意识形态话语权""高校意识形态话语权"等之间的理论谱系及其内在关联,对本书的进一步研究具有重要意义。但是,也存在某些不足之处。第一,一些学者对全媒体、意识形态话语权、高校意识形态话语权等方面有了一定的研究,但在全媒体时代高校意识形态话语权等方面的研究,国内外都存在着研究完全不深入、不全面等问题。在这个背景下,拓展和完善这一领域的研究显得尤为重要。为此,我们应当加大研究力度,拓展研究视野,深入挖掘全媒体时代高校意识形态话语权的内涵和外延,力求在这一领域取得更多突破性成果。同时,要加强学术交流与合作,推动理论与实践相结合,为我国意识形态工作提供更加丰富、更加精致的理论与实践成果。第二,全媒体时代是一个信息无处不在、无所不及、无人不用的时代,舆论生态、媒体格局和传播方式发生了深刻变化。许多学者在研究全媒体时代提升高校意识形态话语权的对策时,往往关注西方理论的研究成果,对其进行简单的引介和阐释。这些西方理论在一定程度上具有启发性,但它们往往忽略了中国的时代特征和马克思主义理论学科的意蕴。在这种背景下,我们应从中国的实际出发,关注新时代的特点和挑战,深入探讨提升高校意识形态话语权的对策。在研究全媒体时代高校意识形态话语权问题时,应将马克思主义理论学科与中国视野有机结合起来。这既包括对西方理论的批判性借鉴,也包括对中国特色社会主义伟大事业和新时代意识形态工作的深入研究。第三,全媒体、意识形态话语权等概念最早诞生于国外,一些学者在将其引入国内后,在研究范式是否可通用上争论颇多。此外,因为基本国情、社会发展阶段、历史文化传统等方面的较大差异,国外相关研究对高校意识形态话语权研究的借鉴意义还需辩证看待。

基于以上问题,我们需要从以下三方面进一步开展研究。其一,我们要明

---

① 黄君录.新媒体时代高校主流意识形态话语权的建构 [J].学校党建与思想教育,2016 (11):41-43.

② 杨华.强化高校意识形态话语权论析 [J].学校党建与思想教育,2018 (8):24-26.

确意识形态话语权的内涵与外延。意识形态话语权是指在全社会范围内，对主流意识形态的阐释、传播、引导和调控能力。在全媒体时代，意识形态话语权的争夺越发激烈，因为这直接关系到国家文化的传承、民族精神的弘扬以及社会主义事业的兴衰。其二，我们要聚焦高校在意识形态工作中的地位和作用。意识形态教育作为我国高校教育事业的重要组成部分，高校在培养社会主义建设者和接班人方面具有不可替代的作用。因此，在意识形态工作中，高校必须牢固树立正确的政治方向，加强党同人民群众的联系，发挥思想政治教育的引领作用。其三，我们要进一步探讨如何牢牢把握高校的意识形态话语权。这需要从以下几个方面着手：一是加强党对意识形态工作的领导，确保党的主张在高校得到全面贯彻落实；二是强化理论研究，为意识形态工作提供坚实的理论支撑；三是创新宣传手段，提高主流意识形态的传播力、影响力和凝聚力；四是加强意识形态工作队伍建设，培养一支政治坚定、业务精湛、忠诚可靠的意识形态工作队伍。

我们要深入研究如何利用高校的意识形态阵地，治理各种虚假、歪曲的思想观念，维护国家意识形态安全。这需要高校充分发挥思想政治教育的引领作用，加强学生思想政治工作，切实提高学生的政治素质和思想道德水平。同时，要加强与各类媒体的交流合作，推动全社会形成积极健康的舆论氛围，为维护国家意识形态安全做出贡献。

三、研究的主要内容及方法

本课题着重从全媒体时代与高校意识形态话语权这两方面的相关问题来开展研究，在厘清两者的本质内涵、把握其内在关系的基础上，探讨全媒体时代高校意识形态话语权面临的时代境遇及其重要的因素，积极构建能够化解其困境的对策。

（一）研究对象

本书基于全媒体时代这个大背景，以高校在意识形态话语权方面所面临的机遇、挑战、成因与应对策略为总的研究对象。具体而言，我们将深入剖析全媒体与高校意识形态话语权之间的核心内涵、互动关系、内在机理、结构体系以及可行路径等方面的议题。通过全面而深入的研究，旨在为全媒体时代高校意识形态工作提供有益的理论依据和实践指导，进而为提升高校的意识形态工作实效性和助力高校教育事业高质量发展贡献力量。

（二）研究的总体框架

本书的研究成果共分为七部分内容，主要包括导论、理论概述、时代境遇、面临困境的成因、理论基础及经验借鉴、构建对策，以及结语。

第一部分是导论。该部分主要介绍全媒体时代高校意识形态话语权研究的缘起、选题的意义、创新之处、研究方法，以及全面把握国内外学者对该问题的研究状况。通过全面系统阐述该课题的总体研究的内容，为进一步系统全面深入本课题的研究奠定学理基础。

第二部分是关于全媒体与高校意识形态话语权的理论概述。该部分主要是阐释全媒体、话语、话语权、意识形态话语权、高校意识形态话语权的基本内涵及其内在关系，全面把握全媒体的形态、特征，明晰全媒体时代增强高校意识形态话语权的价值意义。从学术梳理上进行系统分析，并着重探讨全媒体与高校意识形态话语权的内在关系，把握全媒体在传播正能量、引领精神文明与培育时代新人等方面的价值意义。

第三部分是全媒体时代高校意识形态话语权面临的时代境遇。该部分主要从三个方面展开：首先，关于弄清全媒体时代高校意识形态话语权面临的时代境遇的实证研究方法，主要采用了问卷调查法和访谈法，并着重介绍了问卷调查和访谈提纲的样本分布情况；其次，关于全媒体时代高校意识形态话语权的机遇，主要表现为提升执行效能、拓展实践渠道、创新实现方式、赢得话语主导权等；最后，关于全媒体时代高校意识形态话语权面临的困境，主要包括话语主体的多元化、话语内容的戏谑化、话语形式的碎片化、传播媒介的资本化等，加大了增强高校意识形态话语权的难度。

第四部分是全媒体时代高校意识形态话语权面临困境的成因分析。该部分中高校思政课教师的综合素养、高校意识形态教育话语的吸引力、西方意识形态的强烈渗透、不规制的网络现代传播媒体、大学生个体因素等是高校意识形态话语权受到影响的重要因素。

第五部分是高校意识形态话语权建设的理论基础及经验借鉴。该部分着重从马克思、恩格斯的意识形态理论及方法论、列宁关于增强意识形态话语权的逻辑理路及启示、党的历届领导人关于增强意识形态话语权的理论及方法等方面，论述了高校意识形态话语权建设的理论基础及其宝贵的经验方法。

第六部分是构建全媒体时代增强高校意识形态话语权的对策。该部分主要从坚持党管意识形态工作的原则、提升高校思政课教师的综合素养、优化高校意识形态教育话语内容、加大对网络现代传播媒体的监管力度、发挥全媒体的传播优势等方面，形成有效增强高校意识形态话语权的对策。

最后一部分是结语。该部分主要是总结全媒体时代高校意识形态话语权面临的机遇与困境，这对于维护高校意识形态安全，提升高校师生员工的政治认同、增强家国情怀、凝聚精神力量、汇聚共同价值、规范思想行为，传播好和阐释好主流价值理念，在复杂的思想领域发出理性之声，传播社会正能量和提升校园舆论质量，增强我国文化软实力和国际话语权等具有重要的现实意义。此外，还进一步探讨了增强高校意识形态话语权的方法与路径。

（三）研究的思路与方法

全媒体与高校意识形态话语权的课题是一个以应用型研究为主要类型的课题，该课题虽然属于应用型课题，但在系统研究的过程中又是一个综合性比较强的课题。从学科方面来看，它不仅涉及马克思主义理论学科，还涉及政治学、心理学、教育学、传播学等学科，因此我们要搞清楚本课题的问题需要在马克思主义理论指导下，遵循一定的研究思路和科学的研究方法。

第一，本研究的基本思路。本研究坚持以马克思主义理论为指导，认真学习贯彻党的二十大、全国高校思想政治工作会议、全国教育大会、学校思想政治理论课教师座谈会精神，按照"问题缘起—理论求解—科学构建—实践反思"的逻辑理路，在"概念厘定、内在关系、时代境遇、影响因素、路径建构"等方面下功夫，基于全媒体与高校意识形态话语权之间的内在关系回答全媒体时代高校意识形态话语权及其对策的内涵特征、理论谱系、内容结构与治理路径等基本问题，以期为解决全媒体时代高校意识形态话语权面临的困境提供参考建议和学理支撑。

第二，本研究采用的主要研究方法。首先，文献研究法。本书按照文献分类，分别对已有涉及全媒体、高校、意识形态、话语权、高校意识形态话语权等方面的中央文件、报纸杂志、新闻报道、网络信息等资料进行搜集和整理，并在研读文献资料的过程中，既了解当前研究所取得的成果与不足，也归纳和总结了一些重要信息。其次，学科交叉综合研究法。全媒体时代高校意识形态话语权面临的困境及对策研究是一个综合性问题，不可能仅仅依靠马克思主义理论这一门学科就能解决，还需要借鉴其他相关学科领域的理论知识和研究方法，方能解决好此类综合性课题。最后，实证研究法。本研究以问卷调查法和访谈法为主要调查形式，以高校教师、学生为主要调研对象，掌握全媒体时代高校师生员工对高校意识形态话语权认知、了解的基本情况，以及他们对高校意识形态话语权存在的问题、原因及其提升路径的看法。

四、创新之处

课题的创新之处是课题研究的重要内容之一，为此本课题力求从学术思想、学术观点和研究方法等方面达到创新之目的。

（一）学术思想创新

第一，基于课题研究要从实处着力、从本地方的问题入手，以便更好地服务高校意识形态工作的需要。我们以高校作为选题的立足点，并基于高校意识形态话语权是衡量高校意识形态工作成效的重要指标之一，从全媒体的视角提出了以"高校意识形态话语权面临的困境及对策"作为本研究的主题。第二，以往学界主要基于全媒体时代高校意识形态管理权、领导权和话语权等方面的研究，以全媒体为时代背景，专门系统研究高校意识形态话语权面临的时代境遇，并尝试探讨全媒体与高校意识形态话语权的互动状况及其内在规律，以系统思维构筑全媒体时代高校意识形态话语权的知识结构。第三，基于全媒体时代高校意识形态话语权面临的现实困境及其原因，探讨了全媒体时代增强高校意识形态话语权的对策。第四，基于党管意识形态工作的原则，探讨了党对意识形态工作的全面领导、落实意识形态工作责任制、提升意识形态工作本领等方面的理论与方法。

（二）学术观点创新

我们提出以下具有一定新意的观点：第一，根据意识形态话语权的核心是意识形态，高校意识形态话语权作为我国意识形态话语权的重要一股，提出了全媒体时代高校意识形态话语权面临的困境问题是一项事关国家意识形态安全的问题。第二，从"全程媒体、全息媒体、全员媒体、全效媒体"，即"四全媒体"的角度分析与阐释了全媒体的表现形态、结构要素及其内在运行机理，提出了全媒体催生全媒体时代，全媒体是全媒体时代的技术基础。第三，根据党的十九大和二十大报告中关于坚持正确的舆论导向、注重传播手段建设和创新的要求，以及坚持党管媒体的原则，提出了坚持高校党委全面管理和领导媒体的原则，把高校媒体打造成弘扬主旋律、传播正能量，避免高校媒体成为错误、消极、腐朽思想观念的传播平台。

（三）研究方法创新

第一，本课题基于经验探索、理论思辨和实证研究（访谈法、问卷调查法）的方法，着重从全媒体、高校、意识形态话语权、高校教师和青年大学生等要素着手，探讨全媒体时代高校意识形态话语权所面临的时代境遇及成因。第二，本课题还采用了文献研究法、学科交叉研究法等综合研究的方法，避免仅靠马克思主义理论这一门学科来解决领域广泛、内容复杂的问题。

第一章

全媒体与高校意识形态话语权的理论概述

全媒体的应用是人类技术革命的结果，特别是现代信息技术革命作用的结果。因此，在探索全媒体概念的深层内涵和独特特征的过程中，我们需要从技术革命这个重要视角来深入了解媒介发展的历史轨迹及其现实意义。全媒体作为一种涵盖传统媒体和新兴媒体的综合性传播形态，正在对我国社会各领域产生深远影响，尤其是高校意识形态领域。为了全面掌握全媒体时代背景下高校意识形态话语权的发展态势，本课题计划系统地探讨全媒体与高校意识形态话语权的内涵、特征及其内在联系。通过深入剖析全媒体时代高校意识形态话语权的机遇与挑战，以及可能导致的问题成因，为我们提出有针对性的对策提供了理论依据。在这个过程中，我们将全面审视全媒体时代下高校意识形态话语权所面临的困境，包括信息传播方式、价值观引导、文化认同等方面。此外，本课题还将关注在全媒体时代背景下，我国高校在意识形态话语权建设方面的优势和不足，以便为未来改革和发展提供有益参考。总之，本课题旨在通过丰富而深入的研究，为全面把握全媒体视域下高校意识形态话语权的发展趋势、挑战及对策奠定坚实基础，以期为我国高校在全媒体时代的意识形态工作提供有力支持。

第一节　全媒体的内涵、形态与特征

全媒体作为现代传播技术进步的产物，它是一种涵盖多种传播媒体特质和优势的综合性信息传播形态。它将传统媒体与新兴媒体的优势相互结合，实现了信息传播的全面覆盖，因此受到了学者的广泛关注。比如就有学者将其赞誉和关注程度。这为我们理解媒介与公众之间的关系提供了有益的启示，同时也提醒我们在传播过程中要注重信息的真实、客观和全面传播，以提高公众对各种社会问题的认识和关注。其三，通过"把关人"提升意识形态话语权。库尔特·卢因（Kurt Lewin）提出"把关人"理论，该理论是指在信息传播过程中，那些具有权力决定信息的性质和流量的人或机构。这一理论的核心观点是，信息传播不是无条件的自由流动，而是受到一定的限制和筛选。在这个过程中，"把关人"扮演着至关重要的角色，要具备以下特点：首先，权力和决策能力。"把关人"在信息传播过程中具有决策权，可以决定哪些信息可以进入传播渠道，哪些信息不能进入。他们可以根据自己的价值观、立场和利益来筛选和调整信息。其次，影响力和导向作用。"把关人"影响着信息的流动和传播方向，他们可以引导公众关注特定议题，营造舆论氛围，从而在很大程度上影响着公众对事物的认知和看法。再次，信息筛选和加工。"把关人"会根据一定的标准对信息进行筛选和加工，去掉不符合要求的信息。这个过程可能会导致信息的失真或扭曲，从而影响公众对事实的了解。最后，利益相关性。"把关人"往往与特定的利益集团或意识形态有密切关系，他们在传播信息时可能会带有偏见或倾向性。这种现象可能会导致信息传播不公平和失衡，隐蔽和难以察觉。"把关人"的存在和作用往往不易被察觉，因为他们通常隐藏在传播渠道的背后。他们的决策和行为可能会对公众产生深远的影响，但公众很难意识到这一点。总之，库尔特·卢因的"把关人"理论揭示了信息传播过程中的控制机制和权力运作，强调了"把关人"在信息传播中的重要角色。了解这一理论有助于我们更好地认识新闻制作、舆论引导和社会控制等方面的现实问题，从而提高对信息传播背后力量的警惕心和批判性思维。

（二）国内研究现状

党的十八大以来，习近平总书记对意识形态工作做出了一系列部署，提出了一系列新观念，其中不仅特别强调了掌握意识形态话语权的重要性，还较为科学全面地提出了掌握意识形态话语权的方法。同时，也为学界进一步开展对该领域的研究奠定了基础、指明了方向。从我国学界对全媒体与高校意识形态话语权的相关研究来看，国内学者在意识形态工作、主流意识形态、高校意识形态话语权等方面做了大量研究，但在关于全媒体与高校意识形态话语权面临的困境及其原因方面的研究则相对较少，因此本书主要从全媒体的视角，探索高校意识形态话语权建设的相关研究现状，以此为本领域的相关研究提供参考建议和奠定学理基础。

第一，关于话语权的研究。国内学者主要集中于对内涵的分析与如何获取为"全面的、总体的、全能的"现代传播媒体①，这一评价无疑凸显了全媒体在当今社会的重要地位。全媒体的出现，得益于互联网技术、移动通信技术、大数据技术等现代科技手段的飞速发展。在这一背景下，全媒体不仅具备了传统媒体的信息传播功能，还承载了新兴媒体的创新传播方式，从而为受众带来了更为丰富、多元、立体的感官体验。作为一种全新的传播模式，全媒体以其广泛的覆盖面、高度的互动性、个性化的定制服务等特点，逐渐改变了人们的生活方式和思维方式。同时，全媒体在政治、经济、文化等领域的广泛应用，也对我国社会的和谐稳定、国家形象的塑造、民族文化的传承等方面产生了重要影响。当前，随着传统媒体与新兴媒体的有机融合，在传播领域构建起了一种全方位、多层次、立体化的传播格局。这种传播格局采用了多种媒体的传播模式，综合利用了多种传播媒体的传播功能，并针对不同受众的不同需求，通过多种传播渠道、平台、载体进行全方位、多层次、融合型的信息生产、信息传播和信息消费等，这些因素使全媒体呈现出独特的样态与特征。

一、全媒体的基本内涵

全媒体时常又被称为"融媒体"，它"是媒体融合走向一体化发展的产物"②。全媒体是在新媒体、跨媒体、自媒体等多种媒体有机融合的基础上发展而来的融媒体，它是多种媒体融合的结果。在实践过程中，它是各个传播媒体为了简化业务、提升信息生产质量和传播质量的结果，是现代传播媒体运行的一种新模式，是一种信息生产和信息传播的新载体。美国学者浦尔在《自由的技术》（*Technologies of Freedom*）一书中指出，媒体融合（Media Convergence）是各种媒介功能一体化的结果，狭义上是不同媒体融合而成的新媒体形态；广义上是一切媒体及其要素的融合，包括媒体功能、媒体形态、组织结构等的融合。

全媒体概念的由来及发生。全媒体的英文为 omnimedia，是由 omni 和 media 组成的合成词，意思是全部的、全能的媒体。全媒体（omnimedia）作为名词称谓，最早出现于美国的媒介领域，其创始人玛莎·斯图尔特（Martha Stewart）在1997年把由自己管理的出版社、杂志、网站和电视节目等融合，并将其融合后

①　崔士鑫. 建设"全媒体"，推动媒体融合向纵深发展：深入学习习近平总书记"1·25"重要讲话精神［J］. 传媒，2019（3）：30-33.

②　张欣宇，周荣庭. 全媒体观念的产生、概念与特征［J］. 出版发行研究，2021（4）：38-42.

的产品统称为"玛莎·斯图尔特生活全媒体"，自此全媒体作为一个新概念开始问世。但因技术发展的局限性，全媒体在初始阶段并非不同类型媒介的融合，而指向更多的是不同媒介的综合，即只是不同类型媒介的简单组合。随着网络信息技术的发展，传播手段多元化、多样性后，媒体也呈现出多样化态势，各类媒体的深化融合，摆脱了各类媒体的简单组合，呈现出内涵丰富、影响力较强的全能媒体。2006 年《国家"十一五"时期文化发展规划纲要》、2007 年《新闻出版业"十一五"发展规划》等文件中提出了"全媒体资源服务平台""全媒体应用整合平台""全媒体经营管理技术支撑平台"等内容。这是我国官方文件中最早涉及"全媒体"的内容，对于推动我国传媒业的发展具有现实意义。但全媒体作为"国家数字复合出版系统"建设项目的一项重要工程，直到2007 年，中国新闻出版总署才启动"全媒体数字采编发布系统工程"的建设，围绕数字复合出版的目的，最初在南方报业传媒集团、烟台日报传媒集团等传媒机构进行试点。同年 10 月，烟台日报传媒集团就围绕"全媒体数字采编发布系统"开始研发，其目的是让自身从生产报纸转向生产内容，以此来减少生产环节、优化生产流程，并于 2008 年 7 月伊始就实现了线上使用，这使其成为我国第一家建成"全媒体新闻中心"的传媒集团。通过这个全媒体数字平台，建成了集文字、图片、音频和视频等素材齐全的数据库，这不仅利于信息保存、重复发布信息，而且更为重要的是大大提高了信息编辑、新闻发布的效率，初步实现了数字化传播的目的。自此以后，全媒体开始逐步遍及各个新闻传播领域。媒体的发展史表明，媒体已由最初的口语相传、文字印刷传递、电报传送，到今天的网络技术引发的传播革命，这使传播媒体的存在形态发生了革命性变化。

全媒体依托新技术。全媒体需要依托移动互联网、社交网络、云计算、大数据等新技术手段来实现媒体融合、提高用户体验、创新内容和传播形式以及实现深度交互。因此，我们说融合发展是新旧媒体顺应时代发展的内在要求、是现代媒体发展的必然趋势。这种发展趋势是新科技驱动下媒介变革的新走向，即随着信息技术、互联网技术的飞速发展，以及云计算、人工智能、区块链、5G 技术等的广泛应用，现代科技革命引发了传媒领域新的深刻变局，改变了传统的信息生产方式，使许多意想不到的信息生产、媒体传播得以不断呈现，进一步推动了新旧媒体间的有机融合，促进了各个媒体间的协调联动与深度融合。由此可见，全媒体强调媒体融合，就是能够把传统媒体、新兴媒体等各类媒体融为一体，在信息收集、处理、分发上实现一体化和交互，打破各自隔离的状态。在这种融合媒体的作用下，人们可以通过多种渠道获取信息，实现跨媒体的信息传播。

二、全媒体的表现形态

全媒体关注用户体验，是以用户为中心的新型媒体形态。在全媒体环境下，用户可以随时随地通过各类设备获取信息，实现了形式的融合与创新。正如习近平总书记所言："全媒体不断发展，出现了全程媒体、全息媒体、全员媒体、全效媒体，信息无处不在、无所不及、无人不用，导致舆论生态、媒体格局、传播方式发生深刻变化，新闻舆论工作面临新的挑战。"① 全媒体作为一种融合多种传播媒体特质和优势的综合性信息传播形态，在新的历史条件下，全媒体呈现出"四全媒体"的发展趋势，使得信息传播变得更加广泛、深入、即时和高效。全媒体时代的到来，使得舆论生态、媒体格局、传播方式发生了翻天覆地的变化。传统媒体与新兴媒体的竞争与合作，促使媒体行业不断创新发展。全媒体时代的到来已经深刻改变了舆论生态、媒体格局和传播方式，为高校的意识形态工作带来了新的机遇与挑战。只有紧跟时代步伐，全面提升高校意识形态工作的能力和水平，才能充分发挥全媒体时代的积极作用，为推动高等教育的高质量发展贡献力量。"四全媒体"不仅呈现了全媒体的结构要素、基本样态，还反映了全媒体在时空维度、信息维度、社会维度和功能等多个维度上的创新成果和显著优势。首先，在时空维度上，"四全媒体"打破了传统媒体的时间和空间限制，实现了信息的实时传播、随地接收和全球覆盖。这种特性在紧急事件的报道中尤为重要，能确保受众第一时间获取到第一手资料，满足人们对信息获取的紧迫需求。其次，在信息维度上，"四全媒体"提供了丰富多样的信息形式，包括文字、图片、音频、视频等，满足了不同受众的个性化需求。同时，通过对大数据、人工智能等技术的应用，全媒体实现了信息的精准推送和个性化定制，使每个人都能获取到自己最关心的资讯。再次，在社会维度上，"四全媒体"强调了媒体的互动性，鼓励受众参与信息的生产和传播，形成了一种全新的传播模式。这种模式不仅拓宽了人们的言论空间，还激发了社会活力，推动了社会的进步。最后，在功能维度上，"四全媒体"不仅具备传统的信息传播功能，还拓展了教育、娱乐、购物等多种功能。这使得全媒体成为人们生活的重要组成部分，为人们提供了便捷的生活方式。由此可见，"四全媒体"在时空、信息、社会和功能等多个维度上的创新和优势，使其成为现代社会不可或缺

---

① 推动媒体融合向纵深发展 巩固全党全国人民共同思想基础 [N]. 光明日报，2019-01-26 (1).

的一部分。因此，有学者就曾明确指出，"全媒体"并非指的是媒体种类的"全"，而是重在强调"人类信息交互的'全程、全息、全员、全效'等特性"①。可见，"全媒体"并非简单地涵盖所有媒体类型，而是以"全程、全息、全员、全效"为核心理念，致力于构建一个高效、立体、互动式的信息传播体系，以满足现代社会人们对信息获取和交流的多样化需求。

第一，全程媒体。"全程"阐明了信息传播的时空特征，在有人就有网络的时代，互联网突破了信息传播的高墙壁垒，实现了信息传播的互联互通。全媒体是一个过程，全程媒体又时常被称为"全过程媒体"，其是指在信息传播过程中，从内容生产、传播渠道、受众接收到反馈评价等各个环节都实现数字化、网络化、智能化和互动化的媒体形态，且都能为读者进行跟进报道，它代表了信息传播的时效性，使得新闻报道可以实时更新，让受众始终掌握最新的资讯。也就是说，从信息发布之时起，通过全媒体功能，能够实现对所发布的信息进行全流程跟踪、全方位解读。全程媒体可以根据自身内在需要，自觉控制信息传播的快慢，可以同时运用多媒介传播信息，使信息传播突破时空限制，使信息传播变得随时可能。可以实现信息的全天候发布和更新，具有信息生产与发布的零时差、零距离、全方位、全视角等特点。

第二，全息媒体。"全息"是基于信息技术驱动的现代传播样态，即在物联网、大数据、云计算等现代信息技术的推动下，更加科学、高效地生产和传播信息。在这些现代信息技术的驱动下，全息媒体关注的是信息的多样性和立体性的问题，通过多媒体手段呈现内容，满足受众的多元化需求。因为，全息媒体是基于信息传递方式的变化而言的，即信息传播媒体不再是简单承载图文信息的媒体，而是增加了音频、视频、动漫等其他能给读者带来全新的视听感受的传播媒体。全息媒体是对媒体信息内容的丰富性与全面性的概括和简称，具有信息形态全面、信息体验深刻的特点。全息媒体不仅使话语表达方式呈现更加多元化多样性的特点，还能使话语信息能够以新的方式得到表达和传递，如图片、文字、声音、动画、VR、AR 等。而且同一内容的传播载体也具有多元多样的特点，如报刊、QQ、微博、微信、广播、客户端等传播载体，这既促进了信息内容传播渠道的多元多样，还推动了信息内容表现形式的立体化，更为重要的是还能够极大地满足社会群体的内在需求。事实上，不论是利用文字、图片对信息内容的传播与解读，还是利用视频、动画、VR 等对信息内容的虚拟仿真，对信息内容的精准分析与深度解读，都为用户提供了全面、深刻、立体

① 宋建武. 全媒体传播体系的内涵与媒体融合趋势 [J]. 青年记者，2020（27）：12-13.

的信息内容。尤其在人工智能、大数据的推动下，以互联网信息技术为依托的传播载体，将为用户提供更加精准、体验舒适、认知全面且深刻的服务。总而言之，全息媒体不仅实现了信息平面化向立体化转变，还极大地满足了具有不同兴趣爱好的社会群体的现实需要。

第三，全员媒体。"全员"是指在全媒体传播过程中，参与者不仅包括传统的信息生产者和传播者，还包括广大受众。全员媒体强调参与性和互动性，鼓励受众从被动接受信息转变为主动参与传播，甚至成为信息的生产者。因此，全员媒体概念的核心在于民主化、平等化和多元化，它打破了一直以来信息传播过程中的专业壁垒，让每一个人都有机会成为信息的生产者、传播者和接受者。在这种模式下，每一个人都拥有对事件的话语权，都能根据自己的理解和观点对信息进行诠释和传播。首先，在信息的传播层面，全员媒体降低了信息传播的门槛，让更多的人可以参与到信息的生产和传播中来。这种方式不仅拓宽了信息的来源，也使得信息更加丰富多元，更能反映社会的真实面貌。其次，在话语权分配上，全员媒体倡导平等原则，摒弃了传统媒体中少数人垄断话语权的现象。这种方式有助于保护每个人的言论自由，让每个人都有机会发出自己的声音，为社会的多元化发展创造了有利条件。再次，在事件解读方面，全员媒体鼓励多元化视角。每个人可以根据自己的经验和立场对事件进行解读，从而形成丰富多彩的观点碰撞，有助于提升公众对事件的全面理解和深入思考。最后，全员媒体有助于提升公民的社会责任感。当每个人都意识到自己是信息传播的一部分时，他们会更加关注自己传播的信息是否真实、公正、客观，这有助于提升整个社会的道德水平和社会责任感。与此同时，实现信息的多向互动和共享。在人人都是信息的生产者与传播者的时代，新的传播局面引发了媒体领域的巨大变革，改变了传统的信息交互方式、信息流动方向，对社会群体产生了积极的作用，还极大地调动了社会成员参与的积极性、主动性。参与主体的多元化，将打破传统媒体由专业人士进行信息生产与发布的局面，呈现人人都可以是信息生产与传播主体的新局面；全员传播还具有多向互动的特点，即不再是信息生产者和接受者分离，不是"我写你看""我打你通""我说你听"这样一种单一传播局面，而是变成了多对多的传播格局，人人都可以是信息的生产者和传播者，甚至用户互动的信息占了较大比重，这种互动主要表现在阅读、转发、分享、点击、跟帖、评论等互动模式，这些模式都是信息生产与传播的主要表现形式。全员媒体传播打破了你刊我看、你播我听的传统的单一的传播模式，呈现出我播、你播、大家播，以及你听、我听、大家听的新型传播现象。由此可见，全员媒体作为一种全新的信息传播模式，它赋予了每个人平等的传播权和话语权，为社会的多元化、民主化发展提供了有力支持。在这种模式下，信息传播将更加真实、公正、客观，有助于构建一个更加和谐、进步的社会。

第四，全效媒体。"全效"是指全媒体在传播信息时，注重实现信息价值的最大化。全效媒体注重的是传播效果的最大化，力求实现信息传播的速度、深度、广度和质量，通过精准的定位、个性化的推送和有效的互动，全媒体为受众提供高质量、有针对性的信息，从而实现信息传播效果的最大化。因此，全效媒体是相对媒体的传播效能而言的，它是一种以用户为中心的媒体策略，旨在通过多种渠道和平台，为用户提供有价值的内容和体验。因此，有学者认为，全媒体具有"更好的效益，更全的服务和更优的体验，全效媒体体现在全环节提升生产效率、全流程把握转换效果、全方位提升传播效能、全平台实现服务效用"①。全效媒体的核心原则是了解用户的需求和偏好，制定合适的媒体目标和指标，选择最优的媒体组合和投放方式，评估媒体效果和改进方案。全效媒体不仅关注媒体的数量和质量，还关注媒体的协同和整合，以实现最大化的媒体效果和用户满意度。全效媒体得益于云计算、大数据、人工智能等现代信息技术的辅助，这使信息内容传播的效能得到了极大的增强，而且更具针对性和准确性，即把有效信息传递给有相关需求的用户。具体来说，随着信息的生产与发布的针对性，全媒体不仅可以准确把握用户的信息动态，还能根据用户的信息反馈，及时更新和调整，从而通过对信息生产与信息传播的调整，全面提升信息传播的效率。由此可见，全媒体的优势就在于它能带来更好的效益，提供更全面的服务和更优质的体验。全效媒体主要体现在全环节提升生产效率，即全媒体能够优化信息的采集、处理、传播和接收等各个环节，提高工作效率，使信息传递更加迅速、准确；全流程把握转换效果，即全媒体关注信息传播过程中的变化和反馈，以便及时调整策略，提高信息转换为实际效益的效率；全方位提升传播效能，即全媒体运用多种传播手段，如文字、图片、声音、视频等，立体化地呈现信息，使传播效果更好。

总而言之，全媒体的全过程跟踪信息、零时差满足用户需要、最权威专业化解读，进一步实现了传播效能的最大化，也进一步推动了一体化传播的进程。全媒体传播整合了信息内容，改变了传统的信息生产方式，在现代传播技术的支持下从满足人们的视觉、听觉和触觉来生产信息。这主要由于全媒体根据不同的信息需要对象，精准生产和传播信息，具体来说，传播主体可以根据不同

---

① 沈阳．"四全"媒体的新内涵与技术新要求［J］．青年记者，2019（7）：29-30.

受众的个性特点、风俗习惯、兴趣爱好等来生产信息，以满足不同受众群体对信息的全面需求。

三、全媒体的基本特征

全媒体是在数字化、网络化、智能化的技术环境下，在各种媒体形态之间实现融合、互动、共享的新型媒体。全媒体不仅是一种技术手段，也是一种传播理念，它强调媒体的主动性、创新性和服务性，以满足受众的多元化、个性化和社会化的信息需求。全媒体的基本特征有以下五点。

第一，媒体形态的多样化，涵盖了文字、图片、音频、视频等各种表现形式。这是全媒体时代的一个显著特征。全媒体不仅提供了丰富的信息内容，也为用户创造了多种交互方式。全媒体的优势在于它能够根据用户的需求和喜好，灵活地选择合适的传播媒体来传递更加生动、直观、有效的信息。首先，信息表达方式的多元化。多种媒体形态使信息可以以更加丰富的方式表达和呈现，不限于简单的文字，而是文字、图片、音频、视频等形式的有机结合。这使信息的表达效果更佳，也能够满足不同受众的需求。其次，信息覆盖面的广泛化。不同的媒体形态可以覆盖不同类型的受众，比如，视频和音频更受年轻人欢迎。多样化的媒体形态使全媒体可以最大限度地扩大信息的覆盖面，更能把信息传达给更为广泛的受众群体。再次，强化了信息的传播力。结合多种形态，信息可以在多个渠道同步传播，产生协同效应。无论哪种形态，受众都可以获取信息，这就加强了信息的总体传播力。同时，同一信息的多样化呈现也增加了其影响力。最后，促进了新技术运用。多样化的媒体形态促进新技术的发展与运用，如网络视频、网络直播等技术。

第二，传播模式的交互性，促进了媒体与受众之间的双向沟通和参与。这是数字技术作用下全媒体发展的一个重要特征。随着互联网、移动设备和社交媒体的普及，媒体不再是单向传播信息的工具，而是成为一个开放的平台，让受众可以主动地获取、分享、评论和创造内容。这种互动性不仅增加了媒体的吸引力和影响力，也提升了受众的参与度和满意度，促进了媒体与受众之间的互动。

"交互"是媒体产生作用的最好方式，媒体的交互性传播无论是对于传播的速度，还是对于传播的质量都有着质的变化。① 传播模式的交互性的表现形式有多种，例如，媒体可以通过微博、微信、抖音等社交媒体平台，发布内容并邀

---

① 肖峻峰. 论媒体的交互性［J］. 中国出版，2001（8）：50-51.

请受众进行点赞、评论、转发等互动行为，增强内容的传播效果和受众的参与感；可以通过直播、短视频、VR等新媒体形式，展示内容的多样性和丰富性，提供更加真实和沉浸的观看体验，激发受众的兴趣和好奇心；可以通过问答、投票、抽奖等互动方式，收集受众的意见和反馈，了解受众的需求和喜好，提供更加贴合受众的内容和服务；可以通过博客、论坛、社区等互动平台，为受众提供交流和讨论的空间，建立与受众平等的对话关系，形成良好信息的双向互通模式。由此可见，传播媒体的交互性是数字时代下媒体发展的一个重要特征，它促进了媒体与受众之间的双向沟通和参与，对于提高媒体质量和服务社会具有重要的现实意义。当然，全媒体的交互性是技术发展与社会变迁的产物，它推动媒体进入新时代，使信息传播形态发生重大变化，也重塑了人与媒体的关系。这使得未来的媒体生态必将提高开放、共享和社交互动的程度。

第三，媒体功能多元化，提供了信息、教育、娱乐、服务等多种功能。媒体是人类传播信息和交流思想的重要工具，随着科技的发展，媒体的功能也越来越多元化。对全媒体而言，它不仅可以提供各种类型和层次的信息，满足人们对知识和新闻的需求，还可以进行教育和培训，提高人们的素质和能力；还可以提供娱乐和休闲，丰富人们的精神生活和文化享受；还可以提供服务和帮助，解决人们生活和工作中的问题。媒体功能多元化，体现了媒体的社会价值和作用，给人们带来了更多的便利和福利，满足了受众多样的需求。不同功能可以满足受众获取信息、消遣娱乐以及日常生活服务等不同需求。这有利于媒体触达更广泛的受众群体，也使受众可以在同一媒体平台上获取不同类型的功能产品。多元功能使媒体可以合理配置文字、图片、音视频等不同类型的资源，相互配合，发挥最大效用。如视频资源既可以用于新闻报道，也可以用于教育和娱乐。这提高了资源利用效率，降低了成本。不同功能使媒体可以渗透进社会生活的各个方面，对人们的信息获取、学习发展、文化娱乐以及生活服务等产生广泛影响。这种深入社会各领域的影响力也提高了媒体自身的社会地位。综上，媒体功能多元化使媒体可以适应受众的多样化需求，也使媒体在社会中的作用日益广泛与深入。

第四，媒体平台资源的整合性，实现了从传统媒体到新兴媒体的无缝对接。全媒体时代，媒体平台资源的整合性是将不同类型的媒体资源进行有效的整合，形成一个统一的媒体平台，以满足用户的多样化需求。尤其在人工智能的赋能下，媒体平台资源整合性目标实现了从传统媒体到新兴媒体的无缝对接，即在同一个平台上，用户可以方便地获取和分享各种形式的信息，包括文字、图片、音频、视频等。这种无缝对接可以丰富媒体传播手段，平台整合使文字、图片、视频、直播等多种媒体传播手段有机融合，增强了传播的覆盖面和影响力，受众可以选择更加丰富多样的方式接触信息。因此，有学者指出，"数据形态由原始的、非结构化的数据转化为经过人工智能预处理的、整合后的结构化信息，使信息检索更为快速与便利"①。媒体平台资源的整合性优势在于提高了媒体的传播效率和影响力，增强了媒体的互动性和创新性，扩大了媒体的覆盖范围和受众群体，不仅促进了媒体的发展和变革，还使受众不再是简单的信息接受者，而可以成为信息的生产者和传播者。

第五，全媒体技术具有意识形态属性。全媒体技术本来不具有任何意识形态属性，但当它承载了意识形态属性的话语内容，就具有了意识形态的功能。法兰克福学派基于媒介控制思想，认为大众媒体具有意识形态功能，大众媒体与意识形态一样存在着虚假性和欺骗性。安德鲁·查德威克（Andrew Chadwick）在《互联网政治学：国家、公民与新传播技术》中提出，互联网已经成为西方价值观出口到全世界的终端工具②；以网络技术为依托的全媒体由人类设计，在诞生之初就蕴含着人类所赋予的价值。技术被应用、被嵌入的价值理念发挥着重要的作用，价值理念具备了一定的政治属性，价值与信仰本身就具有意识形态的属性。传播媒体技术具有意识形态属性在于传播媒体技术扮演了维护统治阶级合法性的工具。法兰克福学派认为，传播媒体是统治阶级控制社会的工具与手段。统治阶级通过操控媒体来影响大众思想与引导社会舆论，以实现控制社会，这是法兰克福学派媒体控制思想的核心。按此推断，媒体技术越发展，意识形态统治的能力也就越强烈。统治者通过意识形态实施统治，被统治者因接受统治阶级的意识形态而认同其统治的合法性与合理性。媒体的技术性，使全媒体技术具有意识形态的属性。科学技术具有意识形态性，而全媒体技术的发展程度取决于科学技术的发展水平，即科学技术，尤其是信息技术是全媒体技术发展的基础，信息技术的发展高度影响着全媒体技术的发展水平。从统治阶级推动科学技术发展及其利用的过程来看，科学技术是为夯实主流意识形态的主导地位服务的，而且执行着意识形态统治的功能。赫伯特·马尔库塞认为，科学技术使西方资本主义意识形态变得异常强烈，"因为今天的意识形态就包含在生

---

① 刘德寰，朱琦. 颠覆与重塑：下一代人工智能的传播学意义［J］. 新闻爱好者，2023（9）：4-10.

② 查德威克. 互联网政治学：国家、公民与新传播技术［M］. 任孟山，译. 北京：华夏出版社，2010：35.

产过程本身之中"①。相较于纯粹的意识形态统治，科学技术统治有更多优势，如它不仅能够提高人们的物质生活水平、丰富人们的精神生活，还能够缓解西方资本主义因人口老龄化而劳动力不足的问题、因工业化而环境污染的问题，尤其重要的是科学技术治理的优势能够掩盖西方资本主义制度的缺陷和执政党的无能。基于此，麦克斯·霍克海默（Max Horkheimer）认为，凡是为社会危机辩护，或者遮蔽社会危机被发现的器物都可以被称为意识形态，而科学技术"保留着一种阻碍它发现社会危机真正原因的形式"②。哈贝马斯也进一步指出，科学技术已成为晚期资本主义统治合法性的基础，科学技术已成为"一种以科学为偶像的新型的意识形态，即技术统治论的意识形态"③。事实上，从近几年美国政府基于共同价值观，呼吁西方"民主国家"联合起来应对中国的竞争，把中美之间的竞争比喻为"民主与专制的较量"，通过技术联盟遏制中国技术的崛起，甚至把中美之间在科技领域的竞争比喻为斗争的"战场"等事件不难发现，这是美国实施技术民主主义、技术意识形态，抑或意识形态新冷战的结果。从这一角度而言，科学技术扮演着意识形态的角色，执行着意识形态的功能，成为西方资本主义合法性统治的工具，已成为美国实施意识形态新冷战扼制中国崛起和形成对华技术封锁的新格局。

　　媒体的商品化与虚假需求，使全媒体具有意识形态的属性。媒体本身是个中性概念，但当媒体与商品和文化相结合时，商品的意识形态属性就占据着主导地位。霍克海默在谈到"文化工业"时说道："文化工业是依赖大众传媒技术与科学技术手段来复制与宣传不具备创造性的、被商品化了的文化产品的一种娱乐工业体系。此类娱乐工业通过一定的科技手段和大众传播媒体对虚假的、物化的文化进行操纵，同时逐渐转变成控制意识的特定工具，并借助其他巧妙的方法——娱乐，来对人们进行奴役、欺骗和统治。因此，科学技术将大众文化当作载体，充分发挥出意识形态的各种功能。"④ 英国社会学家约翰·汤普森认为，现代文化的传媒化，现代社会被越来越多的大众传媒控制。在现实生活中，大众媒体"无时无刻不在为人们编织着信仰、价值和集体认同……简而言

---

① 马尔库塞. 单向度的人——发达工业社会意识形态研究［M］. 刘继，译. 上海：上海译文出版社，2008：11.
② 霍克海默. 批判理论［M］. 李小兵，等译. 重庆：重庆出版社，1989：50.
③ 哈贝马斯. 作为意识形态的技术和科学［M］. 李黎，等译. 上海：学林出版社，1999：4-5.
④ 王晓方. 科学技术即是意识形态：哈贝马斯对于早期法兰克福学派观点的论证与发展［J］. 西北大学学报（哲学社会科学版），2011，41（4）：30-35.

之，大众媒体已成为支配意识形态的核心体系"①。具体来说，大众媒体用文字、语言、图片、视频、新闻等传递意识形态，大众媒体已成为控制社会的机器，这使其呈现出鲜明的意识形态属性。马尔库塞基于统治阶级控制媒体，媒体是统治阶级传播意识形态的载体，而商品又是最重要的媒体，即商品媒介执行了意识形态的控制功能。商品媒介控制是由文化商品化、商品虚假需求所致，商品充当着媒介物，使其本身就成为意识形态。当文化以商品的身份出场，并在广泛参与生产、分配与消费的过程中，具有了意识形态的属性。媒体即意识形态是媒体的商品化造成的。媒体即意识形态是商品控制的结果，媒体与商品都属于意识形态的外在表现，商品和技术都属于意识形态范畴。马尔库塞基于商品需求的视角进行了分析，他从真需求与假需求的角度提出了商品媒介中统治者的特殊价值，认为商品媒介具有意识形态性。真实需求是以满足生活、生存与发展需要为前提的。而虚假需求是"为了特定的社会利益而从外部强加在个人身上的那些需要，是艰辛、侵略、痛苦和非正义永恒化的需要"②。统治阶级借助人们的内在需求，使用商品媒介进行欺骗，以缓和阶级矛盾。"大多数需要，诸如休息、娱乐、按广告宣传来处事和消费、爱人之所爱与恨人之所恨，都属于虚假的需要这一范畴之列"③。虚假需求受外界的控制与影响，特别是社会制度。需求程度受社会制度控制，需求的目的是让统治阶级更好地隐藏社会的真实矛盾，以控制人们的反抗意识，从而把虚假需求当作奋斗目标和最大幸福。在物欲横流的物质社会，商品是大众最在意和最觉得自由的东西。恰恰就是那些看似自由的东西成为操纵与控制自由的手段。媒介商品化的虚假需求，刺激着大众的虚假需求，致使媒体成为意识形态。当人们的地位和身份用商品的层次来衡量时，商品的层次就与各种价值体系结合起来了，驱动着大众追求高层次的商品，这其实是控制大众的手段，企图用高层次商品来麻痹和控制人们的思想意识。商品满足了人们物质层面的需求，体现了人的价值，在媒体和广告的推波助澜下，商品作为意识形态的性质显得尤为显著，其意识形态的功能就更加全面。

全媒体本身不具有意识形态的属性，当它承载了意识形态的内容，并为其摇旗呐喊时，它就具有了意识形态的属性。全媒体是信息载体，通过作用于人体感官，实现承载和传播信息的功能。全媒体是不同类别媒体的有机融合，因

---

① 吉特林．新左派运动的媒介镜像［M］．张锐，译．北京：华夏出版社，2007：9.

② 马尔库塞．单向度的人［M］．刘继，译．上海：上海译文出版社，2014：6.

③ 马尔库塞．单向度的人［M］．刘继，译．上海：上海译文出版社，2014：6.

认知差异、情感表达的不同，在媒体空间呈现出不同的话语样态，但无论媒体对网络信息内容进行何种程度的改造，它都会从不同层面对人们的思想意识、思维方式产生影响。这使媒介具有了"隐喻"的功能。媒体不仅具有传递信息的功能，还具有影响人的思维方式、价值理念的特点。互联网的意识形态正在形成，人类发展史表明，革命性技术总会有进步性的一面，社会形态总会受到革命性技术的影响，新的意识形态作用于个体发展的全过程，影响个体的社会生活，影响他们的活动与心态。美国学者弗雷说："技术是需要和价值的体现。"① 人们开发技术与运用技术是为了表达他们的意愿和爱好。媒体的技术革命会给人类思想体系带来巨大的变化，塑造媒介化环境，创造独有的文化交往范式，形成适应个体发展与需求的心理和态度。

总而言之，全媒体并非通常意义上的媒介整合，而是多媒介的有机融合。这种有机融合是各个传播媒体的传播优势的有机融合，使其成为一种集技术、内容、手段和方式等于一身的新的集成媒体。这种集成性推动了各媒体间的组合与协调，打破了单一媒体的传播形态，突破了传统媒介间信息不畅通、相互孤立的状态，让各个媒介的传播优势得到有效发挥。从整合媒介的类别来看，实现了传统媒介与新兴媒介的有机整合。具体来说，全媒体把以纸质媒介、静态传播媒介为代表的传统媒体和以移动互联网信息技术为依托的新媒体进行了有机整合；从整合媒介的传播形式来看，全媒体汇聚了各个媒体的传播优势，实现了传播媒介整合视觉、听觉、触觉等的目的，加深了受众主体对传播信息的体验感，也极大地提升了信息传播的质量。因此，在一定程度上可以说，全媒体是各个传播媒介简化业务、提升信息生产质量和传播质量的结果，旨在构建一个强大的传播体系，是一种全新的媒介运营模式，以此助力受众拓展获取信息的渠道，以及更加快速、精准地推动传播主体传递有效的信息。

四、全媒体与全媒体时代的内在关系

全媒体与全媒体时代是辩证统一的关系。全媒体技术是时代的基础性条件，全媒体时代是技术进步的环境表达，两者是相互统一、相互作用的关系。全媒体推动时代进步，时代的进步发展又促进技术的不断更新换代。

第一，全媒体是全媒体时代的技术基础。全媒体作为现代传播技术发展的

---

① 格里芬．后现代精神［M］．王成兵，译．北京：中共中央编译出版社，1998：127.

产物，是"数字技术发展而生发的一场技术革命"①。全媒体技术的发展是形成全媒体时代的物质技术基础，全媒体技术实现了传统媒体数字化和网络化，促进了不同媒体之间的高度融合。全媒体技术推动着全媒体时代的深入演进。全媒体技术实现了传统媒体数字化，是形成融合性强的新兴媒体的基础。各类媒体内容都可以数字化，在同一平台上传播；全媒体技术实现了互联网和传统媒体的深度融合，媒体间的壁垒被打破，实现了媒体的跨界、融合；全媒体技术实现了媒体的网络化，借助互联网将所有媒体连接起来，形成立体多样的传播网络；全媒体技术实现了跨终端的信息传播，用户可以随时随地通过多种终端接入媒体内容；全媒体技术实现了传播方式的多样化，出现了新兴的社交媒体、自媒体等传播形式；全媒体技术实现了传播主体的去中心化，个人、组织等都可以成为信息生产者。由此可见，正是全媒体技术的进步与应用催生了全媒体时代，它是时代特征的技术基础。因此，在一定程度上可以说，如果没有全媒体技术的发展，那么就不会形成全媒体时代的多元化传播格局。

第二，全媒体催生了全媒体时代。全媒体技术的应用产生了融合传统与新兴媒体的多元化传播形式，引发了舆论生态和传播格局的重大变革，催生了以全媒体为标志的新时代。"技术革命是人类文明发展的动力，技术的不断进步推动人类文明的飞跃，技术也是推动媒介和人类传播发展的基础。"② 全媒体技术实现了传统媒体与新兴媒体的深度融合，媒体形态实现了重大变革。全媒体技术除了推动媒体内容的数字化，以及便于存储和传播外，还使其传播内容更丰富，传播信息和接收信息的速度更快捷，舆论场也变得更加开放；全媒体技术构建了高度互联的媒体传播网络，实现了用户接触媒体的多终端化，也降低了信息发布门槛，使得任何个人和组织都可成为传播主体。由此可见，全媒体技术确实改变了传播生态，使媒体格局、公共议程设置等都呈现新的特点。因此，我们可以说，全媒体技术推动传播进入一个多元化、个性化的新时代，如果没有全媒体技术的发展，那么就不会出现全媒体时代的这些特征，也难以催生出全新的传播时代。

第三，全媒体时代为全媒体技术的进一步演化升级提供了时代条件。全媒体时代用户信息接触渠道多元化的特点，推动了全媒体技术向个性化、碎片化、社会化等方向演化，全媒体技术也在这个环境中持续升级。全媒体时代用户接

---

① 戴正聪. 媒体融合时代传统报纸的发展模式创新分析 [J]. 新闻研究导刊，2023，14（10）：101-103.

② 姚君喜，刘春娟. "全媒体"概念辨析 [J]. 当代传播，2010（6）：13-16.

触信息渠道多样，推动全媒体技术向个性化演进；用户获取信息时间碎片化，促进全媒体技术向碎片化传播发展；用户主动发声明显增多，带动全媒体技术向社会化演化。全媒体时代对获取信息实时性需求强，推动全媒体技术实时交互能力提升。全媒体时代用户行为数据的积累为智能化媒体的发展提供了支持，全媒体时代的信息安全、版权等问题，促进全媒体技术进步，尤其是多样的应用场景催生着全媒体技术的创新。

第四，全媒体是全媒体时代的重要特征，全媒体技术的应用使传播手段多样化、传播方式社会化、传播场域动态化等，这些成为定义全媒体时代的重要特征。首先，从多样化来看，全媒体技术使传播形态呈现多样化，是时代特征的技术基础；从传播主体视角而言，全媒体实现了传播主体的多样化，这种多样化打破了传统媒体的中心化。其次，从社会化来看，全媒体使传播方式呈现出高度社会化的特点。这种社会化主要表现为传播主体的社会化，全媒体不再局限于传统媒体机构，降低了传播门槛，即普通公众都可以发布信息，成为传播主体；传播内容社会化，全媒体时代传播内容更具开放性、生活性、社交性，普通公众的观点都能够得到重视和表达；传播方式社会化，随着传播技术的快速发展，依托现代传播技术，传播方式更具互动性、讨论性、协作性，通过信息传播实现社交互动，满足普通公众的传播需求，追求易用性、易获性。最后，从动态化来看，全媒体使舆论场更加开放和动态，这是时代的重要标志。全媒体之所以使舆论场更加开放和动态，主要是因为全媒体降低了公众参与舆论表达的门槛，普通公众也可以轻松表达观点；增加了公众表达观点的渠道，除了传统媒体，还可以通过新兴媒体进行传播。公众可以更及时地表达观点，新媒体具有实时互动性。不同观点和声音可以更充分地呈现和交流，不再局限于主流媒体。传播速度加快，事件议题形成的速度更快，舆论场更动态。公众之间更多地进行直接互动交流，而不是简单接受媒体传播。事件议题的讨论形式更丰富，如社交媒体的讨论。公众更多地参与议题的讨论和传播，传播力度更大。不同地区、不同群体的声音都可以表达和聚合，内容也更全面。个人、机构都可以成为议题的设置者和舆论的引导者。

没有全媒体的发展，就不会形成全媒体时代的传播格局。全媒体时代的传播格局，正是得益于全媒体的发展才得以形成。在这个格局中，各种媒体形式相互交融、互补，共同构建起一个多元化、立体化的信息传播体系。全媒体的发展为这一传播格局注入了活力，使信息得以更快、更广传播，深入人心。具体来看，全媒体时代，传统媒体与新兴媒体相互促进，形成了覆盖面更广、互动性更强的传播网络。在这个网络中，每个人都可以成为信息的生产者、传播者和接受者，享有平等的话语权。这种格局不仅丰富了信息的来源和传播方式，还激发了公民的社会责任感，促使人们更加关注信息的真实性、公正性和客观性。与此同时，全媒体时代传播格局的构建，为我国信息传播事业带来了前所未有的机遇。在这种格局下，各种媒体形式携手共进，为民众提供更加丰富、全面的信息服务。这有助于提高国民素质，增进社会共识，推动国家的发展与进步。由此观之，全媒体的发展奠定了全媒体时代传播格局的基础，使得信息传播更具活力与创造力。

第二节 高校意识形态话语权相关内涵辨析

从文字组合来看，高校意识形态话语权由高校、意识形态、话语与话语权所构成；从其所蕴含的本质含义来看，它是高校意识形态话语主体所拥有的话语解释、价值引领、行为规范等的资格与能力。习近平总书记在全国宣传工作会议上指出意识形态工作对于统一思想、凝聚力量、推动国家发展具有重要意义。在我国，在党的领导下，马克思主义指导地位的确立，为我国社会主义事业提供了有力的思想武器。因此，掌握意识形态工作的领导权，是我们党在新时代坚持和发展中国特色社会主义的重要保证。只有紧密围绕党的中心工作，加强在意识形态领域的领导，才能确保全体党员干部和广大人民群众紧密团结在党的周围，在思想层面确保党的领导地位。掌握意识形态的管理权是确保意识形态工作健康发展的关键。掌握意识形态管理权，有助于巩固马克思主义的指导地位，保证国家政治方向正确。意识形态管理权是维护国家安全和社会稳定的基石。意识形态领域的工作涉及民族关系、宗教问题、国际关系等方面。因此，只有掌握意识形态管理权，才能有效应对各种风险挑战，维护国家的安全与稳定，保证我国社会主义事业的健康发展。意识形态话语权是塑造有利外部环境、提升国家文化软实力的重要途径。我们要大力加强国际传播能力建设，创新对外宣传方式，生动讲述中国故事，传播中国声音，为我国发展营造有利的外部舆论环境。从掌握意识形态话语权这一视角而言，任何时候都要抓紧抓牢抓实，不能掉以轻心。所以，在新形势下，我们要推动高校意识形态建设，高举中国特色社会主义伟大旗帜，坚定高校师生的价值立场、统一高校师生的思想意识、汇聚高校师生的精神力量，就是要从牢牢掌握高校的意识形态话语权方面着力、入手。而要牢牢把握高校意识形态话语权，首先就是要搞清楚、弄明白其本质内涵及其内在关系。

一、话语与话语权的内涵及其内在关系

"话语有神秘的力量。"① 话语作为人类社会交往、交流的中介，表达了什么、怎么表达、承载的内容、表达的方式蕴含着充沛的力量和权力。因此，我们时常把话语中所衍射的权力或权利称之为话语权。话语权蕴含着话语权利与话语权力两层意蕴，话语权通过话语传递，话语权的强弱取决于话语的强弱。话语权是指在公共场合或特定领域中，个体或团体对社会舆论、价值观、思想观念的引导力和影响力。话语权的实现主要通过话语的传递与交流，而话语权的强弱则取决于话语内容、话语者地位、传播手段、对话语的操控和引导能力以及社会环境和文化背景等多方面因素：从话语权的强弱取决于话语内容的质量这个层面而言，话语内容的质量在增强话语权方面具有极为重要的意义，因为话语只是观念、思想和价值观的载体，其内容是否具有深度、广度以及前瞻性会严重影响着话语权的强弱，从这个角度来看，具有深刻内涵和高度专业性的话语内容，能够更好地体现出话语内容的专业性、科学性和权威性，从而影响着话语权的强弱；从话语者影响着话语权的层面而言，话语者的社会声誉和社会信誉，尤其在特定专业领域或社会地位方面，具有较高社会影响力的话语者，其发表的话语更容易引起关注和认同，其言说的话语具有更为强劲的影响力；从传播手段和传播渠道对话语权的影响来看，在信息爆炸的时代，传播手段和传播渠道的选择对于话语权的强弱具有关键性作用，灵活高效的传播手段、迅速广泛的传播渠道能使话语信息被更多的传播受众了解与掌握，从而在提升话语信息的知晓度和影响力的过程中，切实达到增强话语权之目的；从话语的操控力与引导力影响话语权的层面而言，在复杂的社会背景下，对话语的操控力和引导力对于话语权的强弱具有显著影响，如果话语主体在社会舆论、议题设置等方面具有较强的能力，话语主体就能够把自身所倡导的话语信息最大化，从而通过操控和引导社会舆论达到增强话语权之目的；从社会环境和文化背景影响话语权的层面而言，社会环境和文化背景会影响人们对权力和权威的认识和接受程度，在一些社会和文化中，权威和权力是被尊重和崇拜的，而在另一些社会和文化中，权威和权力则被视为需要被质疑和挑战的对象，因此，适应社会环境和文化背景的话语更容易引起共鸣和认同，更能够增强话语权。不同的社会环境和文化背景，意味着人们的生活习惯、价值观念、行为规范等存在差异，这些差异会导致人们对同一话语的理解和接受程度有所不同：仅从社会

---

① 蒋桂芳. 关于网络意识形态建设的思考［J］. 思想理论教育导刊，2019（1）：79-84.

环境的角度来看，社会环境中的政治、经济、科技、教育等多方面共同塑造了一个社会的总体氛围和人们的思维方式，例如，在一个言论自由的社会环境中，人们更愿意表达自己的观点和意见，而在言论受限的社会环境中，人们可能更加谨慎和保守；仅从文化背景的角度来看，文化背景是影响话语传播和接受的重要因素，即不同的文化背景会导致人们对同一话语的理解和接受程度有所不同，例如，在一些文化中，直接表达自己的意见和观点是被鼓励的，而在另一些文化中，委婉和含蓄的表达方式更为普遍。

第一，话语的内涵。话语（discourse）是对语言的运用，是语言的符号集团，受语言规则的限制，时常被理解为现实的言语符号，以表达社会主体的思想意识、价值理念，即话语是特定社会环境中语言主体为了一定的目的，通过言语、言谈的模式，有目的、有计划地予以传递和表达思想观念的工具。雅克·德里达（Jacques Derrida）进一步指出，语言是理解世界的载体。[①] 该论断表明，语言除了作为传播思想观念、价值理念的工具外，还是人们日常生活的必要元素，成为构筑人类知识和信仰系统的重要载体，即语言扮演了诠释人类社会日常生活的载体，甚至扮演着诠释人类文明发展样态的工具。这就表明，语言除了是人类沟通交流的工具之外，还是人们认知世界、构建意义的重要载体。在德里达的理论中，语言具有以下几个关键特点和作用。首先，语言作为意义的生成器，语言具有创造意义的能力，它使人们能够表达和理解各种概念、思想、情感。在交流过程中，语言不断地生产和再生产出意义，从而使人类能够对世界产生深刻的认识。其次，语言存在着异质性，语言是由不同的元素、符号和声音组成的复杂系统。这些元素之间存在着相互差异和联系，体现了语言的异质性。这种异质性使得语言具有丰富的内涵和多样的表达方式，为人类理解世界提供了广阔的视角。再次，语言与权力之间存在密切的联系。掌握语言的人往往能够更好地实现自己的意志和利益，进而影响社会的发展。在这个过程中，语言成为一种重要的权力工具，体现了社会的不平等现象。最后，语言具有无限性，因为它在不断地发展和变化。人类通过语言不断地创造新的概念和表达方式，推动着语言的演变。这种无限性使得语言能够适应不断变化的世界，为人类认识世界提供更多的可能性。以上就是德里达说语言是理解世界的载体的重要缘由。

人类文明发展史已深刻表明，人类文明发展中的每一步都与话语有关。米

---

① 韩震、董立河．论西方历史哲学的"语言学转向"［J］．北京大学学报（社会科学版），2005（5）：49-56.

歇尔·福柯（Michel Foucault）曾说："考古学的话语描述是在一种普遍历史的维度上展开；它试图发现话语构成得以被清晰表述的，由各种制度、经济过程以及社会关系所组成的全部领域。"① 该论断表明，考古学的话语是通过历史遗迹和物品来描述过去的制度和人们的社会关系，以便更好地理解人类历史的发展。这从话语关系的外在表现就可以得到确证，它的外在关系就是人类与世界的关系，即在某种意义上人类与世界的关系就是话语关系。凭借话语的外在词汇、语法及其符号系统，隐藏在符号背后的精神意志、价值理念、文明样态等，深刻表明了话语具有较为强烈的社会价值意义，传递、诠释着人类文明的发展历程及其历史样态，可以进一步确认的是，话语关系事实就是与人类社会关联的权力关系。这也是说话语蕴含着力量与权力，话语既具有束缚性，又具有解放性，强势话语可能会压制弱势话语的原因之所在。当然，束缚性与解放性是基于谁掌握话语而言的，对掌握着话语规则制定的主体而言它具有解放性，拥有解释权和书写权，而对话语受众而言它具有束缚性。因此，有学者曾明确指出，"谁拥有更多的话语权，谁就具有更多的社会影响力和控制权，谁就能引领社会发展方向和模式"②。这就意味着话语权的争夺实际上是一场关于社会引领权的较量，拥有更多话语权的人或团体，更能够在社会变革中发挥主导性作用，更具备强而有力的社会影响力与控制力，进而更能够引领社会朝着特定的发展方向和模式迈进。在当今社会，话语权、社会影响力、控制权以及引领社会发展的四大要素之间存在着紧密的内在联系。谁拥有更多的话语权，就在一定程度上拥有了更高的社会地位和权威。这种地位和权威赋予了拥有者更强大的社会影响力，使其能在众多声音中脱颖而出，成为人们关注的焦点。话语权在社会影响力中起着至关重要的作用。掌握话语权的人往往能够影响公共舆论，进而在很大程度上控制社会发展的方向。如拥有话语权的主体可以通过掌握信息传播、教育、传媒等关键领域，将自己的观点和理念传播给大众，影响人们的思考方式和行为模式。从这个角度而言，谁拥有更多的话语权，谁就具有更大的社会影响力和控制权。这种影响力与控制力使得他们能在复杂多变的社会环境中把握发展机遇，引领社会发展方向和模式。话语权是一种极具价值的资源，这是争夺意识形态话语权的斗争在今天变得异常激烈的一个重要因素。

第二，话语权的内涵。话语权是由法国学者米歇尔·福柯最早提出的，福柯认为，"话语意味着一个社会团体依据某些成规将其意义传播于社会之中，以

---

① 瑞泽尔. 后现代社会理论 [M]. 北京：华夏出版社，2003：58.
② 朱兆中. 当代中国的价值追求 [M]. 上海：上海人民出版社，2012：41.

此确立其社会地位，并为其他团体所认识的过程"①。该论断表明，话语是一个社会团体按照一定的规则，将他们的观点和意义传递给社会大众的过程。这个过程有助于他们确立在社会中的地位，并让其他团体了解他们的观点和价值观。简而言之，话语就是一个团体通过表达自己的想法和观点，让其他人认识并接受他们的过程。话语传播是社会团体确立地位、拓展影响力的重要手段。通过遵循成规、运用恰当的传播渠道和手段，社会团体可以有效地将自身的价值观和理念传播于社会之中，为其他团体所认识。在这个过程中，社会团体需要制定一套共同遵循的规范和准则，这些规范和准则通常需要反映社会团体的核心价值观。例如，一个学术团体可能会制定一套严谨的研究方法和评价标准，以确保其传播的知识和观点具有权威性和公信力。话语传播需要利用各种渠道和媒介进行宣传和推广。这些渠道包括口头传播、书面文字、新闻媒体、网络平台等。通过这些渠道，社会团体可以将他们的观点和理念深入人心，进而影响公众的观点和情绪。当然，在这个过程中，社会团体还需要注意与其他团体的互动和合作。这有助于扩大话语传播的影响力，提高团体的社会地位。例如，一个政治团体可能需要与民间组织、企业和社会名流等进行合作，以推动其政策和理念的传播。同时，话语传播是一个持续不断的过程，它的效果也受到社会文化背景的影响。在一个多元文化的社会中，社会团体需要通过不断的交流、辩论和合作，来调整和完善自己的观点和理念，来克服语言、文化和认知上的障碍，这样才能达到有效的传播效果。

关于话语权的问题，基于宏观视野，西方马克思主义者安东尼奥·葛兰西（Antonio Francesco Gramsci）从"知识与道德的领导权"② 这一视角，较早地涉及意识形态的话语权。葛兰西的"知识与道德的领导权"是指在一个社会中，某个阶级或团体通过对知识和道德的掌控，进而影响和引导其他阶级或团体的思想、价值观和行为。这一概念强调了领导权在文化、教育和精神领域的重要性。知识领导权指的是在一个社会中，某个阶级或团体具有解释和传播知识的权力。他们可以通过控制教育、媒体和学术交流等渠道，塑造有利于自身利益的知识体系和价值观。这样一来，他们就可以在社会中占据主导地位，影响其他阶级或团体的认知和行为。道德领导权是指在一个社会中，某个阶级或团体制定的道德规范和价值观被广泛接受和遵循。他们可以通过传播道德观念、塑造道德榜样以及制定道德规范等方式，引导其他阶级或团体遵循有利于自身利

---

① 许宝强，袁伟. 语言与翻译的政治［M］. 北京：中央编译出版社，2001：53.

② 葛兰西. 狱中札记［M］. 葆煦，译. 北京：人民出版社，1983：316.

益的道德体系。这样，他们在道德层面上也取得了领导地位，进一步巩固了自身的权力。从葛兰西的"知识与道德的领导权"的内涵来看，这种领导权是统治阶级或团体维护自身地位、实现统治目标的重要手段。事实上，葛兰西的"知识与道德的领导权"其实就是意识形态话语权。当然，这种领导权并非固定不变的，而是处于不断的斗争和变革之中。在现代社会，随着民主和多元化的发展，知识与道德的领导权也在逐渐发生变化。不同阶级、团体和个体在知识和文化领域展开了激烈的竞争，争取更多的话语权和影响力。在我国，知识与道德的领导权是社会主义核心价值观的重要组成部分。我们国家高度重视教育、文化和道德建设，努力培养具有正确价值观的人才，引导全社会追求真善美，为实现中华民族伟大复兴的中国梦提供精神动力。基于微观视野，后现代主义者福柯认为，话语即权力，话语是权力运作的结果。从话语的生产必须按照一定的程序来选择内容、影响对象、组织成员和传播信息等来看，在某种程度上它是意识形态的再生产。葛兰西的文化领导权理论，福柯的话语即权力理论，两者都表明话语已经超越话语本身所赋予的价值功能，已进入权力领域，具有控制、引领、左右他人言行的功能。

那么话语权是权利还是权力？权利着重指资格，权力着重指存在，指话语内容的影响力、引导力、控制力。《布莱克维尔政治学百科全书》在对"权利"阐释时指出："权利描述一种制度安排，……表现一种正当合理的要求，……表现这个要求的一种特定的正当理由即一种基本的道德原则，该原则赋予诸如平等、自由或道德的力量等某些基本的个人价值以重要意义。"[①] 该论断表明，权利是一种制度安排，它体现了人们合理合法的诉求。这种诉求基于一种特定的道德原则，即基本道德准则。这个准则为我们所熟知的个人价值观念，如平等、自由和道德力量等赋予了至关重要的意义。简而言之，权利制度保障了人们在道德原则的基础上，能够合理地追求平等、自由等基本个人价值。权利是拥有某种利益、享有某种特权。从权利这个角度而言，话语权分为言说权利、行为权利。言说权利指话语交流、言语表达层面的权利，行为权利指公民有获得利益、提出诉求的权利。权力侧重支配力、掌控力，言语的权力重在强调言说者对话语的支配力，以及言说话语内容的影响力。米歇尔·福柯认为，话语是对权力进行调节与控制的系统，人依靠话语赋予权力，话语是权力的外在表达，权力是话语作用的结果。"如果没有话语的生产、积累、流通和发挥功能的话，

权力关系自身就不能建立起来和得到巩固。"①　由此可见，权力的运作离不开话语的传播和影响，只有通过话语的交流和互动，权力关系才能在社会中得以确立和巩固。话语赋予权力，而权力具有强制性。简而言之，话语权就是以语言形式对他人的强制。如福柯在《话语的秩序》一书中把话语与权力结合，进一步指出，话语不是一个中性概念，事实上它是某些力量膨胀的场所。话语并非空无一物，它与禁令交锋的领域，就是它与欲望和权力的关系，话语充当着陈述、表达欲望的工具，因此话语不是简单的语言层面的转化，而是斗争的手段与传递诉求的工具。

话语权作为一种影响力和作用力，是价值观在社会生活中的体现，即话语权的核心在于价值观的引导和塑造，它可以让人们在沟通交流中遵循一定的道德准则，从而达到影响和改变社会的目的。正如有的学者所言，"话语权是指通过话语的表达、描述和建构而形成的作用力或影响力，但归根到底是价值观的影响力和作用力"②。话语权作为一种影响力和社会地位的象征，它的本质是在公共场合或社会交往中通过言语表达、描述和建构的方式所形成的作用力或影响力。这种作用力和影响力并不仅仅局限于言辞本身的力量，在更深层次上它体现的是个体或团体在价值观、信仰、文化等方面的影响力和作用力。从根本上讲，话语权是价值观的影响力和作用力。它体现了一个人或一个团体在社会中的地位和认可程度，以及他们所持有的价值观在社会中的传播和接受程度。掌握话语权的人或团体，可以通过言语的表达和传播，塑造和引导社会的认知、价值观和行为规范，进而影响和控制社会的发展和变革。在现代社会中，话语权的重要性不言而喻。它决定了谁的声音会被听到，谁的观念会被接受，甚至是谁的权利和利益会被尊重。这主要是因为，话语权具有情感调动功能，能增强价值认同；话语权还关系到资源分配，能加强既得利益，掌握话语权者可以建构意识形态叙事，塑造集体记忆，可掌控公共议程，主导社会关注；话语权还具有舆论生产的能力，可影响公共认知。这就是为什么在当前的社会发展中，争夺话语权已经成为各种力量竞争的焦点。为此，我们应当关注话语权的重要性，提高自身在话语权竞争中的地位，为传播正能量、促进社会和谐与发展贡献力量。对社会个体或社会团体而言，要增强其话语权，两者都需要通过不断学习、思考和表达，提高自己在话语权竞争中的地位和影响力，以确保自身价

---

① 福柯. 权力的眼睛 [M]. 严锋，译. 上海：上海人民出版社，1997：228.
② 张三元. 话语、话语权与话语体系的思辨：兼论中国价值跨文化传播话语体系的构建 [J]. 江汉论坛，2023（9）：131-138.

值观的传播和实现。从国家层面来看，我国积极参与全球治理，加强国际交流与合作，不断提高国家话语权，为维护国家利益和推动世界和平与发展做出了积极的贡献。

葛兰西从社会集团的领导作用的形式方面进行了分析，他认为，"社会集团的领导作用表现在两种形式中——在统治的形式中和'精神和道德领导'的形式中""话语意味着一个社会团体依据某些成规将其意义传播于社会之中，以此确立其社会地位，并为其他团体所认识的过程"①。该论断表明，社会团体的领导方式主要有统治层面的领导方式与精神和道德层面的领导方式。而话语则是社会团体在传播自己的价值观和理念时，影响和引领其他团体的关键手段。通过话语的传播，领导的作用得以在精神和道德层面上发挥，进而塑造整个社会的价值观和道德观。社会集团的领导作用为什么能在这两个方面发挥作用呢？是因为领导权和统治权紧密相连，而统治权又是社会集团维护自身利益和地位的关键。只有通过这两种领导形式，社会集团才能有效地实现对社会的控制和管理，确保集团利益的实现。具体而言，这是基于他对领导权的理解以及社会集团在维护自身利益和地位方面的看法。一方面，在统治的形式中，社会集团作为统治者，需要通过政治、经济等手段来维护自身的利益和地位。这包括对社会资源的配置、政策制定和执行等方面进行管理和调控，以确保社会秩序的稳定，进而实现集团利益的最大化。社会集团的领导作用在这里体现在对权力的运用和控制上。另一方面，在"精神和道德领导"的形式中，社会集团需要塑造并传播一种符合集团利益的价值观念，以引导社会成员的思想和行为。领导者和集团通过弘扬道德观念、倡导文明行为等方式，凝聚社会共识，强化社会成员对集团利益的认同，从而巩固自身的领导地位。这种领导作用体现在对文化和价值的引导上，这也是葛兰西对社会现实和权力运作的深入分析。同时，这种观点为我们理解社会集团的领导方式和政治运作提供了有益的启示。

第三，话语与话语权的内在关系。话语不仅仅是思想观念、价值诉求的表达工具，还是一种现实权力，即一种话语权力。当话语成为权力，话语权就会使话语主体的语言具有一定的影响力、控制力。而话语有无权力取决于三个要素，即"由谁说""说什么"和"怎样说"。② 话语主体的权威性、话语内容的实效性、话语载体的功能性等共同构成了话语权的三大要素，是话语对象接受和认同话语内容的三个关键要素。因为，"谁来说""说什么"和"怎样说"都

---

① 许宝强，袁伟. 语言与翻译的政治［M］. 北京：中央编译出版社，2001：53.
② 福柯. 知识考古学［M］. 谢强，马月，译. 上海：上海三联书店，1998：54.

会影响话语的权力大小。根据该种观点，我们可以得出，话语权主要由三个关键因素决定，其中包括"话语主体的身份""传达话语信息的内容""话语表达方式与沟通技巧"。首先，话语主体的身份对话语权具有重要的影响。在社会背景下，话语有无权力在一定程度上受制于话语主体的影响力，当话语主体具有较高的社会地位、社会威望、社会声誉和社会信誉，那么话语就具有比较强的影响力和引导力，这就是为什么权威人士和领导人的言论往往更容易引起关注，并被认为是具有价值的见解。这得益于他们的地位和权力，使他们在社会舆论中具有更高的影响力。例如，国家领导人发表的演讲或声明，往往能在国内外引起广泛关注，并对相关政策产生重大影响。其次，传达话语信息的内容是影响话语权的重要因素。内容是信息的载体，内容优质、有价值的话语更能够增强话语权。具体来说，当某些话题或观点因其独特性、创新性或与当下热点事件有着极强的关联性时，那么这样的话语具有更高的关注度。众所周知，在沟通互动中，有价值的信息能够引发听众的好奇心和探究欲望，从而使发言者在一定程度上获得话语权。尤其是那些内容优秀的话语更容易在社会中引发讨论，更能够得到广泛传播和形成口碑效应。因为，人们更愿意分享和传播那些能够引起共鸣、给人启发或具有趣味性的观点。由此可见，优质的话语内容不仅能够为发言者建立权威形象，还能够使听众倾向于接受其观点和建议。因此，在沟通交流中，关注并重视话语内容的质量和关联性是提升话语权的关键。最后，话语的表达方式与沟通技巧在话语权中占据举足轻重的地位。有效的沟通者善于运用语言艺术，使信息传递更具影响力、感染力。表达方式还包括非语言因素，如肢体语言、面部表情和声音语调等。这些因素共同构成了话语的权力，使信息更具说服力和影响力。此外，话语权的强弱与传播渠道密切相关。在现代社会，表达方式日益多样化，包括传统媒体、网络媒体、社交媒体等都是用来传递话语的有效载体，通过这些传播载体可以巧妙地实施语言、形象、情感等手法，让话语内容变得更具感染力和吸引力。因此，在一定程度上可以说，掌握更多传播渠道的话语者，能够更广泛地传播自己的观点，进而在竞争中占据优势地位，强化话语权。为此，我们在沟通交流中，要注意谁在说话、说了什么以及如何表达，这样才能更好地发挥话语权。

话语权具有可以等同于言说话语资格的意涵，即在话语权中，所谓的权力可以理解为说话的权利和资格。这意味着在沟通交流中，拥有话语权的人可以更有效地表达自己的观点和意见，并对其他人产生影响。换句话说，拥有话语权的人在社会交往中更有权威性和说服力，他们的观点更容易被关注和接受。因此，话语权中的权力可以看作说话者在社会地位和影响力方面的体现。因此，就曾有学者指出，"话语权中的权力就可以认为是指说话的资格"①。由此可见，话语与权力密切相关，权力蕴含于话语生产中，权力的运行过程，是话语创新，并赋予话语新内涵的过程。话语权既包含了权利，又包含了权力这两个范畴。相较而言，话语权在话语中具有显著的价值意义。话语权侧重话语的权力，即话语的控制力和影响力。话语的生产会按照一定的程序控制和选择，话语权是话语层面的权力，吸引、认同的控制力。

二、意识形态与意识形态话语权的内涵及其内在关系

意识形态是一个社会、一个集体或者一个国家关于世界观、价值观和行为准则的体系，它对个人和集体行为具有指导作用。意识形态话语权则是指在一定社会范围内，对意识形态的传播、解释和运用权力和影响力，从而影响和引导社会舆论和社会行为的能力。意识形态与意识形态话语权之间存在密切的内在关系。

第一，意识形态的内涵。意识形态的内涵复杂、纷繁多变，"几乎没有一个社会研究领域像意识形态理论那样激动人心、意义重大，同时也几乎没有一个社会研究领域像意识形态理论所标识的那个领域那样充满争议和论争。在一定程度上说，意识形态研究的争议特点是'意识形态'这个术语的历史产物"②。总体而言，意识形态作为一个哲学和社会科学范畴的复杂词汇，具有丰富的内涵和层次。它是指在特定的历史条件下，一定社会群体共同塑造并形成的关于世界观、人生观和价值观的观念体系。这个体系包含了广泛的观念、观点、概念、思想和价值观等元素，这些元素相互作用、相互影响，共同构成了一个有机的整体。事实上，俞吾金先生经过深入研究马克思的意识形态理论，认为"在马克思那里，意识形态是一个总体性概念""是由各种'意识形式'——哲学、宗教、伦理、政治、法律等构成的有机整体"③。这种意识形态"包括许多具体的意识形式，如政治思想、法律思想、道德、哲学、艺术、宗教等等"④。从本质来看，意识形态是社会存在的反映，与社会经济基础和社会结构紧密相连。不同的社会存在形式，如不同的生产方式和经济结构，会产生不同的意识形态。同时，意识形态也具有历史性和阶级性，它是历史的产物，会随着社会

---

① 王家传. 塞义德后殖民理论对福柯和德里达理论的借鉴 [J]. 厦门大学学报（哲学社会科学版），2001（3）：76-82.

② 汤普森. 意识形态理论研究 [M]. 郭世平，等译，北京：社会科学文献出版社，2013：1.

③ 俞吾金. 意识形态论 [M]. 北京：人民出版社，2009：68.

④ 俞吾金. 意识形态论 [M]. 北京：人民出版社，2009：129.

存在的发展而发展，也反映了特定历史时期的社会阶级利益和意识形态斗争。

马克思和恩格斯指出，"统治阶级的思想在每一时代都是占统治地位的思想……占统治地位的思想不过是占统治地位的物质关系在观念上的表现，不过是以思想的形式表现出来的占统治地位的物质关系；因而，这就是那些使某一个阶级成为统治阶级的关系在观念上的表现，因而这也就是这个阶级的统治的思想"①。该论断表明，在一个社会中，哪个阶级掌握了经济、政治、社会的实际权力，他们的观点和想法往往就会成为社会上的主流观点。比如说，古代的皇帝和他的大臣们，他们的想法和观点会被大众认为是正确的，因为他们的地位使得他们的想法得到了广泛的传播和认可。而这些所谓的"主流观点"其实只是这个统治阶级的经济和社会地位在思想上的反映。由此可见，意识形态以物质为基础和前提，并受制于物质利益和阶级立场，意识形态作为一种思想观念，这种观念是与社会中占主导地位的经济关系相联系的。简单来说，它反映了社会中哪个阶级或者哪种经济状态在思想上影响和控制着其他阶级或经济状态。再比如，在资本主义社会中，资本家的意识形态会占据主导地位，因为他们掌握着经济资源和社会地位。这种意识形态会体现在他们的思想、价值观、信仰等方面，并对整个社会产生影响。因此，有学者认为，意识形态"是一种权力性意识或思想型的权力，体现的是统治阶级的经济权势在思想领域内的延伸即话语权，正是通过建立思想上的统治或获得话语霸权，来为本阶级的统治制造合法性依据"②。当然，意识形态在不同的社会和历史条件下，它对社会也有着不同的作用，即它既可以促进社会稳定与和谐，也可以引发社会变革和冲突。在社会主义社会中，社会主义意识形态是引导人们共同奋斗的重要力量，是社会主义精神文明建设的重要组成部分。

哈贝马斯指出，意识形态"以现代科学的外貌出现，从对意识形态的批判中获得正当性，从而取代了权力的传统合法性。意识形态和对意识形态的批评同时产生"③。这句话表明了现代科学的样子让人们觉得它是正确的，因此它用批判意识形态的方式来证明自己的合法性，从而取代了传统权力合法性的地位。同时，在现代科学的影响下，意识形态和对意识形态的批评也应运而生。这也是我们说意识形态具有认识、批判和辩护功能的一个重要原因。

文化观念的"意识形态"作为一种"软实力"和观念上层建筑的本质，它

---

① 中共中央马克思恩格斯列宁斯大林著作编译局. 马克思恩格斯选集：第 1 卷 [M]. 北京：人民出版社，1995：98.

② 侯惠勤，等. 马克思主义意识形态论 [M]. 南京：南京大学出版社，2011：105.

③ 麦克里兰. 意识形态 [M]. 孔兆政，蒋龙翔，译. 长春：吉林人民出版社，2005：3.

具有强大的作用。美国哈佛大学教授约瑟夫·奈（Joseph Nye）基于文化的实力，提出了文化软实力的概念。意识形态作为文化的重要元素，意识形态话语权是一种重要的文化软实力。

第二，意识形态话语权的内涵。话语权是以话语为载体的，意识形态话语权是基于阶级利益的权力，包含了价值观与意识形态两方面的要素。意识形态话语权是关涉阶级利益的权力，是统治阶级巩固自身统治地位、实施阶级意识形态统治的重要力量。这就是意识形态总是与国家权力结合，具有管理社会功能、引领社会舆论发展方向的重要原因。因此，在一定程度上可以说，意识形态话语权是阶级统治权的外在表现，是权力意志的外在表现。意识形态话语权作为阶级意识形态的核心成分，表现为统治阶级捍卫自身的统治地位、维护自身的统治制度，以及形塑和影响着他人的价值观，是统治阶级维护国家稳定、掌握国家政权的重要工具。而要真正地切实弄清意识形态话语权的内涵问题，首先要弄清楚关于意识形态的本质问题。从本质来看，"意识形态就是以一定社会集团的利益和要求为出发点，以一定哲学或宗教为基础，以一定价值观为核心，以一定政治目标或社会理想为标识，以一定的话语系统表达出来并通过一定的组织程序确定起来的系统的思想信念"①。该论断具有五个层面的意涵。其一，意识形态作为一种复杂而深远的思想体系，它源于特定社会集团的根本利益与诉求，是为特定集团服务的工具。其二，意识形态以一定的哲学或宗教信仰为根基，从而为集团成员提供共同信仰和行为指南。在此过程中，意识形态运用了一套严密的逻辑体系和独特的价值观，以塑造集团成员的心智模式和行为规范。其三，意识形态的核心是价值观念，它旨在为集团成员提供一种评判标准，以区分善恶、正义与邪恶。这种价值观念体系通常包括道德、伦理、政治、文化等多方面的规范，为社会成员提供了行为准则和价值取向。其四，在政治目标或社会理想方面，意识形态具有鲜明的指向性。它为集团成员设定具体的政治目标，描绘未来的社会图景，激发成员为实现这一目标而努力奋斗。这一过程往往伴随着对内凝聚力量、对外展示立场的功能。其五，意识形态的表达方式是通过特定的话语系统来实现的。这一话语系统不仅包括语言、符号、象征等表现形式，还包括思维方式、论证逻辑和表达技巧等方面。这种独特的话语体系使意识形态具有更强的传播力、影响力和渗透力。所以，有学者认为，"意识形态本质上是一种价值观，是一种规范、高级的社会意识形式，并且立足于社会存在。因此，意识形态所显示出来的作用更多来自意识的功能和精神的

---

① 朱兆中. 中国社会主义意识形态建设纵论 [M]. 上海：上海人民出版社，2003：5.

力量，来自这种社会主导价值观对社会成员的精神信仰、理想追求等方面的作用"①。意识形态立足于社会存在，并由社会存在决定其具体的内容和形式。与此同时，意识形态又是理解和解释社会存在的工具，反映了社会存在的特点和规律，且能够对社会存在产生影响。这种影响主要体现在意识形态所塑造的价值观和社会规范上。这种相互作用使得意识形态在社会的演变和发展中起到了重要的作用。在我国，社会主义核心价值观是我们社会的意识形态基础，它对全体社会成员具有强大的精神引领作用。通过弘扬社会主义核心价值观，我们可以凝聚社会共识，推动社会的和谐稳定和发展。

意识形态话语权受制于意识形态话语的质量。意识形态话语构成了意识形态的符号系统和意识形态的话语结构，意识形态话语内在地包含着意识形态的观念和意义，是意识形态观念体系的表达方式，是理解意识形态本质内涵的着力点。意识形态话语作为意识形态运作的重要工具，是意识形态的语言表达和传播载体，具有引领社会舆论、形塑价值观念、调动社会行为、维护社会制度等功能。因此，不同意识形态的话语主体会使用不同的意识形态话语来阐释和表达自身的价值诉求、文化观念。众所周知，意识形态话语权不是通过强制管理、严格控制实现的，而是以精神意志领域的自愿和服从为前提，是心甘情愿的认同与追随。具体来说，意识形态话语权是以非强制、非命令的方式，实现话语内容有效传播，并得到话语客体广泛认同，能够控制和掌握舆论导向，具有增强意识形态的凝聚力和感召力的功能。因此，意识形态话语权的感召力、引领力时常取决于意识形态话语的吸引力。这种权力的获得除了与话语本身的质量有关外，也与意识形态话语权具有引导情感与规范行为的能力有关。所谓引导情感的权力，即意识形态话语权可以通过话语体系来引导人们的情感和情绪；规范行为的权力，即意识形态话语权规定了一个时代的主流行为方式和道德规范。具体来说，意识形态话语权，是一种深远的文化力量，它不仅承载了价值观念的传承，更是一种感召与教化民众的艺术。这种话语权，通过其独特的叙事体系，将情感与价值观念相互融合，激发人们的共鸣，进而塑造行为规范。在这一过程中，意识形态通过其创造的词汇系统，细腻地影响着每个人的情感反应，引导着人们的行为走向。它传播正能量，以正面情绪感染大众，引领社会行为的风尚。但同时，意识形态话语权亦能通过传播仇恨言论等手段，对公众情绪产生负面影响。此外，意识形态话语权还借助文艺作品的情感渲染力，深入人心，通过故事化的传播方式，让人共鸣，引人深思。这种情感化的

---

① 王岩．我国意识形态建设的使命与方略 [N]. 光明日报，2011-04-18 (11).

传播手段，使得意识形态话语权得以广泛传播，形成强大的情感引导力。总的来说，意识形态话语权通过多种途径，深入影响着公众的情绪与行为。掌握这一话语权的意识形态，往往能够以更深层次的方式感召人心，引领社会的价值导向。

意识形态话语权"既不是单纯的话语技巧，也不是神秘的精神支配。而是统治阶级运用国家力量进行思想统治的方式"①。这可以从国家之间的竞争与互动，以及意识形态具有现实性和阶级性就可以得到答案。意识形态话语权是一种综合国力竞争的重要手段，在当今世界，意识形态话语权已成为各国争夺国际竞争优势的关键因素。一个国家的文化软实力、价值观和世界观通过意识形态话语权得以传播，进而影响其他国家的认知和立场。显然，这是一个综合因素共同作用的结果，尤其是一个国家的综合国力往往会起着决定性的作用，因此这不是凭借单纯的言说技巧和精神支配就能够完成的。此外，意识形态具有现实性和阶级性，意识形态是反映社会现实，为特定社会阶层或统治阶级服务的思想体系和观念。在不同的历史时期和社会条件下，统治阶级会根据其利益和需求塑造相应的意识形态，以维护其政治统治和社会地位。比如，在资本主义社会中，资产阶级的意识形态反映了其阶级利益和价值观，成为维护资产阶级政治统治和阶级利益的思想工具。因为，掌握意识形态话语权的主体，通常代表着统治阶层或特定利益集团，他们通过运用意识形态话语权来保护和增进自身的既得利益。这类主体既控制着意识形态的话语权，同时也控制着利益的分配权，能够决定资源的流向，以满足自身的利益需求。掌握意识形态话语权的主体通常代表着统治阶级或特定阶层的利益集团，他们所代表的是一整套阶级价值观，能够借助这种权力来维护自身的既得利益，为已获得的权力和资源提供合理性支撑。对统治阶级来说，他们可以通过国家权力来制定法律和政策，以确保其阶级的经济利益不受侵害。他们能够确保更多的资源投入有利于自身的领域，同时让意识形态的价值体系为既得利益的分配提供合法性基础。在这个体系中，统治阶级或利益集团不仅稳固了其社会地位，还确保了其价值观和利益在社会的广泛传播，进一步巩固了其社会影响力。这种机制使得话语权成为维护和强化特定阶层利益的重要工具，并在社会各个层面上为其既得利益的合法性提供支撑。正如列宁所言："所有一切压迫阶级，为了维持自己的统治，都需要有两种社会职能：一种是刽子手的职能，另一种是牧师的职能。刽子手镇压被压迫者的反抗和暴动。牧师安慰被压迫者……使他们放弃革命行动，冲

---

① 侯惠勤. 意识形态话语权建设方法论研究［J］. 中共贵州省委党校学报, 2016（2）：5-11.

淡他们的革命热情，破坏他们的革命决心。"① 无论是刽子手还是牧师，对统治者来说，两者一个都不能少。可见，意识形态具有很强的现实性和阶级性，通过意识形态的塑造和传播，统治阶级能够维护其政治统治和社会地位，实现对社会的控制。意识形态话语权强调的不仅是言说的资格，还关涉思想的主导权与控制权。意识形态斗争在表现形式上是意识形态话语权的斗争。话语具有情感动员功能，意识形态话语能够增进认同，调动情感。因此，从"权"这个角度而言，意识形态话语存在着争夺和竞争的特性，即不同意识形态主体会争夺意识形态的话语权。意识形态话语权是在意识形态传播和诠释过程中占有主导地位的一种权力，这意味着谁具有绝对的话语权优势，谁就具有足够的影响力和感召力，就能够有力地说服他者自觉自愿地认同和接受其倡导的价值观念。

意识形态话语权具有塑造和解释符号的权力。意识形态话语权具有规定认知和塑造符号的权力。所谓塑造符号的权力，即意识形态话语权通过产出符合其需要的术语和符号，引导和制约人们的思维。意识形态话语权拥有对社会公共语言和词汇的定义权，可以规定某些词语的含义，倡导其理想中的词汇使用，从而影响人们对事物的认知和理解。意识形态话语权能够构建符合其需求的叙事体系，通过其阐释的历史、现实和未来的逻辑体系来影响人们的认知。这种影响力使得意识形态话语权能够以独特的方式塑造社会观念，进而引导人们的思想和行为。符号的创造与生产，不仅形塑了社会认知的关键词汇与象征，而且能有效地获取丰富的信息资源，占据信息优势地位，进而主导意识形态的形成与传播。这一过程意味着能够有力操控何种意识形态内容被大规模制作与扩散，影响公共话题的设定，决定哪些议题进入公共讨论的空间。这样的影响力不仅能引导社会主流的价值观念，而且能在精神层面获得主流群体的认同，成为他们心灵的依托，从而在社会中占据主流地位。意识形态话语权犹如一盏明灯，照亮了一个时代的主流观念和认知框架，引导人们对"正义""公平"等价值观念的认识，进而塑造他们对世界和现实的基本理解。它掌握了重要概念、价值符号的解释权，具有将其世界观确定为集体认知主流观念的力量。这种力量犹如一只无形的手，不仅在全球观念的舞台上占据主导，而且更通过话语生产，掌握影响认知的主动权，还影响着社会的思想走向。它能够大量重复其意识形态的观点，从而深化人们对现实的基本看法。在这样一种润物细无声的影响力下，意识形态话语权的确立，不仅是观念的胜利，更是对集体认知的深刻

---

① 中共中央马克思恩格斯列宁斯大林著作编译局. 列宁全集：第 21 卷［M］. 北京：人民出版社，1963：208.

塑造。在话语生产领域，意识形态话语权占据主导地位，可以通过大量的重复传播，深化其观念的影响力；通过教育和宣传等手段，意识形态话语权从孩童时期就开始规定人们的认知，形成一种路径依赖；利用经典的书籍、电影等作品，意识形态话语权塑造人们的认知，影响他们的视野。在信息传播方面，意识形态话语权有着决定权，可以选择哪些信息被大众接触，从而塑造他们的认知视野。

第三，意识形态与意识形态话语权的内在关系。意识形态是话语权的基础和核心，它决定了话语权的性质、方向和内容。没有意识形态作为支撑，话语权就会失去灵魂和根基，变得空洞无力。反过来，意识形态话语权是意识形态实现自身影响力、引导力和控制力的手段和工具。通过话语权，意识形态能够传播和渗透到社会各个角落，影响和塑造人们的思想观念和行为方式。在我国，社会主义意识形态是指导和推动我国社会发展的根本力量，是党和国家的灵魂和基础。掌握社会主义意识形态话语权，就是要坚持和巩固马克思主义的指导地位，坚持党的基本路线和基本方针，传播和弘扬社会主义核心价值观，推动社会主义事业的发展。总的来说，意识形态与意识形态话语权是相互依存、相互促进的关系。意识形态决定话语权，话语权影响和实现意识形态。在我国，我们要坚持社会主义意识形态，加强意识形态建设，提高意识形态话语权，从而为实现中华民族伟大复兴的中国梦提供强大的思想保证和精神动力。

三、高校意识形态话语权的内涵及其与全媒体的关系

高校作为知识创造与传承的重要阵地，也是增强意识形态话语权的重要阵地。高校意识形态话语权是否牢牢掌握在高校党委的手中，这事关青年学生的成长成才，事关高校的正确发展方向。高校无论是维护意识形态安全，还是实施意识形态渗透，都要在增强自身意识形态话语权方面下功夫，尤其在全媒体时代更要借助其传播优势来增强高校意识形态的话语权。

全媒体与高校意识形态话语权是辩证统一的关系。全媒体为高校意识形态话语提供了更广阔的传播平台和手段。高校通过全媒体进行价值引领，高校意识形态话语权建设为全媒体提供价值引领，全媒体又反过来强化这一引领作用，进而又达到规范全媒体秩序的目的。

第一，高校意识形态话语权的内涵。高校是党和国家教育政策的执行者，是增强意识形态话语权的重要场域与主要阵地。高校意识形态话语权是以高校为主阵地，以积极提升高校意识形态话语权的影响力、感召力和凝聚力为主要目的，能够积极引领高校师生坚定理想信念，确保高校朝着正确的方向发展，

始终积极推动着高校能够自觉担负起"传播、解释和发展我国社会主义主流意识形态的社会责任"①。高校教育是培养新一代接班人的重要途径，教育引导学生树立正确的世界观、价值观和人生观，使学生具备较高的思想政治觉悟，从而确保我国社会主义事业后继有人；高校具备强大的研究能力，尤其是学术研究本身就是推动社会进步的动力，可以通过深入研究和阐释社会主义主流意识形态，为社会各界提供理论指导和思想支持，推动我国社会主义事业不断向前发展；高校是社会风气的引领者，是社会风气的风向标，对全社会具有示范和引领作用。因此，高校可以向社会传递正面价值观，引导社会风气朝着积极向上的方向发展，为构建和谐社会打下坚实的基础。为此，高校要认识到肩负着传播、解释和发展我国社会主义核心意识形态的重要使命。为了履行这一社会责任，除了要积极致力于推动社会主义价值观的普及、深化及其内涵的理解之外，还要在此基础上激发创新，促使社会主义意识形态不断繁荣发展。在这个过程中，高校要紧密结合时代背景，关注社会热点问题，用贴近实际、贴近生活的方式，将社会主义主流意识形态融入教育教学、科研攻关、文化传承等各个方面，以培养具有正确价值观的社会主义建设者和接班人。

高校意识形态话语权的核心内容。高校意识形态话语权探讨的主题是关于高校意识形态话语的权力问题，它是以意识形态教育活动为依托，能够影响高校师生员工思想行为的话语力量。具体来说，高校意识形态话语权是指高等学校在意识形态领域所具有的话语表达权、话语解释权和话语传播权。话语表达权、解释权和传播权是高校意识形态话语权的核心内容，三者的强弱直接决定着高校意识形态的影响力的大小。高校作为培养人才的重要阵地，其意识形态工作对于国家的未来发展具有重要意义。在这个过程中，话语表达权、解释权和传播权是高校意识形态话语权的关键组成部分，它们共同决定了高校意识形态的影响力。首先，话语表达权是高校意识形态的基础。它体现了高校在传播主流价值观、研讨学术问题、探讨社会现象等方面的话语权。拥有了话语表达权，高校才能有效地引领学术风气，引导学生树立正确的世界观、价值观和人生观。其次，解释权是高校意识形态话语权的内核。高校要深入浅出地阐释国家政策、理论观点和文化传统，为社会各界提供理论支撑和智力支持。在解释过程中，高校应当坚持正确的政治方向，确保解释内容的科学性和准确性，从而提升意识形态的影响力。最后，传播权是高校意识形态话语权的延伸。高校

---

① 刘迪. 高校意识形态话语权机制：基本内涵、构成要素及运行价值［J］. 思想理论教育导刊，2018（12）：118-121.

应充分利用现代传播手段，将主流价值观和优秀文化传统向全社会传播，使之成为人们共同遵循的行为规范。在传播过程中，高校要注重因材施教，创新传播方式，使传播内容更具吸引力和感染力。总之，话语表达权、话语解释权和话语传播权三者之间关系密切，相互促进、共同影响着高校意识形态的影响力，共同构成了高校意识形态话语权的核心内容。

高校意识形态话语权的领域。高校意识形态话语权是指高校意识形态能够自由表达其观点的权利，可以公开传播和阐述其价值理念、政治主张、世界观等内容，可以自由选择用以表述其观点的词汇和符号系统，可以对社会重大事件进行定义和解读，可以评论时政并提出自己的政策建议，可以就历史事件和历史人物进行重新解释，可以举办讲座、报告会等公开传播自身观点，可以面向社会公众发表演说和文章来阐明观点，可以利用媒体和网络进行自由的意识形态传播，可以培养和提拔具有该意识形态观点的人才。

高校意识形态话语权的实现方式。高校意识形态话语权的实现取决于高校意识形态话语能否被自觉接受，所谓自觉接受就是能够使人们做出自觉将其内化于心、外化于行的行为。事实已经表明，只有被接受了的意识形态话语才能够有效地影响他人的思想行为，这种话语也才能够真正地转化成权力。众所周知，高校意识形态话语权是一种非强制性的，且能够引导和控制校园舆论的权力，其目的是要掌握舆论的主动权，以及意识形态的管理权和领导权。高校意识形态话语权的实施效果就是取决于高校师生的认同程度和接受程度。"认同是主体对他者的自觉自愿的认可、接受、赞同、同意乃至尊崇，……认同其实就是接受一套价值模式，并将其内化到个人的学习过程。因此，认同的核心、实质就是价值认同"①。由此可见，认同就是当我们接受一套价值观，并将其融入自己的日常生活中，成为我们行为和决策的指导原则。这也是我们时常把认同的核心和实质等同于价值认同或价值接受的重要原因之所在。而意识形态的认同问题，尤其是主流意识形态的认同问题，其实质就是意识形态的接受问题。高校主流意识形态话语只有得到高校师生的认同、接受，高校主流意识形态话语才能真正地转化成高校意识形态话语权。

第二，全媒体与高校意识形态话语权的关系。高校意识形态话语权的实现需要依托全媒体来推动意识形态的传播。全媒体具有传播效率高、覆盖面广的优势，是进行意识形态传播的重要平台，依托全媒体使意识形态话语频繁出现在公共领域，使其影响力得到进一步的扩大和显现。从这个角度而言，全媒体

---

① 聂立清.我国当代主流意识形态认同研究［M］.北京：人民出版社，2010：58.

具有控制和影响意识形态话语权的功能。高校意识形态话语权主体拥有掌握高校传播平台的控制权，可以通过主导校园传播媒体，获取传播资源，决定哪些声音和内容能够被广泛传播和推崇。这样也能够阻止不同意见者获取传播资源，防止他们传播内容，同时可以有选择性地推送意识形态内容，以引导高校师生的观念。

全媒体是增强高校意识形态话语权的重要载体。全媒体覆盖面广、传播速度快、形式新颖，可以使高校意识形态话语得到更多师生群体的关注，有利于高校及时传播自己的观点，能够吸引更多的师生员工关注高校意识形态的话语。全媒体互动性强，可以与网民大学生进行交流互动，在互动中推动高校意识形态得到有效的传播与渗透；全媒体打破了时间与空间的限制，这样可以使高校意识形态话语随时随地传播，从而进一步扩大高校意识形态话语的影响力。

全媒体的视觉化传播使意识形态话语内容更直观生动，更容易吸引受众的注意力，更有利于高校意识形态话语得到有效的表达和传播；图像、视频等视觉化意识形态语言更能引发受众情感共鸣，视觉化传播既能降低受众认知的负担，意识形态话语信息更易被接受和记忆。视觉化能将抽象的意识形态概念具象化，视觉传播符合现代人接受信息的习惯；视觉化传播可以更便捷地重组意识形态话语，进行多样化展示和创新意识形态话语表达。因此，视觉化传播容易在社交平台上产生传播效应，可以增强意识形态话语的感染力和亲和力，更有助于高校意识形态话语向受众显现自身魅力。

全媒体的智能化推送可以实现精准化传播，不仅使高校意识形态话语得到全方位推广，还可以根据受众特征进行个性化话语表达，可以持续不间断地向高校师生员工提供意识形态的话语内容。具体来说，智能推送依托算法优化意识形态话语内容的生产和传播路径，可以根据高校师生受众反馈实时调整意识形态的话语传播策略。智能推送丰富了高校意识形态话语传播手段，实现精准传播，有助于实施意识形态的话语渗透和认同培育，以此增强其可控性。智能推送实现个性化意识形态话语沟通，提升受众获得感；智能推送可以弥补高校自身传播能力不足的问题。因此，高校只有掌握了传播领域的新技术，才能更好地实现智能化意识形态传播。总之，智能化推送为高校进一步夯实和拓展意识形态话语权提供了有效途径。

增强高校意识形态话语权是维护全媒体秩序的重要内容。高校具有丰富的人才资源优势、意识形态话语优势，可以提升全媒体传播的信息质量。高校意识形态话语更具有理性和包容性，可以引导全媒体建立理性秩序。高校通过掌握意识形态话语权，以此来助力全媒体在高校讲好中国故事、传播中国能量，高校通过加强意识形态工作，可以为全媒体提供更加规范的指引。高校意识形态话语代表进步、理性，可推动全媒体传播正确的价值理念和思想观念。这也意味着高校意识形态话语权具有较强的公信力，可以增强全媒体的社会责任感。所谓"公信力"，就是指一个组织或个人在社会中的可信程度和公众对其言行的信任程度。公信力主要包括真实可靠、言行一致、表里如一，秉持道德操守、恪守诺言，透明公开、公平公正、不偏不倚等特征，维护公众利益、回应民意诉求，遵守法律法规、行事规范，言行符合公序良俗和社会道德规范，勇于承担社会责任，具有一定的社会声誉，获得公众和同行的广泛尊重与认同。而高校的意识形态话语权之所以具有公信力就在于它具有专业的学术权威。高校拥有学识渊博的教师，客观理性的人文精神、科学素养，相对独立的学术环境，自由开放的学术氛围等，这些因素使高校的意识形态话语更具有参考价值，理论解释更有说服力，话语内容更具有客观性，从而使其传递的意识形态话语信息更具有公信力。高校以培养人才为己任，意识形态话语具有强烈的社会责任感，高校丰富的人文传统赋予其以特有的文化底蕴；高校视野更为长远，意识形态话语有利于社会长治久安。高校传播正能量、弘扬主流价值，代表着社会进步力量，体现了话语的正面导向等。这些因素共同提升了高校在意识形态话语权方面的公信力。总而言之，高校弘扬主流意识形态，助力全媒体传播社会主义主流意识形态，引导学生进行理性表达，以此规范着全媒体的使用行为。高校意识形态工作为全媒体提供了成功经验；高校依法进行意识形态工作，是全媒体建设的表率。因此，增强高校的意识形态话语权，关系到全媒体的健康发展。由此可见，增强高校意识形态话语权，是维护全媒体良好秩序的重要内容。

第三节　全媒体时代增强高校意识形态话语权的意义

信息技术革命带来了巨大的变革，不仅改变了我们的生活和工作方式，也为传媒行业提供了前所未有的发展机遇。在此背景下，推动媒体融合向纵深发展，做大做强主流舆论具有重要意义。习近平总书记特别强调，"要运用信息革命成果，推动媒体融合向纵深发展，做大做强主流舆论"①。技术创新推动传媒

---

① 谢环驰．习近平在中共中央政治局第十二次集体学习时强调：推动媒体融合向纵深发展巩固全党全国人民共同思想基础［N］．人民日报，2019-01-26（1）．

业变革，互联网、大数据、人工智能等信息革命成果，为传媒业提供了丰富的创新手段。通过运用这些技术，媒体可以更好地采集、处理和传播信息，提高信息传播的效率。尤其在全媒体时代，媒体融合可以拓宽传播渠道，媒体融合发展可以使传统媒体与新兴媒体相互借力，实现资源整合、平台共享，形成涵盖多种传播渠道的全媒体格局。这有助于主流舆论更好地抵达广大受众，在一定程度上可以达到提升主流舆论引导力的目的。这对做好高校的意识形态工作而言，也具有重要的现实意义，为此，我们需要全面发挥好现代传播媒体的技术优势，尤其是全媒体的技术优势，并通过积极运用全媒体技术来增强高校意识形态话语权，这既是维护国家意识形态安全的内在要求，也是引领高校青年大学生树立正确价值观的现实需要。全媒体具有先进技术优势，这不仅为用户提供了十分便捷的信息服务，弥补了传统传播媒体的不足，还为增强高校意识形态话语权提供了重要的支撑。此外，发挥全媒体的技术优势对于进一步推动高校引导社会舆论、引领社会风气、传承优秀文化与规范社会行为等具有重要的现实意义。

一、维护高校意识形态安全的需要

意识形态安全是指在特定的社会环境中，国家和社会在面对各种思想观念的冲击、竞争和斗争时，能够保持主流意识形态的稳定性、凝聚力和引领力，确保国家政治安全、社会稳定和民族精神独立的一种状态。意识形态安全是国家总体安全、社会和谐稳定的精神屏障，坚定维护意识形态安全是推动国家政治稳定、制度安全的重要保障。党的二十大报告特别强调，"坚定维护国家政权安全、制度安全、意识形态安全"[①]。从意识形态的作用来看，它对国家的政治稳定和社会和谐具有重要作用，而意识形态安全关系到国家政治制度的安全。因此，如果国家的意识形态安全受到威胁，那么社会价值观和世界观就可能发生混乱，进而影响政治稳定和社会秩序。马克思就曾明确指出："如果从观念上来考察，那么一定的意识形式的解体足以使整个时代覆灭。"[②] 该论断不仅表明了意识形态安全具有重要的现实意义，还表明了某些意识形式的解体将对整个时代产生深远的影响。具体来说，当一种意识形式，尤其是那些根深蒂固、历

---

① 习近平．高举中国特色社会主义伟大旗帜　为全面建设社会主义现代化国家而团结奋斗：在中国共产党第二十次全国代表大会上的报告［M］．北京：人民出版社，2022：53.

② 中共中央马克思恩格斯列宁斯大林著作编译局．马克思恩格斯文集：第8卷［M］．北京：人民出版社，2009：170

史悠久的社会观念和价值观受到质疑和挑战，其结果可能是颠覆性的。这种颠覆不仅表现为社会风俗、道德观念的转变，还可能进一步影响到政治体制、经济发展等多个领域。在这种情况下，整个时代的社会秩序和价值观都可能发生巨变，从而使得这个时代呈现出截然不同的特征。例如，在近现代历史上，欧洲启蒙运动的兴起使得传统宗教观念和权威受到了很大程度的质疑，这直接推动了民主、自由、平等等现代价值观的诞生，进而促使政治体制和社会制度的改革；又如，我国改革开放以来，传统的计划经济观念逐渐被市场经济观念取代，这一意识形式的解体不仅推动了经济的高速发展，还影响到人们的生活方式、价值观念乃至文化传统。所以，我们说，当一种意识形式的解体发生时，往往预示着一场深刻的时代变革。在这个过程中，社会各个层面都将受到影响，从而塑造出一个新的时代特征。在我国，社会主义制度是国家的根本制度，马克思主义理论是指导党和人民事业发展的根本指导思想。确保意识形态安全，就是坚决维护社会主义制度，保卫党的执政地位，捍卫国家的政治制度安全。

高校意识形态安全作为国家总体安全的重要组成部分，其本质内涵主要体现在五方面。第一，主流意识形态的引领力，高校意识形态安全的本质内涵之一是确保马克思主义在意识形态领域的指导地位，发挥主流意识形态在引导师生思想观念、塑造正确价值观等方面的作用。这要求我们在高校教育、科研、管理等方面，始终坚持马克思主义的指导地位，推动社会主义核心价值观的传播和弘扬。第二，人才培养的政治导向，高校意识形态安全关系到人才培养的质量，这要求高校在培养德智体美全面发展的社会主义建设者和接班人的过程中，注重政治思想教育，确保毕业生具备正确的政治方向和信仰。第三，文化传承与创新的基石，高校作为文化传承和创新的重要场所，意识形态安全要求高校在传承中华优秀传统文化、弘扬民族精神的同时，抵制不良文化侵蚀，为构建中国特色社会主义文化体系贡献力量。第四，网络空间的清朗，随着互联网的普及，网络已成为意识形态斗争的主战场。高校意识形态安全需要加强对网络空间的监管，确保网络舆论场的清朗，抵御错误思想观念的传播。第五，高校是信息传播、思想交流的重要场域，是培育人才的重要基地。维护高校意识形态安全就要关注师生的思想动态，就要密切关注师生的思想观念变化，及时发现和解决思想认识问题，增强师生的政治敏锐性和判断力。尤其是青年大学生的思想动态，因为高校青年大学生正处于拔节孕穗期，极易受到外来错误思想的影响，在全媒体传播技术的作用下，加速了境外错误思想观念在高校大肆传播与渗透的趋势，为高校青年学生形成正确的价值观带来挑战。为此，要维护高校的意识形态安全，就要做好高校的意识形态工作，让大学生更好地接受学校的意识形态教育；高校要在青年大学生日常的学习生活中给予他们必要的关怀、关心与帮助，引领他们树立马克思主义的辩证思维，培育他们养成良好的思想品质，在潜移默化中助力他们成为胸怀远大、敢于担当、信念坚定的时代青年。

"高校意识形态安全与否，是检验高校党组织是否坚定社会主义办学方向，是否落实立德树人根本任务，是否推进治理体系和治理能力现代化的重要标尺。"① 而要维护好高校的意识形态安全，首先就是要增强其自身的意识形态话语权。因为，高校的意识形态话语权直接影响着高校意识形态的安全状况。高校意识形态话语权强大，可以有效传播主流价值，可以更好地统筹意识形态规划与管理，可以抵御各种错误社会思潮的侵蚀，从而使高校的意识形态安全得到保障。反之，如果高校意识形态的话语权不强大，那么高校意识形态就容易受到其他错误思想文化的冲击，最终导致意识形态安全得不到有效的保障。

习近平总书记指出："办好中国特色社会主义大学，要坚持立德树人，把培育和践行社会主义核心价值观融入教书育人全过程；强化思想引领，牢牢把握高校意识形态工作领导权。"② 而要把握高校意识形态工作领导权的前提和基础是要把握好高校意识形态工作的话语权。话语权决定着意识形态的制高点，处在意识形态领导的核心位置，代表着价值观念的上风，关系根本利益，直接影响政治生态，如果高校没有把握好意识形态的话语权，那就很难进行有效的组织动员和团结领导。因此，高校只有牢牢掌握好意识形态的话语权才能进行有效的意识形态领导。此外，高校的意识形态话语权代表的不仅是说话权，还有话语背后的制度性支持，这既关系到价值观和世界观的传播，也关系到权威的建立，如果高校不牢牢把握意识形态的话语权，那么其领导力就难以得到有效的展示和发挥，而要维护其意识形态的安全就无从谈起。因此，全媒体时代，我们只要掌握了高校意识形态话语权，自然就能够在高校的网络空间有效传播正能量的信息内容，自然就能够始终确保马克思主义意识形态在高校的主导地位，自然也就能够确保高校意识形态的安全性。掌握意识形态话语权也就意味着拥有意识形态的传播权和控制权，而传播权和控制权在维护高校意识形态安全中起着关键性作用，它可以有效防止其他错误思想文化肆无忌惮地传播和渗透，可以积极引领高校意识形态的发展方向，以此确保高校的意识形态安全。

---

① 刘三宝，谢成宇. 新媒体视域下高校意识形态安全的挑战与防控机制建构 [J]. 中南民族大学学报（人文社会科学版），2023，43（4）：115-164，187.

② 习近平在第二十三次全国高等学校党的建设工作会议的讲话 [EB/OL]. 人民网，2014-12-29.

二、坚持社会主义办学方向的需要

方向决定道路，道路决定命运。我国的高校是属于社会主义性质的高校，我国的高等教育自然就要坚持社会主义方向、坚持为人民服务，而做好服务工作的前提就是要坚持正确的办学方向，积极做好高校的意识形态工作，推动高校始终围绕社会主义方向办好我国的高等教育，实现我国高等教育高质量发展。2018年，习近平总书记在全国教育大会上的重要讲话中就明确指出："在党的坚强领导下，全面贯彻党的教育方针，坚持马克思主义指导地位，坚持中国特色社会主义教育发展道路，坚持社会主义办学方向，立足基本国情，遵循教育规律，坚持改革创新，以凝聚人心、完善人格、开发人力、培育人才、造福人民为工作目标，培养德智体美劳全面发展的社会主义建设者和接班人，加快推进教育现代化、建设教育强国、办好人民满意的教育。"① 该论断深刻表明，学校是立德树人、教书育人的前沿阵地，培育什么样的人，怎样培育人是高校的一项重要工作，高校教育要遵循规律，积极推动教育改革创新，凝心聚力，坚定社会主义办学方向，为社会主义建设培育高素质人才。教育是推动社会发展的重要方式，教育发展的方向受社会形态的影响，具有与社会形态发展要求相一致的特性。因此，不同社会制度影响着不同的教育目的，指引着不同的发展方向。我国高校作为社会主义性质的高校，"要完成新时代教育的伟大使命，就必须坚持社会主义的办学方向"②。这是新时代我国高等教育事业发展的根本要求，也是培养德智体美全面发展的人才，推动国家繁荣富强的必要条件。只有坚定不移地坚持社会主义办学方向，我国高校才能为新时代做出更大的贡献。

高校意识形态话语权是坚持社会主义办学方向的重要保障。统一思想、凝聚人心、团结力量是高校思想政治工作的重要内容，调动一切积极因素，增强高校意识形态话语权，才能顺利完成高校的意识形态工作。方向决定道路，高校要始终坚持社会主义的办学方向，这是高校增强意识形态话语权的一项重要内容。习近平总书记从高校党的建设视角明确指出，"高校党建工作要始终高举中国特色社会主义伟大旗帜，坚定社会主义办学方向，坚持用马克思主义中国

---

① 张烁，王晔. 习近平在全国教育大会上强调：坚持中国特色社会主义教育发展道路　培养德智体美劳全面发展的社会主义建设者和接班人 [N]. 人民日报，2018-09-11（1）.

② 刘书林. 坚持社会主义办学方向办好人民满意的教育：学习习近平总书记在全国教育大会上的重要讲话 [J]. 思想理论教育导刊，2018（11）：14-20.

化的最新成果武装党员、教育师生"①，还特别强调要"进一步加强和改进新形势下高校党的建设，是坚持社会主义办学方向、促进高校改革发展、培养社会主义合格建设者和可靠接班人的根本政治保证"②。坚持社会主义的办学方向要从指导思想、培育接班人和建设者的角度去着手，"党的教育方针是一个时期内党有关教育事业发展的总体性指导方针和纲领性政策表述，规定了一个时期党和国家教育事业及其发展的根本性质、价值取向和教育目的，具有方向上的引领性、行政效力上的权威性和实践工作上的针对性"③。高校作为意识形态建设的重要阵地，其意识形态话语权影响着高校的办学方向，高校拥有强大的意识形态话语权才能坚持马克思主义在意识形态领域的指导地位，才能更好地防范和抵制各种错误价值观念的误导。高校意识形态话语权的提升，可以推动社会主义办学理念的创新发展，鼓励高校在意识形态话语领域要敢于亮剑，这有利于清除社会主义办学方向的障碍；高校应利用先进传播技术来提升意识形态话语的传播力、感召力和渗透力，推动社会主义办学理念深入人心，更好地服务社会主义办学目标，使之成为引导社会进步的灯塔。

　　方向决定道路，确保办社会主义性质的大学是高校的重要职责使命，确保方向不偏航，才能保证道路不变样。高校不走形、不变样的前提是确保能够始终坚持正确的办学方向，而牢牢把握高校意识形态话语权是坚持正确办学方向的重要保障。高校如果迷失了方向、走错了道路，在教育事业上就会走偏，因此"办好我们的高校，最重要的就是在事关办学方向的问题上守住底线、站稳立场，坚守政治定力"④。我国的高校是社会主义性质的高校，只有坚定社会主义办学方向，全面贯彻落实党的教育方针，强化"四个自信"，坚守意识形态阵地，推动高等教育事业更好地服务于国家发展大局，为实现中华民族伟大复兴的中国梦培养更多优秀人才，为新时代教育的伟大使命提供有力保障。因此，高校要在新时代充分发挥教育的伟大使命，就必须坚定不移地秉持社会主义的办学方向。这意味着我们要将德育、智育、体育、美育、劳动教育等各方面有机融合，培养德智体美劳全面发展的社会主义建设者和接班人。为此，在德育

---

① 习近平在会见第十六次全国高校党建工作会议代表时强调　认真学习深入贯彻党的十七大精神　以改革创新精神推进高校党的建设 [N]. 人民日报, 2007-12-25 (1).

② 习近平在会见第十八次全国高校党建工作会议代表时强调　全面加强和改进新形势下高校党的建设　为高校培养优秀人才提供根本政治保证 [N]. 人民日报, 2009-12-25 (1).

③ 石中英. 贯彻党的教育方针要在全面上下功夫 [N]. 中国教育报, 2018-09-25 (2).

④ 冯刚, 梁超锋. 新时代高校意识形态安全体系构建的基本原则和重点 [J]. 思想理论教育导刊, 2020 (2): 81-86.

方面，我们要强化思想政治教育，加强党的一系列重要理论成果的学习，增强"四个自信"，培养学生的道德品质和家国情怀；在智育方面，我们要注重培养创新精神和实践能力，关注学生个体差异，实施素质教育，使学生具备适应社会主义现代化建设所需的知识体系和技能；在体育、美育和劳动教育方面，我们要重视学生的身心健康和全面发展，提高体育、美育和劳动教育的地位，让学生在体育锻炼、艺术欣赏和劳动实践中感受乐趣，培养团结协作、顽强拼搏的精神。在办学过程中，我们还要加强党同人民群众的联系，关注社会发展，积极参与国家战略，为全面建设社会主义现代化国家、实现中华民族伟大复兴的中国梦贡献力量。

三、培育时代新人的需要

"时代新人"是党和国家基于对"培养什么人"的思考而提出来的概念。自党的十九大报告首次提出"培养担当民族复兴大任的时代新人"①，关于"时代新人"的概念就被学界广泛讨论。"时代新人"的含义和标准是不断变化和发展的，它既是一个持续的过程，又具有一定的阶段性特征。从历史角度来看，中国共产党总是根据时代的变化，提出适合的人的发展要求，这些要求从最初的"劳动者"，逐渐转变为"合格人才"，再到"建设者和接班人"。在新中国成立初期，党更注重对"新人"的培养，提出了"又红又专""三好""德智体"等具体标准。改革开放后，党进一步提出了"革命化、年轻化、知识化、专业化"的标准，还特别强调要从"理想、道德文化、纪律"等方面去塑造新人和培育新人。新时代以来，习近平总书记一以贯之地强调了要"培养德智体美劳全面发展的社会主义建设者和接班人"②，该论断进一步提出了青年自身要有全面发展的意识，党和国家更要注重培养青年一代全面发展，让他们在品德、文化知识、身体健康、艺术素养和劳动技能等方面都得到全面发展，使他们成为有用的人才，能够接替老一代建设者的使命，继续建设美好的社会主义中国。这是能够"立大志、明大德、成大才、担大任"③的时代新人，是"有理想、

---

① 习近平. 决胜全面建成小康社会　夺取新时代中国特色社会主义伟大胜利：在中国共产党第十九次全国代表大会上的报告［M］. 北京：人民出版社，2017：42.

② 习近平. 高举中国特色社会主义伟大旗帜　为全面建设社会主义现代化国家而团结奋斗：在中国共产党第二十次全国代表大会上的报告［M］. 北京：人民出版社，2022：34.

③ 习近平在清华大学考察时强调：坚持中国特色世界一流大学建设目标方向　为服务国家富强民族复兴人民幸福贡献力量［N］. 人民日报，2021-04-20（1）.

敢担当、能吃苦、肯奋斗"①的时代新人，是"走在时代前列的奋进者、开拓者、奉献者"②，是勇于挑战的"坚定者、奋进者、搏击者"③。由此可见，"时代新人"是一个连续性的概念，始终遵循"后继有人"的培育原则，把高素质、有能力、有担当、乐奉献作为人才培育的重要目标。与此同时，基于不同时期的使命任务，又呈现出不同的标准与状态，使其表现出阶段性特征。总体而言，时代新人是紧跟时代发展要求，能够适应国家发展需要，能够适应全球化发展要求，具有国际视野和能够为中华民族复兴伟业做出应有贡献的新人。这种人才就是面向世界、胸怀祖国、勇于担当的时代新人。

综上所述，"新人"不是一个固定不变的概念，而是随着历史发展而与之变化的概念。人的现代化历史事实上就是时代青年拼搏奋进的历史，当代青年主要指的就是新时代共同进步的青年，马克思主义认为人的本质不是固定的，而是现实社会中的人在历史中生成的结果。历史是人的实践活动在岁月年轮中的自然延展，"整个历史也无非是人类本性的不断改变而已"④。在历史长河中，各个时期的发展变迁，归根结底是人类本性不断演变与改变的过程。在这个过程中，人类在道德观念、价值观、生活方式等方面的观念和行为都发生了显著的变化。如从道德观念的层面来看，从古代的奴隶社会到现代的民主社会，人类对于道德的认知和践行不断在修正和完善。从孔子提倡的仁爱之道，到康德提出的道德律令，再到我国社会主义核心价值观的倡导，道德观念的演变表明人类对善良、正义等价值追求的不断深化。从价值观层面来看，随着社会生产力的发展和科技的进步，人类的价值观也在不断调整与更新。从以农业文明为基础的传统价值观，到工业革命时期重视个人主义、功利主义的价值观，再到当今全球化的背景下，我国倡导的共同富裕、绿色发展的价值观，人类在追求物质财富的同时，越来越注重精神生活的丰富和生态环境的保护。从生活方式的层面来看，随着时代的变迁，人类生活方式也发生了翻天覆地的变化。从茹毛饮血的原始生活，到农耕文明的定居生活，再到现代城市的快节奏生活，人类在适应不同自然环境的同时，不断丰富和改善自己的生活品质。从科学技术

---

① 习近平.高举中国特色社会主义伟大旗帜 为全面建设社会主义现代化国家而团结奋斗：在中国共产党第二十次全国代表大会上的报告[M].北京：人民出版社，2022：71.
② 习近平.习近平谈治国理政：第三卷[M].北京：外文出版社，2020：336.
③ 习近平.习近平谈治国理政：第三卷[M].北京：外文出版社，2020：54.
④ 中共中央马克思恩格斯列宁斯大林著作编译局.马克思恩格斯文集：第1卷[M].北京：人民出版社，2009：632.

的层面来看，人类对自然界的探索与认知也在不断深入。从古代对天体运行的观测，到现代科学技术的迅猛发展，人类已经从对大自然的敬畏中走向了与之共融发展的道路。由此可见，整个历史确实是人类本性的不断改变。这种改变在道德观念、价值观、生活方式和科学技术等方面都得到了体现。正是这种改变推动了人类社会的发展与进步，也使得历史变得丰富多彩。在新时代背景下，我们应当继续秉持正确的价值观，推动科技与人文的融合发展，为构建和谐美好的社会贡献力量。

历史发展是社会进步和人的发展的辩证统一，人的发展需要与时代发展的趋势相契合，时代新人既是社会发展的实践者和推动者，也是见证者和受益者。时代新人的"新"与时间相关，"新"不是固定的时间概念，而是个变化流动的概念。因此，"新人"的标准随着时代的发展、岁月的变化，其内涵有所不同，其发展状态也有所差异。恩格斯指出，"当上个世纪的农民和工场手工业工人被卷入大工业的时候，他们改变了自己的整个生活方式而成为完全不同的人"①。新人是相对传统而言的完全不同的人，新人是推动社会发展进步的重要力量，代表着社会发展进步的新鲜势力。培育时代新人是促成能够推动社会发展的社会成员，从而实现人的发展与社会进步的齐头并进。

"时代新人"是顺应时代发展要求、不断追求进步的社会成员。现代化转型中，属于后发国家的公民经历了选择、转型，走上了社会主义现代化道路，我们要培育的时代新人也是社会主义的时代新人，其特质是有别于资本主义的公民。社会主义的时代新人是既红又专的时代新人，既掌握着过硬的专业技能，又拥有坚定的理想信念，始终追求共产主义的远大理想，始终拥护中国共产党的领导。在新中国成立之初，毛泽东提出："我们的教育方针，应该使受教育者在德育、智育、体育几方面都得到发展，成为有社会主义觉悟的有文化的劳动者。"② 该论断表明，我们的教育方针是全面发展的教育，旨在培养受教育者在德育、智育、体育等多方面均能得到全面提升。这种教育理念强调的是全面而有重点的发展，旨在使每一个受教育者都能成为有社会主义觉悟的有文化的劳动者。从德育方面来看，我们的教育方针强调培养受教育者的思想道德素质。这意味着，我们要引导受教育者树立正确的世界观、人生观和价值观，形成良好的道德品质和行为习惯。通过德育教育，受教育者深刻理解社会主义核心价

---

① 中共中央马克思恩格斯列宁斯大林著作编译局 . 马克思恩格斯选集：第 1 卷 [M]. 北京：人民出版社，2012：307.

② 中共中央文献研究室 . 毛泽东文集：第七卷 [M]. 北京：人民出版社，1999：226.

值观，增强社会责任感和集体荣誉感，培养他们热爱祖国、热爱人民、热爱社会主义的高尚情操。从智育方面来看，我们的教育方针注重培养受教育者的综合素质。这包括提高受教育者的知识水平、创新能力和思维品质。通过智育教育，受教育者掌握扎实的文化基础知识，具备良好的分析问题、解决问题的能力，形成独立思考、勇于探索的精神风貌。同时，注重培养受教育者的团队合作精神和竞争意识，为他们将来的社会发展奠定坚实的基础。从体育方面来看，我们的教育方针强调增强受教育者的体质。这意味着，我们要引导受教育者树立健康的生活理念，积极参与体育锻炼，提高身体素质。通过体育教育，受教育者具备良好的体能和运动技能，养成健康的生活习惯，增强抵御疾病的能力。由此可见，我们的教育方针旨在全面培养受教育者的德、智、体等方面的素质，使他们成为具有社会主义觉悟、文化素质高、身体健康的劳动者。这样的劳动者将为我国社会主义事业的发展做出更大的贡献。在此基础上，毛泽东同志明确提出了我们要培养"又红又专"的接班人，这为我们今天要培育好时代新人奠定了理论基础，丰富了时代内涵。自此以后，党的领导人围绕时代新人做出丰富的阐释，如邓小平提出了"在建设具有中国特色的社会主义社会时，一定要坚持发展物质文明和精神文明，坚持"五讲四美三热爱"，教育全国人民做到有理想、有道德、有文化、有纪律"① 的"四有新人"；江泽民提出了"努力造就有理想、有道德、有文化、有纪律的，德育、智育、体育、美育等全面发展的社会主义事业建设者和接班人"②；胡锦涛提出了"四个新一代"，即"理想远大、信念坚定的新一代，品德高尚、意志顽强的新一代，视野开阔、知识丰富的新一代，开拓进取、艰苦创业的新一代"，强调"坚持教育为社会主义现代化建设服务，为人民服务，把立德树人作为教育的根本任务，培养德智体美全面发展的社会主义建设者和接班人"③；习近平总书记围绕民族复兴使命，明确提出要培养能够担当大任的"时代新人"，特别强调"新时代的中国青年要以实现中华民族伟大复兴为己任，增强做中国人的志气、骨气、底气，不负时代，不负韶华，不负党和人民的殷切期望"④。由此可见，时代新人是一个不断变化发展的概念，对我国的时代新人而言，其蕴含着鲜明的时代特色、深厚的民族情怀。

---

① 邓小平. 邓小平文选：第三卷 [M]. 北京：人民出版社，1993：110.
② 江泽民. 江泽民文选：第二卷 [M]. 北京：人民出版社，2006：332.
③ 胡锦涛文选：第三卷 [M]. 北京：人民出版社，2016：641.
④ 习近平. 在庆祝中国共产党成立 100 周年大会上的讲话 [M]. 北京：人民出版社，2021：21.

　　高校意识形态话语权直接影响着高校青年大学生的价值观念和世界观塑造，决定着高校青年大学生的思想政治教育方向和质量，增强高校意识形态话语权有助于传播社会主义核心价值观，引导高校青年大学生树立正确的人生观、价值观。随着人类社会进入工业社会以来，高校特别注重对时代发展、社会进步方面人才的培育，尤其是在现代工业社会。现代工业社会之所以重视培育时代新人，并积极支持"人新质量"的生成①，这主要在于科学技术的不断变革必然推动着人类社会进入更发达的文明社会，在这个社会需要与之相应的人才来促进共同发展。而高校意识形态话语权代表着进步思想力量，强化高校意识形态话语权可以更好地回应时代新问题，有利于更好地开拓高校青年大学生视野，满足新人成长成才的现实需要。具体来说，在新时代背景下，增强高校意识形态话语权对于培育时代新人具有深远的意义。首先，增强高校意识形态话语权，可以为培养具有正确价值观、世界观和人生观的时代新人提供坚实的价值导向。在新时代背景下，随着经济全球化和社会信息化的深入发展，各种思想文化交流交融，也带来了多元化的价值观念。这种情况对高校学生的价值观念形成带来了巨大挑战。因此，加强高校意识形态工作，确保马克思主义理论在高校占据主导地位，对于培养一代又一代具有正确价值观念的时代新人具有重大意义。马克思主义是我们立党立国的根本指导思想，是我们党的灵魂和旗帜。通过加强高校意识形态工作，可以确保马克思主义理论在高校占据主导地位，从而为培养时代新人提供正确的价值导向。其次，增强高校意识形态话语权，对于培养具有社会主义核心价值观的时代新人具有重要的推动作用。社会主义核心价值观是当代中国精神的集中体现，是我国社会主义事业的重要支柱，是中华民族精神的当代表达，是全体党员干部和广大人民群众共同遵循的行为准则。高校作为培养社会主义建设者和接班人的重要阵地，在高校中加强意识形态工作，有利于引导广大师生树立正确的世界观、人生观、价值观，加强意识形态工作，增强意识形态话语权，对于培育时代新人具有极其重要的现实意义。最后，增强高校意识形态话语权是培育时代新人的保障。增强高校意识形态话语权，可以为培养具有正确价值观、坚定理想信念的时代新人提供有力的保障。在新时代背景下，高校作为培养社会主义建设者和接班人的重要阵地，在意识形态工作中肩负着特殊使命。只有牢牢掌握高校意识形态工作的领导权和话语权，才能为培养时代新人提供有力的保障。总之，增强高校意识形态话语权，培育时

---

　　① 冯刚，徐先艳. 时代新人的生成逻辑、基本特征和培育路径［J］. 教学与研究，2022（4）：92-101.

代新人，两者都是我国新时代高等教育的重要任务。在两者的运行过程中，我们只有牢牢掌握高校的意识形态话语权，才能培养出一批具有正确意识形态、理想信念坚定、勇担民族复兴大任的时代新人。

四、丰富校园精神生活的现实需要

精神生活是相对物质生活而言的一种重要的相对独立的生活形态，它以物质生活为基础，受社会经济、政治、文化发展水平的影响，马克思以实践为基础，把精神生活放置于现实生活加以考量，得出人的社会实践活动是精神活动的重要来源。"思想、观念、意识的生产最初是直接与人们的物质活动，与人们的物质交往，与现实生活的语言交织在一起的。"[①] 该论断表明，思想、观念和意识的产生是一个与人们的物质活动密切相关的过程。它们最初源于人们在与自然界和社会环境的互动中形成的物质交往。在这个过程中，人们通过实践活动来改造外部世界，同时也改造自己的内心世界，从而产生了一系列的思想、观念和意识。具体来说，首先，现实生活的语言是思想、观念和意识的重要载体。人们在物质活动中相互交流、表达情感和传递信息，借助语言来表达对现实世界的认识和理解。这种语言交流不仅反映了人们的思想观念，还反作用于人们的意识，促使它不断发展和演变。其次，思想、观念和意识的生产还受到社会历史条件的影响。在不同的历史时期，人们的社会地位、生产方式和生活方式均有所不同，从而导致他们的思想观念和意识也存在差异。同时，思想、观念和意识之间相互影响、相互作用，共同构成了一个复杂的社会心理体系。最后，思想、观念和意识的产生还受到文化传统的影响。每个民族和文化都有自己独特的思想观念和价值体系，这些文化传统在很大程度上塑造了人们的精神世界。在文化的交流和碰撞中，不同文化的思想、观念和意识相互融合、相互影响，推动了人类文明的进步。总之，思想、观念和意识的产生是一个复杂的过程，直接与人们的物质活动、物质交往和现实生活的语言紧密相连。在这个过程中，各种因素相互作用、相互影响，共同塑造了人们的精神世界。因此，精神生活的现实状态会受到物质生产状况的影响，但精神生活又具有相对独立性和超越性，这是精神生活受制于物质生活，而又超越物质生活的重要因素。

高校积极增强其意识形态的话语权，既是丰富校园精神生活的内在要求，也是打造健康精神世界的现实需要。一个国家、一个民族的主流意识形态体现

---

① 中共中央马克思恩格斯列宁斯大林著作编译局. 马克思恩格斯选集：第 1 卷 [M]. 北京：人民出版社，2012：51.

着该国家、该民族的精神风貌和文化情结。对高校主流意识形态而言，它是塑造高校青年大学生对国家民族认同的符号，直接影响着高校校园文化建设的质量与精神风貌。如果弱化其意识形态话语权，不仅会导致价值观领域的混乱，还会导致其精神生活的无依无靠。意识形态话语权具有直接影响人们价值观念的功能。因此，我们积极增强高校的意识形态话语权，这不仅有助于传播社会主义核心价值观，还对于塑造青年大学生健康向上的精神世界，引导高校青年大学生形成正确的历史观、民族观、国家观，以及丰富高校校园精神生活，提升校园精神文化的品质等，都具有积极的现实意义。

意识形态话语代表的往往是主流的道德观念和情感体系，构建的是关于人的精神世界的解释体系。而强大的意识形态话语权可以规范社会公共领域的精神文化，以满足人们对美好精神生活的现实需要。高校意识形态话语权代表着进步理性的思想力量，具有强大的思想感染力、精神感召力，是打造高校健康精神世界的现实需要。高校意识形态话语权直接影响着青年大学生的价值观念和世界观的塑造。因此，我们强化高校的意识形态话语权，可以有效传播社会主义核心价值观，可以为青年大学生提供正确的精神指引，拓宽青年大学生的精神视野，丰富青年大学生的精神生活，为青年大学生的成长成才提供精神支撑。

党的二十大报告指出："物质富足、精神富有是社会主义现代化的根本要求。"① 实现物质富足和精神富有，是社会主义现代化建设的根本要求和核心目标。物质富足，指的是在生产力发展基础上，满足人民日益增长的物质生活需要，实现全体人民共同富裕。精神富有，则是指在物质生活水平不断提高的同时，注重精神文明建设，丰富人民的精神世界，提升全民族的思想道德素质和科学文化素质。

物质富足和精神富有相辅相成，相互促进。物质富足为精神富有提供了基础，使人们能够享有更好的教育、文化、娱乐等资源，从而提高精神生活质量。而精神富有则赋予物质富足以灵魂，使人们在追求物质财富的过程中，始终保持高尚的精神追求和道德品质，使社会主义现代化建设具有更加丰富的内涵和意义。在我国社会主义现代化建设过程中，我们必须始终坚持物质富足和精神富有的统一，坚决反对片面追求物质财富、忽视精神生活的倾向。我们要在发

---

① 习近平. 高举中国特色社会主义伟大旗帜　为全面建设社会主义现代化国家而团结奋斗：在中国共产党第二十次全国代表大会上的报告 [M]. 北京：人民出版社，2022：22.

展经济、改善人民生活的同时，注重文化建设，强化道德教育，推动全社会形成文明、健康、积极向上的价值观念，为实现全面建设社会主义现代化国家奠定坚实的物质基础和精神支柱。

精神生活是人这一高级动物与其他动物的重要区别，高校精神生活高质量发展主要依靠高校师生的共同推动，需要高校师生从思想层面来丰富精神生活的内容，认清高质量的精神生活对于推动高校教育事业高质量发展的重要性，是顺应现代化发展的本质要求。高校意识形态话语权要积极引领高校师生在行动上自主学习、自我觉悟，这是提升其精神生活质量的内在要求。高校意识形态话语权引领高校师生树立高质量精神生活的自觉意识，引导高校师生正确认识精神生活、正确对待精神生活，这是高校师生精神生活正确走向的需要，确保发展方向的正确是确保做的事情是对的，符合要求的前提，是推动高校的精神生活发展得更快、更好的重要保障。因此，坚持正确的发展方向是实现高校精神生活高质量发展的前提。换句话说，如果我们想要提升高校的精神生活水平，就必须先确定好前进的正确方向，这样才能取得更好的成果。另外，只有高校师生积极参与校园精神生活的建设，才更加有利于增强高校的意识形态话语权。增强高校意识形态话语权，引导大学生树立健康的精神生活方式。而为了让青年大学生的精神生活更加丰富多彩，我们需要通过提升话语权的方式来帮助他们正确理解物质生活与精神生活之间的紧密关系，通过减少他们对精神生活的认知偏差和思想行为的误区，我们可以进一步提升他们的精神生活品质。因此，我们在增强话语权的过程中积极帮助他们摆脱对精神生活的误解，从而优化他们的精神生活，使之更加充实、美好。美好的精神生活在一定程度上可以进一步激发大学生的精神动力，进而促进大学生养成良好精神生活的习惯。

精神内化是提升精神生活质量的关键，精神内化的过程是外界的思想理念、知识结构等转化为行动者思想意识的活动过程，以推动行动者塑造崇高的精神世界。而这个内化的过程离不开意识形态话语权的感召力及其激励功能。因此，我们要提升青年大学生精神生活的品质，就要用高校意识形态的话语权来激发青年大学生的能动创造力，"只有引导大学生不断提升精神生活的能动创造力，通过能动创造实现精神世界的完善与超越，才能使大学生逐步成为具有丰富、全面和深刻本质力量的人"①。精神世界是与日常需求拉开差距的心灵场域，精神世界储存着意识形态的空间，其意义在于有能力改造事物的变化。世界是个

---

① 谢春芳．新时代大学生精神生活高质量发展的内涵要义与实现路径［J］．思想理论教育，2022（7）：61-66.

广义的概念，从类型来看，它可以分为自然世界、社会世界和精神世界。精神具有独属于自身的时空结构与意识秩序，精神世界是意识秩序、意识结构的综合概括。意识具有开辟精神空间的可能性，在于意识本身具有记忆、想象的能力。现代心理学研究表明，记忆能够把自然世界、社会世界中的事物形象、事件概况复制在意识领域中，使其在脱离事物的原型时，也能够通过记忆呈现其原貌。美好的精神生活、健康的精神生活，都属于精神层面的生活状态，而通过健康的精神生活可以激励青年大学生塑造卓越的精神品格与健康的心理品质。

第二章

全媒体时代高校意识形态话语权的
时代境遇

在全媒体时代,我们身处于一个融合了全程、全息、全员和全效媒体的现代传播媒体时代。以全媒体为表征的现代传播媒体在为人们获取信息、交流思想提供便捷条件的同时,全媒体领域已成为各种思想、利益诉求的汇聚之地,成为意识形态斗争的重要场所。在全媒体的推动下,我们必须正视这一现实,认真对待这个充满挑战与机遇的全媒体时代。因为,在这个时代,"积极正面的消息能够得到迅速传播,但负面、虚假、错误的消息也接踵而来,也极易被有心之人利用"①。因此,全媒体是一把双刃剑,它既可以成为增强意识形态话语权的利器,也可以成为弱化意识形态话语权的工具。这对增强高校意识形态话语权而言,全媒体的优势同样可以发挥,但其也存在被全媒体冲击的风险,如全媒体中存在的负面信息内容如果得不到彻底的清除与过滤,也会影响和冲击高校意识形态的安全。

第一节　问卷调查与个别访谈实施的样本分布情况②

全媒体时代,我们要弄清高校意识形态话语权所面临的现实问题就离不开调查研究,正如习近平总书记所言:"调查研究是谋事之基、成事之道。没有调查,就没有发言权,更没有决策权。研究、思考、确定全面深化改革的思路和重大举措,刻舟求剑不行,闭门造车不行,异想天开更不行,必须进行全面深

---

① 白洁.全媒体时代思想政治理论课教学理念的守正创新 [J].思想教育研究,2020 (4):125-129.

② 为了更好地保护调查对象及其所在学校的隐私,在调查问卷和访谈提纲中隐去了调查对象的所在学校。

入的调查研究。"① 因此，调查研究是我们把握高校意识形态话语权面临时代境遇的一项基础性工作，也只有通过调查研究弄清了高校意识形态话语权所面临的现实困境及其成因，我们才能构建起行之有效的科学对策。

本研究报告为了能够掌握全媒体时代高校意识形态话语权所面临的具体情况，根据"5W"传播模式理论，以及"把关人"理论，本次调查问卷从话语主体、话语内容、话语渠道和话语受众等方面进行设计，并展开调查，通过定性研究与定量研究相结合的方法，以此掌握高校意识形态话语权的影响力、引导力、渗透力、凝聚力等面临困境的情况及部分原因。为此，2021 年 3 月至 2023 年 11 月课题组开展了以"全媒体时代高校意识形态话语权的时代境遇"为主题的调研活动。本次调研以问卷调查和个别访谈的方式进行，其中调查问卷是在贵州省内高校的青年大学生中开展的，通过问卷调查也是本次调研活动的主要方式，调查问卷主要采用线上采集的方式，通过问卷星发放和回收调查问卷，共发放调查问卷 1600 份，回收有效问卷 1556 份，有效回收率为 97.25%，其中男生占 32.46%（$N=505$），女生占 67.54%（$N=1051$）；在读专科生占 19.47%（$N=303$），在读本科生占 68.06%（$N=1059$），在读硕士研究生占 9.32%（$N=145$），在读博士研究生占 3.15%（$N=49$）；中共党员（含预备党员）占 9.83%（$N=153$），共青团员占 51.48%（$N=801$），其他占 38.69%（$N=602$）。个别访谈主要在贵州高校教师中开展，共访谈了 15 位思想政治教育工作者，访谈样本中教授占 40%（$N=6$），副教授占 40%（$N=6$），讲师占 20%（$N=3$）。数据采用 SPSS21.0 进行统计分析。

第二节　全媒体时代增强高校意识形态话语权的机遇

全媒体以其全程性、全息性、全员性和全效性为特征，高校作为意识形态斗争的重要阵地，高校意识形态话语权与全媒体的耦合，对于充分利用全媒体的传播优势，助力高校提升意识形态工作的效率，增强高校意识形态话语权具有极为重要的现实意义。根据实地走访调查，发现绝大多数高校运用了现代网络平台来宣传和推广主流意识形态，且随着传播形式的多样性、传播内容的丰富性，高校的意识形态建设成效比较突出，在对主流意识形态的宣传方面基本

---

① 习近平在武汉召开部分省市负责人座谈会时强调：加强对改革重大问题调查研究　提高全面深化改革决策科学性 ［EB/OL］. 中国政府网，2023-03-01.

达到了较为理想的效果。这也表明了全媒体在增强高校意识形态话语权的过程中有着极为重要的价值与功效。

一、有助于提升高校意识形态话语权的执行效能

全媒体时代，信息传播的方式和途径发生了深刻变革，使得信息传播不再受时间和空间的限制，传播渠道立体化和多样化，每个人都成为信息的传播者和接收者，传播效果得到了优化。这些特性为提升高校意识形态话语权的执行效能创造了有利条件，带来了新的机遇。党的十九届四中全会通过的《中共中央关于坚持和完善中国特色社会主义制度　推进国家治理体系和治理能力现代化若干重大问题的决定》中指出，要"建立以内容建设为根本、先进技术为支撑、创新管理为保障的全媒体传播体系"①。以网络现代信息技术为依托的全媒体，随着网络信息技术的全面升级，既为增强高校意识形态话语权提供了新的思路，也进一步提升了高校意识形态话语权的执行效能。这主要在于全媒体融合了纸质传媒、广播电视以及网络新媒体等传播载体的优势，优化了传播资源的配置，从而为高校提升意识形态话语权开辟了全新路径。在这个背景下，高校发挥着全媒体的力量，提升了高校在意识形态领域的执行效能。通过调查发现，许多高校紧紧抓住全媒体发展的契机，积极探索和实践新的意识形态工作模式，如他们比较注重借助人工智能、大数据等先进技术的优势，比较精准地把握了大学生的思想动态，较有针对性地开展了意识形态教育；还通过区块链技术的应用，使诸多高校也构建起了去中心化、安全可信的信息传播体系，这在一定程度上确保了意识形态工作的正确导向。在此基础上，我国高校还利用5G技术的高速、低时延特点，高效传播主流价值观，积极拓宽意识形态工作的渠道。总体来看，全媒体为高校提供了强大的技术支持，使得意识形态教育更加具有时代感、针对性和吸引力，从而有效地提升了高校意识形态话语权的执行效能。

全媒体时代，随着网络信息技术的迅速发展，意识形态话语的传播渠道与渗透方式已从传统传播载体向现代传播载体转型、转化，即在全媒体时代，随着网络信息技术的飞速发展，现代传播媒体引领了意识形态话语传播的变革。在传统传播媒体时代，意识形态话语主要通过报纸、杂志、电视和广播等传统媒介传播，其影响力受到限制，传播速度和范围相对有限。然而，现代传播载

---

① 中共中央关于坚持和完善中国特色社会主义制度　推进国家治理体系和治理能力现代化若干重大问题的决定［N］. 人民日报，2019-11-06（6）.

体，如社交媒体、即时通信应用、视频分享平台和博客等，已经从根本上改变了意识形态话语的传播方式和渗透途径。当前，借助互联网的普及和移动设备的便捷性，意识形态话语可以迅速跨越地理和文化边界，实现全球范围内的传播。信息不再受制于物理形态，而是以数字化的形式存在和流动，使得传播更加高效和隐蔽。个体和组织能够更容易地访问和分享信息，加速了意识形态的传播速度，并扩大了其影响力。此外，现代传播载体的互动性和用户参与度方面也增强了意识形态话语的渗透力。社交媒体平台上的用户不仅可以被动接收信息，还可以主动参与讨论、分享观点，甚至创造和传播自己的内容。这种互动性促进了意识形态话语的多元化，使得不同声音和观点得以更广泛传播和接受。由此可见，全媒体时代意识形态话语的传播渠道和渗透方式已经发生了重大转型和转化。网络信息技术的迅速发展使得意识形态话语传播更加高效、广泛和互动，从而深刻影响着社会思想和价值观的传播与形成。

全媒体场域中物理世界与信息世界的交融互通，实现了人、机、物等媒体化赋能，为现代传播领域的发展提供了新模式，为现代化信息传播技术提供了新动能。这些传播模式与新动能都需要我们改变高校意识形态话语传播的思路。从全媒体传播的效能来看，它的优势非常显著。全媒体注重宣传效果，注重对传播内容的反馈和对传播结果的评价，如它能够利用大数据来分析受众对不同信息内容的偏爱程度，不断调整传播内容，并根据不同受众群体的偏好情况选择有效的话语内容，传递受众喜欢的话语信息，从而让话语信息得到更为有效的传播。因此，通过全媒体可以把高校意识形态话语精准地推送给高校师生员工，有效地满足他们对意识形态话语信息的内在需求。事实上通过调查发现，随着高校对全媒体传播载体的广泛投入与运行，高校不仅改变了传统意识形态话语传播的思路，还加大了高校师生员工对全媒体传播技术的培训力度。如在实践成效方面，许多高校进一步推动了意识形态话语全方位、立体化的传播，这在提升高校意识形态话语传播效率的同时，社会主旋律和正能量也得到了较好的弘扬，高校师生员工对新的信息需求与价值诉求也得到了较为有效的满足。由此可见，随着现代信息传播技术的全面升级，高校在大力、广泛运用全媒体的过程中，高校能够切实提升意识形态话语权的执行效能。

全媒体的"四全"特性可以全面提升高校意识形态话语权的执行效能。首先，全媒体的全效性可以全面提升其执行效能。全效性指的是全媒体时代传播效果的全面性，既包括传播范围的广泛性，也包括传播效果的深远性。全效性媒体深化了传播矩阵效用，高校意识形态话语可以通过多种渠道和方式实现传播效果的优化，提高话语的权威性和影响力。这有助于高校在复杂的舆论环境中将主流意识形态话语渗透到学生的日常生活和学习中，巩固其主导地位，形成持久的影响力，发挥更好的引领作用。其次，全媒体的全息性，实现了传播渠道的立体化和多样化，高校意识形态话语可以通过多种形式进行传播，使得意识形态话语可以通过多种形式展现，如文字、图片、视频等，丰富了话语表达的方式，增强了话语的吸引力和感染力。这有助于高校意识形态话语更好地融入师生的日常生活，提高话语的认同度。再次，全媒体的全员性，使高校意识形态话语得到更加广泛和深入的覆盖，实现了全方位增强意识形态话语传播效果的目的。此外，全员媒体的发展还促使高校意识形态话语从一元独白向多元对话转变，这也为高校意识形态工作提供了更多的交流平台和表达空间，从而也进一步扩大了其影响的辐射范围与传播领域。最后，全媒体的全程性，可以让高校意识形态话语得到实时传播，迅速响应社会热点事件，这就大大提高了意识形态话语的时效性和影响力。例如，高校可以利用全程媒体记录并传播校园事件的产生、发展和结果，为解读事件真实性和做好及时舆情引导提供助力。

总而言之，全媒体作为现代传播载体转型升级的产物，高校要增强其意识形态话语权就要转换传统传播模式的思路，而唯有顺应现代传播载体的内在要求，才能在增强高校意识形态话语传播效能的基础上，真正达到增强高校意识形态话语权、提升高校意识形态话语权执行效能的目的。

二、有助于拓展高校意识形态话语权的实践渠道

全媒体为增强高校意识形态话语权提供了新的实践渠道。全媒体作为现代信息传播技术的不断更新与快速发展的产物，它融合了多种媒介的传播方式和聚合了各种传播媒体的先进技术功能，它的问世为高校意识形态话语提供了更加广阔、多元的传播渠道，形成了综合化、多元化的融媒体传播格局。全媒体不仅包括了诸如报纸、杂志、电视和广播电视等传统的纸质媒体和电子媒体，还涵盖了诸如微博、微信、抖音等新兴的网络媒体和社交媒体。因此，全媒体时代的到来必然意味着多元媒介有机融合的来临，也意味着高校意识形态话语权得以在不同的媒介平台实施，这为高校师生员工信息接收、自我表达、交流互动等提供了新的实践渠道，也进一步拓展了高校意识形态话语权的实践渠道，扩大了其影响范围和加大了其影响力度。

全媒体时代拓展了高校师生员工获取信息的渠道。全媒体借助声音、图像、文字、动画等多元化的表达方式，把电视、电脑、手机等终端媒介联合起来，实现了现代传播技术的有机融合，推动了移动终端不受约束获得想要的信息、

传播与扩展任何需要传递的内容，实现了全面拓展话语信息传播的渠道。全媒体的核心是互联网，而互联网本身对社会生活的作用日益突出，为人们表达观念、传递信息与接收信息创造了非常便捷的条件。对青年大学生而言，全媒体信息传播渠道的全天候开放，为不同的青年大学生浏览信息、查阅资料、自由交流与探讨、随时咨询问题提供了便捷的条件，这不仅使全媒体成为师生员工获取信息、传递信息的重要途径，也为增强高校意识形态话语权提供了新的渠道。

在全媒体的作用下高校意识形态话语内容也有了更多的传播渠道，如调查发现，贵州大学、贵州师范大学、贵阳学院、贵州医科大学等贵州高校，都建立了专门用来宣传主流意识形态的校园微信公众号、理想信念培育基地，还积极引导学生关注并学习人民网、光明网、学习强国等传播媒体中的信息内容，从多角度传播和阐释了主流意识形态的信息内容，为增强高校意识形态话语权提供了新渠道和新平台。这是 2019 年教育部启动教育融媒体建设试点工作以来，高校紧随潮流，纷纷成立融媒体中心，并通过将传统媒体与现代化媒体相结合，多数高校成功地激活了校园内的媒体资源，打造出了全方位、广覆盖的话语联动平台。这一创新举措不仅在全校范围内构建了大宣传、大思政格局，还为提升高校的意识形态话语权赋予了强大动力。全媒体时代，高校的融媒体中心成为一个充满活力、富有创新的平台。在这里，传统媒体与现代媒体相互融合，释放出前所未有的能量。它们将主流价值观融入各类传播活动中，使意识形态教育更加贴近实际、贴近师生，为培养具有正确价值观的时代新人贡献了力量。在此基础上，高校充分利用融媒体平台，拓宽宣传渠道，提升宣传效果。通过全方位、多层次的新闻报道和舆论引导，融媒体平台有力地推动了校园文化建设，激发了师生的爱国情怀和责任感。同时，这也为增强高校意识形态话语权搭建了新平台，提供了新渠道。

全媒体为拓展高校意识形态话语权提供了新的机遇和平台。全媒体时代，社交媒体平台，如微博、微信公众号等，已成为信息传播的重要渠道。高校可以充分利用这些平台，以更加贴近实际、贴近生活、贴近群众的方式，发布权威信息、解读政策理论、回应社会关切、传播主流价值观、引导社会舆论。具体而言，高校可以通过社交媒体平台发布权威信息，传播科学知识，提供正确的信息源，帮助公众理解事实，识别谣言，增强社会公众的信息素养；高校可以利用社交媒体平台解读政策理论，以通俗易懂的方式，让公众更好地理解国家的政策法规，提高公众的政策素养；高校还可以通过社交媒体平台回应社会关切，关注社会热点问题，及时发布权威信息，解答公众疑惑，引导公众理性看待社会问题；高校还可以利用社交媒体平台的互动性，与公众进行有效沟通，倾听公众声音、了解公众需求，提高主流价值观的吸引力和影响力。

全媒体本身是现代科技发展的产物，高校可以利用大数据、人工智能等现代技术手段，精准把握学生的思想动态和需求，为他们提供个性化的教育内容和服务，增强高校意识形态话语的吸引力和针对性。因此，在科技飞速发展的全媒体时代，大数据、人工智能等先进技术为增强高校意识形态话语权提供了新的途径和手段。首先，高校可以通过大数据分析技术，收集并分析学生在网络平台上的行为数据，了解学生的兴趣爱好、关注点以及思想观念。基于这些数据分析结果，高校可以为学生提供更加符合他们需求的教育内容，提高教育的针对性和实效性。其次，高校可以利用人工智能技术，开发智能教育系统，实现个性化推荐教学内容。通过分析学生的学习历史、成绩以及兴趣爱好，智能教育系统可以为学生推荐最适合他们的学习资源，增强学习效果。最后，高校还可以借助人工智能技术，开展智能化的思想政治教育咨询服务。通过智能机器人或在线聊天室等方式，学生可以随时随地咨询思想政治教育相关问题，获得及时、准确的解答和指导。在全媒体环境下，高校应紧跟科技发展趋势，充分利用大数据、人工智能等先进技术手段，精准把握学生的思想动态和需求，提供个性化的教育内容和服务，进一步增强意识形态话语权的吸引力和针对性。

综上所述，在全媒体时代，现代传播技术为高校意识形态话语权提供了更丰富的实现手段，为高校意识形态话语提供了数据支持，为高校意识形态工作创新提供了动力，为高校意识形态工作提供了更广阔的传播平台和渠道，为高校意识形态工作者提供了更丰富的获得信息和了解年轻人思想动态的途径，等等。总之，全媒体为增强高校意识形态话语权创造了有利条件。这些条件既可以使高校意识形态话语覆盖面更广、传播速度更快，也可以使高校意识形态话语权与网络舆论监督形成良性互动，还可以创新高校意识形态话语的传播形式、提高传播精准化程度、延伸正面价值观的传播广度，以此达到切实增强高校意识形态话语权的目的。

三、有助于创新高校意识形态话语权的实现方式

全媒体为增强高校意识形态话语权提供了新的实践方式。全媒体融合了传统媒体和新兴媒体的特点，为主流意识形态话语传播提供了新的平台和渠道，有助于高校意识形态话语权实现方式的创新。全媒体时代，以现代网络信息技术为主要依托的全媒体是现代传播的主要方式和手段，其特点是"全"，即在传播的方式、手段、内容、过程、主体等方面具有全面性。对高校而言，这种全

面性表现为线上线下的全面传播、多元媒介的有机整合，如贵州师范大学、贵州大学、贵州师范学院等高校通过整合自身的媒介优势，统筹线下传播平台资源，校报、校园广播、宣告栏等传统传播平台的优势得到了有效发挥；拓展线上传播渠道，开辟线上传播方式，具体来说，通过移动端 APP、微视频、校园微博微信、校园大屏幕、校园网站群等线上传播平台，形成线上线下全媒体传播阵地，形成了宣传合力，这种线上线下相结合的方式进一步推动了高校意识形态话语的广泛传播，让高校意识形态话语的传播速度和覆盖面等都有了质的提升。当然，这种线上与线下相结合的方式，推动了线上与线下双管齐下的意识形态教育。具体来说，高校可以利用新媒体平台开展线上线下相结合的意识形态教育活动，如组织学生参加社会实践活动、开展主题征文比赛等。通过这些活动，学生可以将所学知识付诸实践，提高自身的思想认同感和政治素养。由此可见，这种双管齐下的教育方式不仅创新了意识形态教育的方法，也在一定程度上进一步增强了高校的意识形态话语权。全媒体是多元媒体融合而成的现代传播载体，全媒体时代各个媒体的有机融合已成为现代传播媒体发展的必然趋势。因此，多元媒体有机融合而成的全媒体必然意味着传播形式的多样性、互动性，这些特性可以塑造积极的舆论场和群众基础。这主要在于，一方面，全媒体为高校意识形态话语提供了更广阔的表现空间，为高校意识形态话语提供了更丰富的表达技巧，使高校意识形态话语传播形式更加丰富；另一方面，全媒体促进高校意识形态话语与高校师生员工的实际生活的结合，全媒体的开放性、自由性提升了高校师生员工的参与度，全媒体技术的广泛运用增强了公众的互动性，全媒体平台增加了公众的互动频率、拓展了媒体的话语空间、降低了公众参与的门槛。因此，在全媒体时代，受众可以更加自由地自主生产信息、传播信息，这使受众的个体性得到了充分的彰显、展示与满足，信息传播的方式也越来越多元化和个性化。

全媒体为高校意识形态话语提供了更加丰富和生动的表达方式。在全媒体环境下，高校意识形态话语可以运用各种媒体技术，如文字、图片、音频、视频等，进行多样化的表达。例如，可以通过微视频、动画、图表等形式，将抽象的理论和观点以更加直观和易于理解的方式呈现给学生，提高其吸引力和影响力。具体来说，全媒体环境下，高校意识形态话语的传播不再局限于单向的灌输式传播，而是可以采用互动式、参与式等多种形式进行传播。这种多元化的传播形式不仅使高校意识形态话语更加贴近实际、贴近学生，还使高校意识形态话语的表达更加多元化和开放化，也在一定程度上增强了高校意识形态话语的生动性和趣味性，使其更加具有实效性。例如，可以通过在线讨论、微博互动、微信投票等方式，引导学生积极参与到意识形态话语的传播中来，增强其参与感和认同感。此外，全媒体还提供了更多的视觉和声音效果，使得高校意识形态话语的表达更加生动和有趣。例如，可以通过音乐、声音、特效等方式，创造出独特的氛围和情感，引发学生共鸣。由此可见，这种多元化的传播媒介及其伴随而来的多元化传播方式，不仅为高校意识形态话语提供了更为广阔的表现空间，还使高校意识形态话语的传播变得更加多元化、生动化和互动化。

全媒体进一步推动了高校创新意识形态话语的表达方式。随着现代传播技术的不断进步与广泛应用，全媒体交互模式正在迈向沉浸式、体验式的传播新境界。这种以人为本、凸显人性与个性交融的传播方式，不仅丰富了师生受众的感知体验，更推动了他们积极参与其中，自主探索与创新。例如，通过微博、微信、抖音等社交媒体平台，高校意识形态话语可以迅速传播给学生，同时学生也可以在这些平台上进行互动和讨论，形成更加丰富和多元的传播形式；通过虚拟现实（VR）、增强现实（AR）等技术，可以为学生创造更加沉浸式的学习体验，使高校意识形态话语得到更为有效的传播与表达。全媒体整合了各类传统媒体与新兴媒体，形成了立体化的传播模式，尤其在移动互联网技术的加持下受众可以随时随地接触意识形态信息，并进行广泛交流，这既大大提高了时效性，也为高校意识形态话语提供了更广泛的传播平台。以移动互联网技术为依托的社交媒体打破了地域的界限，开启了意识形态话语"一对多""多对多"的传播方式，这既可以增强高校意识形态话语交流的广度，也加快了高校意识形态话语传递的速度。由此可见，全媒体为高校意识形态提供了一个更丰富、立体、开放的交流平台，这些传播模式也使高校的意识形态话语在交流层面更具亲和力，更容易产生情感共鸣。高校意识形态话语以教育性、引导性为主，在全媒体的作用下高校意识形态话语表达方式呈现由灌输、劝导向互动、体验转化，这为增强高校意识形态话语权提供了新的方式。

全媒体时代，高校可以通过网络直播、短视频等新媒体形式为高校提供丰富多样的意识形态教育活动新方式。通过这些新媒体形式，高校可以将抽象的理论知识与生动的案例相结合，以更加生动形象的方式传授给学生，提高他们的思想认同感和政治素养。在直播方面，高校可以利用网络直播开展在线课堂教学，突破时间和空间的限制，让学生随时随地学习思想政治理论知识。同时，教师可以通过直播与学生进行实时互动，解答学生的疑问，提高学生的学习效率。在短视频方面，高校可以尝试将短视频融入思想政治教育中，通过生动有趣的短视频案例，引导学生关注社会热点问题，激发学生的学习兴趣。短视频还可以帮助学生更加直观地理解抽象的理论知识，增强学习效果。因此，在全媒体的作用下，高校能够利用网络直播、短视频等新媒体形式的优势，提高学生的思想认同感和政治素养，为培养合格的社会主义建设者和接班人奠定坚实基础，为切实增强高校意识形态话语权提供广泛的实践方式。

全媒体作为"一种新的、开放的、不断兼容并蓄的媒介传播形态和运营模式"①，它可以进一步丰富高校意识形态话语权的实现方式。全媒体以多种媒体的融通、交互等方式传播话语内容，改变了高校以校报、校园广播等传统单一的传播模式，不仅使高校意识形态话语内容呈现出更为丰富的表达形式，同时还使其传播更具立体感与可视性。这种独特的方式使得信息传递更加生动鲜明，为师生带来全方位、多角度的思考与认知。这主要由于在全媒体的作用下高校意识形态话语可以通过语言、文字、图片、声音、动漫、视频等方式呈现出来，使话语内容以可视化、形象性方式表达和传递。具体来说，在现代传播技术的作用下，全媒体能够把抽象的意识形态转化成文字、声音、动漫、视频等多模态的融合表达，实现传播内容的图文并茂，推动高校主流意识形态话语的有效性传播，这不仅可以增强话语内容的生动性、感染力和影响力，还使高校意识形态话语更加丰富生动，这在增强受众接受效果的同时，也切实达到了增强高校意识形态的话语权的目的。

四、有助于高校赢得意识形态话语权的主动权

掌握意识形态主动权是把握意识形态话语权的逻辑起点，是维护国家文化安全和增强国家文化软实力的关键，也是确保我们党始终牢牢掌握意识形态工作主动权，引导社会舆论、凝聚人心，推动事业发展的重要保证。习近平总书记基于网络意识形态的视角，进一步明确指出："网络意识形态安全风险问题值得高度重视。网络已是当前意识形态斗争的最前沿。掌控网络意识形态主导权，就是守护国家的主权和政权。"② 一个国家的意识形态主导权，关乎国家的文化安全、信息安全乃至政治安全。而要掌控主导权的前提是要掌握主动权。众所周知，主动权是一个涉猎范围极其广泛的概念，掌握意识形态的主动权是新时代国家安全战略的重要组成部分。在信息爆炸和网络普及的今天，掌握意识形态主动权对于维护国家安全、增强软实力，传播和弘扬我国的主流价值观，维

---

① 王庚年 . 全媒体技术发展研究 ［M］. 北京：中国国际广播出版社，2013：258.

② 中共中央党史和文献研究院 . 习近平关于网络强国论述摘编 ［M］. 北京：中央文献出版社，2021：54.

护和捍卫我国的国家利益和民族精神等具有极为重要的战略价值。掌握意识形态的主动权，实际上就是对国家文化自信的坚定支持，是对社会主义制度优越性的积极展示，也是维护国家长治久安和净化现代传播环境空间的有力保障。因此，我们要以积极主动的姿态去引导和塑造社会舆论，从而确保我们的价值观念和思想理念能够得到有效传播，并深刻地影响广大民众。在全球化、信息化深入发展的当下，现代传播媒介已经成为各国软实力竞争的新高地，我们要维护好国家的总体安全就必须在复杂的网络环境中坚定不移地推动正能量的传播，不断增强主流价值观在现代传播媒介领域的影响力，同时严密防范和抵制各种错误思想、有害信息的传播与渗透。

"新形势下，意识形态领域斗争复杂尖锐。历史和现实都警示我们，思想舆论阵地一旦被突破，其他防线就很难守得住。在意识形态领域斗争上，我们没有任何妥协、退让的余地，必须取得全胜。"[①] 在意识形态领域，要取得全胜的前提就是要"主动"，就是要拥有"主动权"，而掌握意识形态的主动权也是解决"挨骂"问题的关键。从全球视野来看，掌握意识形态主动权，是我们有效解决国际舆论场上"挨骂"问题的重要法宝。在全球化、信息化、网络化的背景下，国际舆论场的竞争越发激烈，对我国的国家形象和国际地位提出了更高的要求。在这个过程中，我们面临来自各方面的误解、疑虑甚至指责。因此，掌握意识形态主动权，对于塑造我国国际形象、维护国家利益、提升国际地位具有重大意义。首先，掌握意识形态主动权意味着我们能够在国际舆论场上发出中国声音，讲好中国故事。全媒体时代，我们要善于运用国际通行的语言和逻辑，阐释我国的立场、观点、政策，让世界了解中国的发展成就、文化底蕴、民族风貌。通过主动发声，有效传递正能量，为国际社会提供一个客观、公正、真实的中国形象，从而消解国际舆论场上的误解和偏见。其次，掌握意识形态主动权有助于我们在国际竞争中把握话语权。在当前国际环境中，话语权就是影响力，话语权就是主导权。为此，我们要通过加强意识形态工作，提高我国在国际舆论场上的影响力，为我国在国际竞争中赢得主动权提供有力保障。最后，掌握意识形态主动权有助于增强民族自信心和凝聚力。在国际舆论场上，面对来自外部的质疑和指责，我们需要坚定信念，保持战略定力。通过加强意识形态工作，引导全体人民树立正确的历史观、大局观、角色观，增强"四个自信"，凝聚起全体人民的共同力量，为民族复兴的伟大事业不懈努力。

---

① 中共中央文献研究室．习近平关于社会主义文化建设论述摘编 [M] 北京：中央文献出版社，2017：37.

全媒体使高校更容易赢得意识形态话语权的主动权。高校可以利用全媒体来展示中国的发展成就，这是增强其意识形态主动权的底气所在。全媒体能够有效捕捉、记录与储存中国取得一切伟大成就的过程，让伟大成就得到全方位、系统化的展示，通过话语信息让伟大成就得到快速加工与处理，并用伟大成就来说明马克思主义为什么行，社会主义为什么好，中国共产党为什么能，以此进一步坚定高校师生员工的理想信念。另外，高校还可以通过全媒体迅速组织话语内容，使公众知晓最新发生事件的进展状况，把高校主流意识形态话语传递给大学生，如可以及时回应大学生普遍关注的热点问题，以此引导大学生全面地客观地分析热点事件，积极抢占意识形态话语权先机，积极引领校园舆论发展的方向，牢牢掌握意识形态的主动权。

随着网络现代信息技术的发展，网络新媒体的广泛应用推动了高校意识形态话语权的建设与发展，拓展了意识形态传播的领域，丰富了意识形态传播的方式，为掌握高校意识形态话语权赢得了主动权。全媒体通过多样性、灵活性传播，必然改变着意识形态话语的传统表达方式，高校意识形态话语主体也可以通过校园网络社交媒体平台，实现广泛交流、深入沟通和积极引领，有效弥补了传统传播模式的缺陷与不足，可以有效避免因传统单一的表达模式而得不到学生的关注与青睐的问题。此外，信息传递的直观性、生动性，以及极强的感染力与多样性，使意识形态话语能够在多维空间传播，这可以极大地增强意识形态话语的感染力、吸引力。因此，在全媒体时代，掌握高校意识形态的主动权就要不断创新和优化传播手段，充分利用现代信息技术，特别是网络技术，增强意识形态话语权的传播效果和影响力，最终达到掌控意识形态主导权的目的。

人在什么地方，宣传思想工作的重点就在什么地方，网络已成为人们生产生活的新领域，那就应该成为我们党凝聚共识的新领地①。全媒体作为高校师生活动的新领域，也是高校传播正能量、弘扬主旋律的重要阵地，尤其在意识形态竞争日趋激烈的时代，谁的话语表达方式更具时代感、更加生动化、更让人易于接受，谁就占据主导地位，谁就能够赢得人心，谁就具有话语权和主导权。因此，发挥全媒体的传播优势，运用好新型传播平台、传播渠道，传递好青年大学生喜闻乐见的主流意识形态，牢牢抓住最佳传播机遇期，及时回应青年大学生关注的热点问题，让主流意识形态融入高校青年大学生的日常生活中，以

---

① 习近平. 加快推动媒体融合发展构建全媒体传播格局 [J]. 思想政治工作研究，2019（4）：11-13.

此增强高校意识形态话语权。

总而言之，全媒体的作用下对于增强高校意识形态话语权的执行效能、拓展意识形态话语权的实践渠道、创新意识形态话语权的实现方式、赢得意识形态话语权的主动权等方面具有重要的价值意义。

第三节　全媒体时代高校意识形态话语权面临的困境

习近平总书记指出，"我国正处在大发展大变革大调整时期，国际国内形势的深刻变化使我国意识形态领域面临着空前复杂的情况，各种思想文化相互激荡，不同文明交流交融交锋更加频繁"①。高校因其独特的地位和功能，使其成为各种思想文化的集散地与传播场。这主要在于高校本身是知识传播和创新的重要场所，即高校聚集了大量的专业人才和学术资源，通过教学、科研等活动，不仅传播已有的知识体系，也不断推动知识的创新和发展。在这个过程中，各种思想文化得以被引入、交流、碰撞、融合，形成新的观点和理论。一方面，从高校的主要群体来看，高校师生具有较高的文化素养和敏感度，能够迅速捕捉到社会上的新思想、新观念。同时，高校也是一个开放的平台，各种社会思潮都可以在这里进行讨论和传播，从而使得高校成为各种思想文化的集散地。另一方面，从文化交流的桥梁来看，高校是文化交流的重要桥梁。高校之间的交流合作、国际交流等，都为各种思想文化的传播和交流提供了渠道。在这个过程中，高校不仅推动了自身的文化发展，也促进了全球范围内的文化交流和互鉴。

全媒体时代的信息传播突破了传统的时空尺度，呈现信息无处不在、无所不及、无人不用的状态。因此，在这样的全媒体时代，舆论生态、媒体格局、传播方式等都发生着显著深刻的变化。高校作为意识形态的前沿阵地，面临着如何更好地牢牢掌握意识形态话语权的现实问题。总体而言，在全媒体时代，我国高校主要面临着话语主体的多元化、话语内容的戏谑化、话语形式的碎片化、传播媒介的资本化等问题，在一定程度上加大了牢牢把握高校意识形态话语权的难度。

---

① 中共中央文献研究室. 习近平关于社会主义文化建设论述摘编［M］. 北京：中央文献出版社，2017：107.

一、话语主体多元化弱化了高校意识形态话语权的主导力

全媒体时代，随着信息技术的飞速发展，高校开放程度的不断深化，高校意识形态话语主体呈现多元化的同时，其他非主流意识形态话语已广泛进入高校场域，这使媒体领域呈现众声喧哗、人人都是麦克风的景象，使媒介领域话语主体的多元化成为一个不可逆转的趋势。这种趋势必然导致全媒体领域的话语主体不再是特定的个体或团体的特权，而是人人都可以成为"信息源"，人人都有独立发声的"可能"，在全媒体空间中不同的社会群体、利益集团、文化传播者等都在通过各种渠道和方式表达自己的观点和诉求，从而构成了一个复杂、多样的话语场域，呈现话语主体多元化的局面。

第一，在全媒体时代，话语表达的权利泛化，导致话语主体由少变多，而话语主体由少变多所带来的问题就是高校权威主体的主导地位会弱化，高校主流意识形态话语的传播音量会降低。首先，全媒体的快速发展解放了生产和制作信息内容的权力，使人们有了在网络空间自由表达和发表意见的机会。此外，利益诉求是个体利益表达的内生驱动力，代表着不同价值取向和利益需求的话语主体在全媒体领域中竞相涌现，导致话语主体由单一变多元，增加了各种非主流意识形态渗入高校的风险，挤占了主流意识形态的生存空间。其次，全媒体领域代表不同阶级和不同意识形态的利益主体为了争夺话语权，在网络空间进行话语博弈和话语斗争，形成了各类意识形态激烈交锋的局面，这在一定程度上掩蔽和消解了主流意识形态的声音和观点，从而使主流意识形态话语呈现出音量不大、声势不强的特点，这势必会弱化高校大学生对主流意识形态的认同，最终导致主流意识形态话语的主导局面被打破，主导力被削弱。事实上，在关于以"各类话语主体信任度"为主题的问卷调查中，其调查结果显示，多数大学生对高校主流媒体、高校话语权威主体的信任度比较高，但也有小部分大学生更青睐于网络大V、意见领袖所倡导的价值理念，如当问及你对以下传播媒体的信任情况时（具体见表2-1）①，基于对主流媒体、草根大众媒体、社会精英媒体的信任情况方面，约50.51%的大学生信任主流媒体，45.31%的大学生信任社会精英媒体，19.03%的大学生信任草根大众媒体。从调查数据可见，多数大学生对主流媒体、社会精英主导的自媒体的信任度相对较高，对草根大众主导的自媒体的信任度相对比较低，但选择不信任的青年大学生也仅占16.84%，存在着多数大学生选择"一般"（64.14%）的情况。为了进一步了解

---

① 信任＝完全信任＋比较信任；不信任＝有点不信任＋完全不信任。

大学生对高校意识形态话语权主体的信任情况，开展了针对高校意识形态话语主体的信任情况的调查（具体见表2-2）①，调查结果显示对高校党组织、高校行政管理部门、高校思政课教师、高校辅导员、高校学生意见领袖的信任度都比较高，分别占83.68%、72.25%、82.97%、75.13%、61.44%，虽然不信任度比较低，但选择"有点不信任"和"完全不信任"的大学生人数也分别占到了1.86%、3.27%、1.16%、3.15%、7.00%。

表2-1　对各类传播媒体的信任情况

选项	完全信任	比较信任	一般	有点不信任	完全不信任
主流媒体	8.74% （$N=136$）	41.77% （$N=650$）	44.79% （$N=697$）	3.73% （$N=136$）	0.96% （$N=15$）
草根大众媒体	3.73% （$N=58$）	15.30% （$N=238$）	64.14% （$N=998$）	14.14% （$N=220$）	2.70% （$N=42$）
社会精英媒体	5.53% （$N=86$）	39.78% （$N=619$）	48.26% （$N=751$）	4.95% （$N=77$）	1.48% （$N=23$）

表2-2　对高校不同意识形态话语主体的信任情况

选项	完全信任	比较信任	一般	有点不信任	完全不信任
高校党组织	37.15% （$N=578$）	46.53% （$N=724$）	14.46% （$N=225$）	1.35% （$N=21$）	0.51% （$N=8$）
高校行政 管理部门	20.63% （$N=321$）	52.12% （$N=811$）	23.97% （$N=373$）	2.31% （$N=36$）	0.96% （$N=15$）
高校思政课 教师	25.84% （$N=402$）	57.13% （$N=889$）	15.87% （$N=247$）	0.71% （$N=11$）	0.45% （$N=7$）
高校辅导员	21.40% （$N=333$）	53.73% （$N=836$）	21.72% （$N=338$）	2.44% （$N=38$）	0.71% （$N=11$）
高校学生 意见领袖	15.04% （$N=234$）	46.40% （$N=722$）	31.56% （$N=491$）	5.01% （$N=78$）	1.99% （$N=31$）

第二，在全媒体时代，各种现代网络传播平台已成为高校师生群体表达意见、接收信息的重要渠道，而多元化的传播平台，以及话语接收者主体需求的个性化和多样化，加大了"把关人"审核网络话语信息内容的难度。首先，受众不再是简单的、纯粹的被动接受者，而是具有主动性、自主权的主体力量，

---

① 信任＝完全信任+比较信任；不信任＝有点不信任+完全不信任。

从而可以便捷地获取信息、生产信息、发布信息，进而为高校教师和主流媒体的话语权带来挑战。这主要由于传播受众的身份和角色日益发生转变，受众由被动变为主动，由客体变为主体，加大了高校大学生对于其他意识形态的辨识和抵御的难度，无形之中降低了高校大学生对于非主流意识形态内容的辨识能力和抵御能力，这就导致某些媒体为了获取流量而迎合受众的喜好，推送一些非主流意识形态的内容，使得一些与社会主义意识形态相对立的多元化错误社会思潮、反马克思主义的错误思想乘虚而入，造成虚假信息、违法信息、低俗信息隐匿其中而难以被甄别。其次，传播主体的多元化以及传播者与受众之间的边界日益模糊加大了"把关人"对话语内容审核的难度，使得某些不实言论和不当信息未能及时、准确、有效地被阻挡和隔离，导致其在网络中传播和发酵，加大了掌控高校网络舆论的难度，甚至可能会导致某些高校大学生被误导，从而对主流意识形态话语产生误解，进而冲击着高校意识形态话语权的主导地位。

在访谈中，当问及你对过滤高校网络信息内容面临困境的看法时，总体来看，多数访谈对象认为要完全无遗漏地把错误的话语信息内容剔除出高校的网络传播媒介的难度比较大，而要解决这些问题需要全社会的共同努力。基于这个问题，笔者整理了 5 个比较有代表性的访谈对象的看法，具体如下。

A 老师认为，网络信息的界定是否准确面临着现实困境，何为不良信息，不同的人可能有不同的理解。因此，在过滤信息时，需要确保所屏蔽的内容确实是不准确、不恰当或有潜在危害的。这需要高效的人工和自动化审核机制。对于一些具有争议性的内容，如何界定是否需要过滤，是一个需要深入探讨的问题。因为，网络话语信息质量本身存在着参差不齐的情况，尤其是某些别有用心之人酷爱玩弄文字游戏，使信息把关人容易忽视文字背后隐藏的含义等，这些信息无疑都加大了筛选、甄别网络信息内容的难度，比如，2023 年 9 月，某师范大学 2023 级大学生发表的文章中用了谐音诗吐槽军训，该大学生玩了文字游戏，导致把关人员没有即时发现其中所隐藏的玄机就公然发表了，从而引发了一场舆论危机。

B 老师认为，面临着自由与控制的平衡问题，在网络信息过滤中，需要在保护公民言论自由和维护社会稳定之间找到平衡。过度过滤可能会压制公民的自由表达，而不充分的过滤又可能导致不良信息的传播。对高校来说，同样如此，高校毕竟是知识和思想交流的重要场所。在过滤信息时，需要平衡保护学生免受有害信息侵害和保障学术自由、言论自由的权利。

C 老师认为，过滤不良信息还面临着技术挑战，随着信息技术的发展，信息量呈现爆炸式增长态势，不良信息的表现形式和传播方式也在不断演变。这使得完全依靠人工进行信息过滤变得不切实际。因此，这就给信息过滤技术提出了更高的要求，即不断更新和优化过滤算法，而现有的自动化过滤技术，如关键词过滤、图像识别等，仍有待提高准确性。另外，网络信息技术本身的复杂性不仅加大了对网络信息管理人员的技术要求力度，还加大了思想政治教育工作者的难度，因为思想政治教育工作者中存在着部分成员对信息技术操作不是特别熟悉的情况，尤其是在某些网络黑客、网络病毒的隐蔽式入侵的状况下，这必然会加大信息把关人的难度，而把关人要有效地剔除错误的思想内容显然是比较困难的。

D 老师认为，面临着法律与道德的问题，在制定和执行信息过滤政策时，应充分考虑法律法规和社会主义核心价值观，确保措施得到法律和道德的支持。法律与道德的冲突，在一些情况下，法律和道德对于信息内容的界定可能存在冲突。例如，一些信息可能违反了法律，但并不违反道德；反之，一些信息可能违反了道德，但并不违反法律。

E 老师提出了隐私保护的问题。他认为在当今信息爆炸的时代背景下，信息的过滤与筛选变得至关重要。这一过程不仅关乎信息的真实性和准确性，更触及用户个人隐私保护的敏感区域。如何在保障用户隐私不受侵犯的前提下，实现高效的信息筛选和过滤，成为一个值得深入研究和探讨的课题。因此，相关的信息过滤机制必须建立在充分尊重和保护用户个人信息的基础上。这不仅涉及技术层面的创新，如使用更为高级的数据加密和匿名化处理技术，还包括管理层面的完善，如制定更为严格和细致的隐私保护政策和操作规程。显然，这些都是比较复杂和较为困难的问题。

以上是笔者通过访谈高校教师得到的关于过滤网络信息面临困境的一些看法。笔者认为，高校过滤网络信息内容面临的困境是一个需要审慎处理的问题，是一个复杂而微妙的问题，需要在多方面进行平衡和考虑，需要多方面参与才能达到遏制错误思想文化在高校网络空间滋长蔓延的目的。当然，除了过滤不恰当的信息内容外，更为重要的是一方面我们要对大学生进行网络素养教育，引导他们识别和抵制不良信息，培养正确的价值观；另一方面我们应当采取全面、科学和合理的措施，以创造一个健康、积极的网络环境。

总体来说，青年大学生对主流传播媒体的信任度比较高，对高校意识形态话语主体的信任度比较高。但全媒体空间的话语主体呈现出个体用户、营销团队、意见领袖、网络大 V 等传播主体充斥在高校网络传播媒介领域的特点，这无疑使网络媒介领域的话语主体不再单一，高校的意识形态话语主体已经不再拥有完全的话语权掌控地位。这种变化使得多元话语传播主体得以在争夺话语权的竞争中，充分展示出各自的才华和独特性。因此，随着话语主体的多元化，传播受众的注意力会分散在不同话语之间，对高校主流意识形态话语的关注度和认同度会下降，从而使高校意识形态的话语影响力和主导地位面临着被弱化的风险。

二、话语内容的戏谑化削弱了高校意识形态话语权的引导力

全媒体时代，信息的传播方式发生了革命性的变化，多样化的媒体平台为公众提供了丰富多彩的内容。然而，伴随着信息的自由流通，一些不良文化现象也开始显现，其中就包括对主流意识形态的调侃、恶搞和戏谑。这种现象不仅存在于传统的媒体形式，如电视、广播和报纸，也广泛出现在新兴的社交媒体和网络平台上。这种调侃和恶搞的行为，往往以幽默、讽刺为包装，对社会主义核心价值观和主流政治理念进行曲解或嘲讽，有时甚至达到恶俗和低劣的地步。这种做法不仅损害了主流意识形态的严肃性和权威性，还可能对社会风气产生不良影响，导致公众对社会主义核心价值观的认同度下降，对社会稳定和谐构成潜在威胁。此外，这种戏谑主流意识形态的现象，还可能被一些别有用心的人利用，作为推动错误思想、煽动不满情绪的工具，从而对国家的意识形态安全构成挑战。在全球化背景下，这种倾向还可能被外部势力利用，破坏我国的社会主义制度和发展大局。从高校意识形态话语权的角度而言，戏谑化内容会弱化其引导力。

全媒体领域中话语内容的戏谑化是社会群体集体狂欢、泛娱乐化的结果，而泛娱乐化的话语内容会弱化高校意识形态话语权。美国学者尼尔·波兹曼（Neil Postman）在《娱乐至死》中对泛娱乐化作了批判性分析，认为"一切公众话语都日渐以娱乐的方式出现，并成为一种文化精神。我们的政治、宗教、新闻、体育、教育和商业都心甘情愿地成为娱乐的附庸……其结果是我们成为一个娱乐至死的物种"①。在当代社会，为了获得点击率和大流量，很多领域的话语表达都不可避免地被娱乐化的趋势渗透。这种转变不仅仅是一种表面现象，更是一种深层次的文化精神的演变，这使得诸多领域都不约而同地披上了娱乐的外衣，似乎只有通过娱乐的形式，才能吸引公众的注意力，获得关注和认可。显然这种趋势的蔓延，无疑与媒体的演变和信息技术的发展密切相关。在电视、互联网和社交媒体的推动下，信息传播的速度和范围达到了前所未有的水平。然而，这种传播方式往往强调即时满足和感官刺激，而非深度思考和理性分析。

---

① 波兹曼. 娱乐至死［M］. 章艳, 译. 桂林：广西师范大学出版社, 2004：4.

这会导致我们的主流话语逐渐失去其原有的严肃性和深刻性，容易变成追求短暂欢愉和娱乐的手段。最终，这种娱乐至上的文化精神可能会导致我们作为一个物种的退化，即失去对知识、真理和美的追求，以及对生活质量和人类尊严的深层次关怀。我们甚至可能会变成一个只追求快乐和逃避现实的群体，忽视了我们共同的社会责任和未来的可持续性。显然，这对于增强高校意识形态话语权是极度危险的。然而，从当前泛娱乐化趋势来看，随着网络信息技术的迅速发展，泛娱乐化已成为网络现代传播媒介空间存在的一种重要现象，现在已演变成泛娱乐化危机。网络现代传播媒介空间中的泛娱乐化现象，是在现代信息传播技术作用下所产生的一种文化现象，它以最大化流量为目标，通过满足网络用户的感官愉悦和短暂快感来实现。在这种现象中，人们追求瞬间的欢愉，陶醉于网络世界的精彩与纷繁，从而使这种文化现象得以传播和延续。这种现象既凸显了人类对快乐的无尽渴望，也反映了时代发展的某种特质。在这里，审美与快感相互交织，为网络世界注入了源源不断的活力。然而，这种文化现象在网络媒介虚拟场域中主要表现为戏谑化，即把严肃问题戏谑化、重要问题娱乐化。显然，通过戏谑恶搞的方式达到吸引流量的目的并不可取，甚至会带来严重的不良影响，正如有的学者就曾提及，流量导向下的泛娱乐化，不仅会有使"大众娱乐"转化成"大众愚乐"的可能性，还会使"大学生在浏览网络新闻时，往往被困在各种娱乐八卦的'信息茧房'中，很少关注国家大政方针、社会时事热点等新闻，新闻的严肃性和权威性因此被大大消解"①。全媒体时代，大学生作为社会的中坚力量，他们的信息获取渠道和方式发生了深刻变化。互联网作为信息传播的重要平台，不仅提供了便捷的信息获取途径，同时也因其内容的多样性和个性化推荐系统，对大学生的信息消费习惯产生了显著影响。他们往往在浏览网络新闻时，不知不觉中被导向一个以娱乐八卦为主的信息环境，这种环境宛如一个"信息茧房"，将学生包围在其中。所谓"信息茧房"，是指由算法推荐的，符合用户既有偏好和阅读习惯的信息所构成的一种封闭的信息空间。在这种空间中，学生接触到的大量是关于明星绯闻、网红动态、娱乐节目等轻松愉快的内容，这些内容虽然易于消费，但也容易使学生沉迷于表层信息的娱乐性，而忽视了那些对于培养社会责任感、历史使命感以及提升政治素养具有重要意义的新闻。当前，国家大政方针、社会时事热点等新闻的严肃性和权威性在某种程度上正面临着被边缘化的风险。这些新闻内容对大学生

---

① 李丽，童静静. 数字时代的网络公共空间：泛娱乐化危机及其教育治理［J］. 教育学术月刊，2023（8）：49-56.

来说，是了解国家发展、社会进步以及全球形势不可或缺的窗口。然而，娱乐信息易于传播，更易引起年轻人的共鸣，导致这些严肃新闻的受众群体在缩小，其影响力也随之减弱。

当然，"娱乐"并不是一个完全贬义的词汇，事实上合理范围内的娱乐活动是合理的，也是有必要的。但如果过度娱乐化那就会物极必反，就会造成娱乐"泛"化，而"泛"娱乐化会给青年大学生造成比较严重的消极影响。青年大学生作为社会发展的后备力量，如果他们受到泛娱乐化思想误导的情况没有得到改善，抑或说他们不仅没有完全摆脱泛娱乐化思想的影响，反而沉迷于娱乐化的境遇中不能自拔时，那么当他们步入社会时，这种泛娱乐化思想就会加重对社会的消极影响。因此，有学者就曾指出，"大学生的主体性、网络公共空间的公共性和社会的道德价值取向会受到泛娱乐化的影响，产生消极的社会后果"①。历史已经证明，青年大学生是国家未来的栋梁和社会新鲜活力的象征，他们的主体性意识、批判性思维以及创新能力对于社会发展至关重要。然而，网络公共空间——这个现代信息交流的重要平台，其公共性特质在带来信息共享、观点交锋的便利的同时，也可能受到泛娱乐化的不良影响。泛娱乐化现象，即过度娱乐化的趋势，它通过搞笑、猎奇、低俗的内容来吸引眼球，忽视了对严肃话题的深入探讨和理性交流，这无疑是对网络公共空间公共性的滥用。当泛娱乐化的风气弥漫于网络空间时，它不仅会消解大学生应有的主体性，削弱他们对于社会责任的认识和承担，还会导致社会道德价值取向的偏离。众所周知，青年大学生尚处于价值观构建的关键时期，若长时间沉浸于泛娱乐化的环境中，可能会对社会主义核心价值观的认同产生动摇，对社会责任和公共道德的理解产生偏差。长此以往，这种消极的社会后果将不利于培养具有良好道德品质、社会责任感和历史使命感的新时代青年。

全媒体领域存在着调侃、恶搞、戏谑主流意识形态的现象，这主要由于某些传播主体为了获得更多流量与点击率，不惜用格调低下、内容低俗的话语内容戏说历史、戏谑英雄等博取关注、吸引眼球，导致媒介空间出现内容戏谑化现象。而戏谑化本身就是把严肃的内容戏剧化，把主流意识形态非主流化，把正确价值观念戏谑化等。显然，这种戏谑化主流意识形态的行为势必会消解高校主流意识形态话语的权威性、严肃性。此外，全媒体空间信息生产的低密性，导致媒体空间储存着各种"正向话语""黑色话语""灰色话语"，甚至"黄色

---

① 李丽，童静静. 数字时代的网络公共空间：泛娱乐化危机及其教育治理 [J]. 教育学术月刊，2023（8）：49-56.

话语"等各种良莠不齐的话语内容，尤其是来自境内外各种敌对势力与反华势力的错误话语信息，这些具有误导性的话语内容一旦被大学生接受和认同，势必会严重误导大学生的价值判断，弱化大学生的情感认同，消解大学生的精神信仰，加大高校意识形态话语主体说服大学生、引领大学生的难度。

在全媒体时代，为了拥有更多用户，媒介领域追求"以用户为中心"的发展理念，如果这种理念以纯粹无底线的原则来讨好用户，那么这种讨好型原则势必会导致媒介领域存在着各种各样的价值理念，这对传播主流意识形态、增强高校意识形态话语权而言，具有极其不利的条件。具体来说，网络现代信息技术的快速发展为用户带来听、看、读、聊等立体式、智能化的体验，优化了用户的体验感和参与感，为用户量身推荐个性化的信息内容，实现个体的个性化配置，切实贯彻"以用户为中心"的发展观念。因此，在全媒体空间中，如果"人们所表现出来的信息需求，常常是猎奇心重，对低俗内容较为敏感"①，这势必导致算法技术通常向用户推送泛娱乐化、低俗化的内容，而蕴含思想性、价值性、理论性、政治性等内容难免会被青年大学生忽视，这在无形之中会加重削弱高校意识形态话语权的引导力。

从当前高校大学生的性格特征与兴趣爱好来看，他们的思维活跃，对网络话语信息的敏感度高，尤其热衷于追逐网络时髦话语，善于利用流行话语在网络空间与人们沟通交流，而全媒体空间充斥着各种新奇的话语信息，这些话语信息基本满足了当代青年大学生对新、奇、异的内在要求。

在问卷调查过程中，基于大学生对日常浏览最多的信息类型的调查发现，多数大学生偏向于娱乐性类型的信息内容，如当问及在网络空间，您对以下不同类型信息的关注频率时（具体见表2-3）②，从调查结果来看，选择关注"娱乐性"类型信息的大学生有48.46%，选择关注"新奇性"类型信息的大学生有58.16%，选择关注"理论性""思想性""政治性"等类型信息的大学生分别有58.29%、59.57%、65.49%，而极少大学生选择"不关注"；基于大学生对网络虚拟空间虚无历史、戏谑英雄的调查情况，虽然多数大学生秉持批判与否定的态度，但也有极少数大学生持"比较赞同"和"完全赞同"的态度，如当问及您对于网络领域虚无历史、戏谑英雄人物的态度时（具体见图2-1）③，选择"不赞同"的大学生占63.43%，选择"赞同"此观点的大学生占4.30%，还有

---

① 宋建武. 智能推送为何易陷入"内容下降的螺旋"：智能推送技术的认识误区 [J]. 人民论坛，2018（17）：117-119.

② 关注＝经常关注＋偶尔关注；不关注＝基本不关注＋完全不关注。

③ 赞同＝比较赞同＋完全赞同；不赞同＝完全不赞同＋有点不赞同。

32.26%的大学生选择"一般"；基于大学生是否会自觉主动接受高校所倡导的价值观念的调查情况，多数大学生会自觉主动接受高校所倡导的价值观念，但仍有部分大学生比较缺乏主动接受高校意识形态话语内容的自觉性，如当问及您是否会自觉主动接受高校所倡导的价值观念时（具体见图2-2)①，调查结果显示，虽然有69.60%的大学生表示会主动自觉接受，但也有2.64%的大学生表示有点不愿意或非常不愿意，还有27.76%的大学生选择"一般"。

表2-3 对媒介领域不同信息类别的关注频率

选项	经常关注	偶尔关注	一般	基本不关注	完全不关注
娱乐性	14.01% （N=218）	34.45% （N=536）	40.81% （N=635）	8.35% （N=130）	2.38% （N=37）
新奇性	16.77% （N=261）	41.39% （N=644）	37.53% （N=584）	3.08% （N=48）	1.22% （N=19）
理论性	15.68% （N=244）	42.61% （N=663）	37.53% （N=584）	2.96% （N=46）	1.22% （N=19）
思想性	18.57% （N=289）	41.00% （N=638）	37.28% （N=580）	2.12% （N=33）	1.03% （N=16）
政治性	27.19% （N=423）	38.30% （N=596）	31.49% （N=490）	1.93% （N=30）	1.09% （N=17）

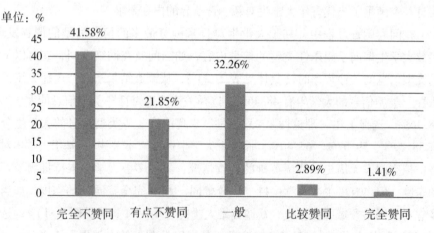

图2-1 对网络空间戏说历史、戏谑英雄人物的态度

综上所述，高校青年大学生能够正确认识网络中的主流意识形态话语，能

---

① 愿意=比较愿意+非常愿意；不愿意=非常不愿意+有点不愿意。

单位：%

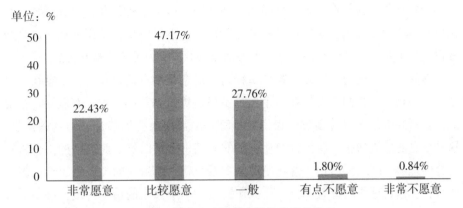

图 2-2　自觉主动接受高校价值观的情况

够积极学习理论性、思想性、政治性等相关信息内容，能够自觉主动接受高校所倡导的价值观念。但是，从总体情况来看，还有一部分大学生选择"一般"，而且这一比例偏高，这表明青年大学生并没有做出明确的选择，还处于徘徊状态。因此，在还有一部分大学生持消极价值观念的情况下，这不仅会给高校意识形态话语主体的管理能力、领导能力带来挑战，也会使高校意识形态话语权面临严峻的困境。基于这些没有明确表态的大学生和做出错误选择的大学生，我们应该加强教育，积极引领他们树立正确的价值观。如果我们不加以引导和教育，势必会造成严重的不良影响。为此，一方面，我们理应关注这种现象背后可能存在的负面影响，以及它对长时间价值观的潜在冲击，引领大学生在享受网络的同时，帮助他们始终保持理性和辨别力，以期在快节奏的生活中寻找到一种平衡；另一方面，我们有必要引导青年大学生走出"泛娱乐化"的认识误区，加强对国家大政方针、社会时事热点等新闻的关注。这需要高校、社会、媒体等各方面共同努力，通过丰富教育内容、优化信息推送机制、提升新闻素养教育和完善网络监管机制等多种方式，共同营造一个清朗、健康、富有建设性的网络环境，增强大学生对严肃问题的关注度和理解力，进而有效引导大学生树立正确的世界观、人生观和价值观，确保他们能够在积极向上的网络文化氛围中茁壮成长，促进他们全面发展，为社会主义现代化建设贡献青春力量。

三、话语信息的碎片化传播弱化了高校意识形态话语权的影响力

在全媒体时代，话语信息传播方式的深刻变革，呈现出明显的碎片化特征。这种碎片化传播，在一定程度上弱化了高校意识形态话语权的影响力。在全媒体领域，话语传播主体为了获得更多关注和获取更大流量，大量信息以微型、

微小的碎片化方式存在，导致全媒体空间堆积了海量的碎片化信息，这种碎片化信息内容因浅显化、表层化、零散化等特征，不仅使高校意识形态话语环境变得更加复杂，而且还给高校意识形态话语权的影响力带来冲击和挑战。

首先，碎片化的传播方式容易稀释高校的意识形态话语权。在信息技术迅猛发展的当下，我们正生活在一个信息量呈爆炸式增长的时代。互联网、社交媒体、新闻资讯平台等多样化渠道，每时每刻都在向我们传递着海量的信息。这种信息的急剧膨胀，使得我们在有限的时间里，难以对如此庞杂的信息进行充分的理解、处理和内化。这就使得原本系统化、理论化的高校意识形态教育内容，在信息爆炸的背景下，往往被切割成一个个孤立的信息片段。这些片段化的信息，很难在学生心中形成完整的认知体系，导致他们对社会主义核心价值观的理解和把握变得片面和零散。在当今信息化、数字化的作用下话语信息的传播方式发生了深刻的变革，碎片化传播具有弱化高校意识形态话语权的因素，如社交媒体的即时消息、短视频平台的娱乐内容，已经成为人们获取信息的主要途径。这种传播方式往往强调内容的即时性和娱乐性，以吸引观众的注意力。这种信息消费模式也带来了一系列的心理影响，尤其是对碎片化信息的快速消费，容易导致接收者产生浮躁和功利的心态。在这种心态的驱使下，人们更倾向于追求短暂的满足和即时的快乐，而忽视了深度思考和长期积累的重要性。这种心态对高校的意识形态教育构成了挑战。在这种背景下，高校意识形态话语权的影响力自然也会受到影响。当前，大学生更倾向于关注那些眼前的、具体的、实用性的信息，比如，就业前景、技能培训等，而对于抽象的、长远的意识形态教育缺乏兴趣和耐心。这种倾向使得意识形态教育在高校中的实施面临困境，难以引起学生的共鸣和积极参与。

其次，话语信息的碎片化传播使传播受众难以全面理解和整体把握主流意识形态的话语内容。话语信息的碎片化传播形式使主流意识形态话语难以通过整体、系统的方式呈现出来。一方面，这种碎片化传播是由于媒介领域存在着字数限制，而为了突出主题和重点，使得话语传播主体不得不对话语内容进行片段截取或只言片语概括，这种以零散、片段方式所呈现的主流意识形态话语信息，在一定程度上"颠覆了传统的马克思主义传播中完整的叙事信息结构，甚至不再讲究逻辑的起承转合，只是零碎意向的拼凑，甚至只是彼此不具备连续逻辑的孤立信息片段的复制和堆积，这种碎片化形式极易造成马克思主义整体性的意义被解构、系统性的逻辑被割裂"①。另一方面，话语信息的碎片化传播是为了满足传播受众快节奏生活方式的需要。当前，在网络信息技术的作用下，快餐式阅读、浅尝辄止式了解已成为人们满足快节奏生活的重要方式，尤其满足高校大学生对热点事件、新奇事件短平快的追求，但这种孤立、分解状态下的碎片化信息，其语义浅显表面、主题随意且跳跃、要素不齐全，导致信息零散分布、内容不成体系、意义不连贯，加上碎片化的信息随意拼接或拼凑，难以形成聚合效应，难以呈现关联性，使其信息内容以片段式呈现。

再次，话语信息的碎片化传播极易导致高校大学生习惯于"短、简、精、快"的便捷式阅读方式，不断分散受众的注意力，养成跳跃式阅读习惯，不利于受众的知识积累与整合梳理，更不利于受众深入思考和分析总结，加上此类信息内容主题不明确、随机性强、关联度低，久而久之受众的理解简单化，思辨能力弱化，造成高校大学生的认知思维碎片化，进而会弱化高校大学生对主流意识形态的理解能力和接受能力，最终导致高校主流意识形态话语的影响力面临困境。

最后，话语信息的碎片化传播极易造成高校主流意识形态话语体系被肢解，而被肢解的话语体系因其内容的不全面、不系统，使其所倡导的价值理念得不到全面、系统的展示，只能以碎片化形式呈现出核心观念。众所周知，碎片化传播时常是断章取义的一种模式，断章取义本身暗含了曲解和误读的可能性，对高校意识形态的话语信息而言，这容易使高校意识形态话语信息得不到全面系统的展示，从而使大学生对高校主流意识形态呈现出一知半解的理解、片面化解读，致使高校的主流意识形态话语的传播效能被弱化。网络空间信息碎片化普遍存在，当受众只看到片面的、零散的、杂糅的信息碎片，不了解信息碎片背后的整体性和实质，极易出现以偏概全的情况。此外，部分媒体为了获得最高点击率和最大阅读量，不惜成为标题党，通过移花接木、断章取义的方法，肢解或隐瞒事情的真相，将单独抽取出来的某个部分、某个片段的内容进行包装或放大，以制造热点、吸引眼球、引发舆情、赚取流量，推动网络舆论的发展方向或带动节奏，增加了高校网络意识形态工作的管控难度，弱化了高校引导和掌控舆情的能力，削弱了高校意识形态话语的传播效能，降低了高校意识形态话语的影响力。

在某种程度上可以说，全媒体时代现代传播媒介的碎片化传播是网民用户

---

① 刘康．形散神不散：碎片化传播环境下如何维护马克思主义的整体性［J］．宁夏社会科学，2018（2）：25-32.

偏好阅读碎片化的结果。所谓碎片化传播就是把整体内容碎片化，使完整的信息通过媒介的编辑，呈现块状、零散的状态，以满足网民用户群体对碎片化信息的要求。但这种传播模式在一定程度上加大了信息整合的难度，会削弱主流意识形态话语的整合力、传播力和影响力。这对增强高校意识形态话语权而言是十分不利的。在对部分教师的访谈中发现碎片化信息难以被有效整合，即使在现代技术的作用下具有整合的可能性，其难度也是十分巨大的。在访谈的过程中，当问及您对全媒体领域话语信息的碎片化传播的态度时，通过整理访谈样本发现，多数教师认为，在当今信息爆炸的时代背景下，对于全媒体领域话语信息的碎片化传播，已经成为一种普遍现象，已经成为全媒体时代的一个重要特征，它既带来了便利和效率，也引发了一系列问题和挑战。在有利的方面，这种传播方式可以在短时间内迅速捕捉到信息的核心理念，让观众在短时间内了解其大致内容，极大地提升了传播的效率，这主要表现在四方面。其一，这种传播方式符合现代人快节奏的生活方式。在忙碌的生活和工作中，人们很难抽出大量时间去深入了解一条信息。碎片化传播将信息简化为精华部分，让观众在短时间内迅速把握其核心理念，从而节省了时间和精力。其二，碎片化传播有助于提高信息的传播效率。在大量信息中，观众往往容易失去焦点，通过提炼关键信息，传播者可以迅速吸引观众的注意力，增强信息传播的效果。其三，碎片化传播还有助于激发观众的好奇心和求知欲。在了解信息概要之后，观众可能会产生深入了解的欲望，从而主动去寻找更多相关信息，实现信息的深度传播。其四，碎片化传播使得信息更加丰富和多元化。在传统媒体时代，信息流通受到物理和时间限制，而全媒体时代的信息传播则几乎无处不在、无时不在。用户可以根据自己的兴趣和需求，选择关注特定领域或主题的信息，这有助于满足个性化需求，提高信息获取的效率。

在不利的方面，话语信息碎片化传播存在一定的弊端，如过度简化信息可能导致观众对信息的理解产生误解，甚至误导，这主要表现在四方面。其一，话语信息的碎片化传播加剧了有效信息整合的难度，使受众难于把握系统性、完整性的信息内容，容易使高校师生对网络领域承载的话语信息的了解不全面、不深刻，对网络领域的事实真相也只是一知半解，尤其是要全面而深入地理解任何一项复杂议题，都会变得异常困难。其二，信息的碎片化可能导致用户只关注自己感兴趣或符合自己观点的信息，从而加剧了"信息茧房"效应，减少了不同观点之间的交流和理解。这种选择性关注可能会加深社会分化，削弱公共讨论的基础。其三，碎片化传播可能导致信息的表面化和肤浅化。在追求快速消费和即时满足的媒体环境中，深度报道和复杂分析可能会被简化或边缘化，而娱乐性、煽动性的内容更容易获得关注。这可能会影响公众对重要议题的深入理解和判断能力。其四，碎片化传播还可能加剧信息的不对称性。在信息海洋中，辨别真伪变得更加困难，不准确或误导性的信息也可能迅速扩散，从而影响公众的判断和行为。

　　全媒体领域囿于数据来源分散、结构复杂、真假难辨等问题，这对高校意识形态话语主体挖掘有效信息提出了更高的要求。具体来看，全媒体时代话语主体、话语客体留下的数据信息并非仅仅储存于某一网络平台，而是分散在不同的网络媒介中，这使全媒体空间的话语信息呈现出"碎片化""分散化"的状态。显然，无论是话语信息的传播受众还是话语信息的传播主体，要把分散在各个系统中的碎片化信息汇聚成系统、完整的有效数据信息，无疑都具有一定的难度。对高校的大学生而言，碎片化浏览网络信息也成为他们在虚拟空间的重要方式，大学生更喜欢碎片化内容，喜欢浅阅读，甚至他们只会选择其中比较感兴趣的部分段落来阅读。如在调查过程中，当问及你对全媒体领域话语信息碎片化传播的态度时（具体见图 2-3）①，选择"不赞同"的大学生占13.05%，选择"一般"的大学生占51.41%，选择"赞同"的大学生竟然占35.54%。另外，在关于对大学生网络媒介领域信息内容浏览习惯的调查过程中，当问及你浏览网络信息内容的习惯时（具体见表2-4），选择"仅浏览标题信息，了解信息的大概内容"的大学生占20.44%，选择"系统地浏览信息，把握信息的具体内容"的大学生占32.97%，选择"选择性深读或浅读相关信息，了解最想知悉的内容"的大学生则占到了46.59%。由此可见，由于他们乐于接收碎片化、零散化的信息，他们必然会基于自身的知识结构和社会经验进行重构整合，这在给他们提供了更多的想象空间和表达空间的同时，也满足了大学生通过文本加工来表达自己的价值诉求、彰显自己的个性特征的需求。但是，碎片化的一项显著特征就是不完整性、简单性与浅显性，尤其当大学生还是以碎片化的方式去构建自己的知识体系，这必然会影响他们对客观事物的认识和评价。从意识形态这个层面来说，必然会导致他们无论对主流意识形态，还是对非主流意识形态的认识都呈现出非系统化、非全面性、非整体性的特点。因此，当他们把碎片化阅读、零散性编辑和标题式分享作为自己获取信息、传递信息的重要方式时，这必然会使他们接受的知识是碎片化的知识，也必然会使他们对各种思想观念与价值理念的认识停于表层，并处于一知半解的状态。事实上，问卷调查就已经发现，多数大学生受错误思想观念影响的一项重要因素

---

　　①　赞同＝完全赞同＋比较赞同；不赞同＝有点不赞同＋完全不赞同。

就是对其认识不全面、不深刻，从而导致他们在人云亦云的从众心理的驱使下接受了某些错误的思想观念，或者觉得某些观点符合自身利益，是自己所追求的价值目标，从而最终接受其倡导的价值理念。如当问及您受到某些错误价值观念影响的原因时（具体见表2-5），有89.65%的大学生是因为"对错误观念的认识不深刻、不全面、不系统"，有35.09%的大学生认为这些错误的思想观念符合他们的价值追求，甚至有31.62%的大学生是因为他的同学和朋友中有人认同某些错误观念。从社会心理学的角度不难发现，大众媒介无论对社会个体认知，还是对社会舆论的引领都具有重要的导向作用，尤其当个体面对强大的意见领袖时，社会个体往往会倾向于多数人认同的观念，即会产生从众心理，从而出现人云亦云的局面，这也是有31.62%的大学生选择"我的同学和朋友中有人认同"某些错误观念的原因所在。

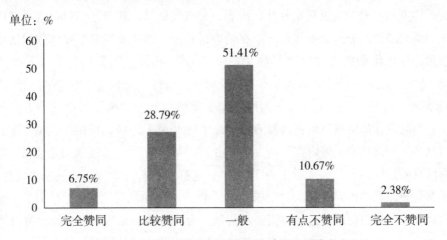

图2-3　对全媒体领域话语信息碎片化传播的态度

表2-4　浏览网络信息的习惯

主题	频率
仅浏览标题信息，了解信息的大概内容	20.44%（$N=318$）
系统地浏览信息，把握信息的具体内容	32.97%（$N=513$）
选择性深读或浅读相关信息，了解最想知悉的内容	46.59%（$N=725$）

总体而言，当多数大学生热衷于快餐式阅读、碎片化了解时，他们极容易受到其他错误思想观念的误导与诱惑，这也是89.65%的大学生受到错误思想影响的原因——对其认识不深刻、不全面、不系统。显然，碎片化传播模式极容易发生断章取义的情况，导致高校主流意识形态内容得不到全面系统的展示，

甚至会导致高校主流意识形态内容被曲解和误读，最终必然会加大增强高校意识形态话语权的难度。基于此，第一，高校意识形态教育需要不断创新传播方式，充分利用现代信息技术手段，提高教育内容的吸引力和感染力。例如，可以通过制作精良的短视频、微课程等形式，将意识形态教育内容进行生动呈现，引导学生主动关注、思考与讨论。第二，高校还要注重与学生互动，了解他们的需求和困惑，有针对性地开展教育引导，从而增强高校意识形态话语权的影响力。

表 2-5　受错误价值观影响的原因

主题	频率
对错误观念的认识不深刻、不全面、不系统	89.65%（$N=1395$）
觉得它符合自己的价值追求	35.09%（$N=546$）
我的同学和朋友中有人认同	31.62%（$N=492$）

第三，高等教育机构需要加强对师生网络素养的教育，引导他们如何在碎片化的信息海洋中筛选、评估和整合有效信息。当然，要真正达到此目的，不仅涉及信息检索技巧的培训，还包括批判性思维、逻辑推理能力的培养，以及媒介素养的提升。通过这些措施，可以帮助高校师生构建起更加坚实的信息筛选和处理能力，使他们能够在复杂多变的网络环境中，更加理性、全面地理解信息，辨识真相。

四、传播媒介的资本化弱化了高校意识形态话语权的感召力

资本作为一种经济活动的驱动力，其核心目标在于不断增长和扩大。它的生存本能，可以理解为一种持续的增殖过程，旨在通过有效的生产和交换手段，实现价值的增加。在这个过程中，资本不断寻求新的投资领域和利润增长点，以确保延续其生命力。传播媒介的资本化，是指将传播媒介作为一种资产，通过市场化的方式来进行投资、运营和收益的过程。在这个过程中，媒介本身及其产生的产品和服务，都可以成为资本化的对象。资本即在权力逻辑"裹挟"下，随着传播媒介的市场化，资本逐渐成为传播媒介的主宰者，"资本只有一种生活本能，这就是增殖自身，创造剩余价值，用自己的不变部分即生产资料吮吸尽可能多的剩余劳动"①。资本参与的目的是增殖，而为了实现资本的增殖目

---

① 中共中央马克思恩格斯列宁斯大林著作编译局．马克思恩格斯文集：第 5 卷［M］．北京：人民出版社，2009：269.

的，资本掌控者控制着全媒体的传播内容，使全媒体可能会更多地追求商业利益，而不是公共利益。这可能导致媒介内容的商业化、娱乐化，甚至是低俗化，从而忽视了公共议题的深度报道和社会责任的履行，从而成为资本增殖的工具。媒介技术的资本化，大型媒体集团和跨国公司可能会通过收购、兼并等方式控制更多的媒介资源，从而导致话语权的集中。这种集中可能导致少数人或集团对社会舆论和公共话语的操控，甚至会操控和渗透意识形态。因此，在资本化的背景下，全媒体可能会成为特定意识形态传播的工具，进而影响民主社会的多元性和包容性，甚至可能会弱化我国的主流意识形态。例如，某些国家或组织可能通过投资和控制媒体来传播符合其政治利益的信息，影响公众的观念和认知。

传播媒介的资本化表现最为显著的就是网络流量引发的"流量经济"，以"流量经济"为主的网络运作模式必然会引发网络意识形态危机。"流量经济"把资本意志凌驾于道德准则、网络伦理之上，仅推送用户愿看、想看的信息，存在着把应看的内容过滤掉的风险。从当前"流量经济"的现状来看，在现代互联网信息传播中，"流量经济"已占据着举足轻重的地位。这种模式的核心在于追求点击率和关注度，通过算法推荐系统不断筛选和推送那些能够吸引用户点击的内容。然而，这种做法在很大程度上忽视了内容的质量和道德伦理的考量，可能导致一系列社会文化问题。其一，当"流量经济"把资本意志凌驾于道德准则之上时，它可能引发价值观的扭曲。在单纯追求流量的驱动下，一些低俗、虚假甚至有害的信息可能会被大量生产和推广，因为这些内容更容易获得用户的点击和关注。这不仅污染了网络环境，还可能对公众尤其是青少年的价值观和世界观产生负面影响。其二，网络伦理在这个过程中同样被边缘化。在"流量经济"的逻辑下，内容的真实性和客观性可能被牺牲，取而代之的是那些能够激起用户情绪反应的内容。这种做法不仅损害了用户的知情权和选择权，还可能对社会信任体系造成破坏。其三，这种模式存在着把应看的内容过滤掉的风险。在算法推荐系统中，那些不追求眼球效应但对社会发展和公民素养具有重要意义的内容，可能因为点击率不高而被边缘化，导致用户接收信息的单一化和片面化。长期来看，这会影响社会的信息生态平衡，削弱公共话语的质量和深度。

全媒体赋能下各媒体平台呈现聊天式互动、个性化推送、智能化传播等特征，满足了不同用户的信息需求，而市场化本着利益优先的原则，在流量就是资本、就是利益的驱动下，各个传播平台会更加注重流量，会极力推送用户感兴趣的话题，故意制造分歧、制造舆情，造成信息孤岛，加重圈层区隔、价值分化，从而加大了主流意识形态全面深入渗透的难度，最终影响其意识形态话语权的感召力。从全媒体领域的信息存在样态来看，信息庞杂的媒介空间，活跃着各种言语轻浮、行为夸张、衣着怪异的网络红人，这类网络红人以非常规的言行准则来满足人们的猎奇心理，使网络红人能够在"粉丝打赏""流量变现"中获得利益，从而"形成'一人线上表演，万人线下狂欢'的社会异象"①。显然，这种现象很罕见，也很引人注目，而产生这一怪异景象的背后是资本化催生的结果。当前，资本化思维的作用下粉丝群体作为资本增殖的工具或商品，已成为金钱和利益争夺的对象，而为了得到更多的粉丝资源，甚至出现了把道德和情感作为增加粉丝量的资本。因此，有学者提出，"资本逻辑强制原则和主导机制的泛化流行颠覆了传统的生产方式和生活方式，消解了传统文化的价值信念和思想体系，逼迫生活世界的殖民化，最终导致现代虚无主义的出现"②。在当今时代，资本逻辑的强制原则和主导机制已经深深地渗透进社会生活的每一个角落。这种逻辑的泛化流行，不仅仅改变了我们的生产方式和生活方式，而且对传统文化的价值信念和思想体系造成了巨大的冲击。它以一种几乎无法抗拒的力量，推动着生活世界的殖民化，使我们的社会逐渐失去了自我，迷失在资本的旋涡之中，对我国传统文化的价值信念和思想体系造成了巨大的冲击。在传统社会中，人们奉行尊重长辈、讲究道德、注重家庭和谐等传统文化的重要内容。然而，在资本逻辑的统治下，这些价值观念被逐渐淡化，甚至被嘲笑为"过时"。这导致了许多社会问题的出现，如家庭破裂、道德沦丧、人际关系紧张等。这种强制原则和主导机制还会引发现代虚无主义的出现。在资本逻辑的统治下，人们失去了生活的目标和方向，感到人生毫无意义。这种虚无主义情绪在当代社会中广泛传播，导致了许多严重的社会问题，如自杀、吸毒、犯罪等。显然，这些消极因素都与我国的主流意识形态相背离，如果不对媒介资本化进行有效的引导和控制，势必会对社会造成不可估量的消极影响。

　　资本增殖的秉性容易使人被"物"殖民化，导致正确的价值观难以得到有效的传递和弘扬。对道德场域而言，资本驱动下容易引发道德资本化，而道德资本化常常使行为主体为了利益而不惜违背道德准则，造成崇高道德世俗化、庸俗化、媚俗化，行为主体人格虚伪化，容易引发道德失范的风险，如某些行为主体通过虚构故事情节、摆拍短视频、刻意塑造良好形象等，以获得关注、

---

① 崔聪．"资本化"思维方式对青年价值观的消极影响及其应对［J］．当代青年研究，2020（1）：74-80.

② 张有奎．资本逻辑与虚无主义的批判［J］．哲学动态，2011（8）：42-47.

博取眼球、提高点击率，从中达到利益最大化的目的。当前，随着传播媒介的日益资本化，它们在传递信息、塑造公众意识方面的影响力日益增强。这种资本化不仅仅体现在媒介内容的生产和分发过程中，还表现在媒介对受众注意力的经济化开发上。从知识获取与人才培育的传统模式来看，高校作为知识与文化的重要传承场所，拥有强大的意识形态话语权；高校通过教育、研究、社会服务等途径，能够培养出具有社会责任感和批判性思维的公民，从而对社会发展和文化进步起到引领作用。然而，随着传播媒介的资本化，它们更多地追求市场效应和利润最大化，而非社会责任和公共教育。这导致媒介内容往往倾向于迎合大众口味，而非传播深度和广度并重的知识。这种趋势对于高等教育领域特别是高校意识形态话语权的感召力构成了挑战。资本化的传播媒介通过娱乐化、商业化的内容吸引了大量受众，尤其是吸引了年轻一代的目光。虽然这些内容易于消费，但往往缺乏深度和营养，难以激发深层次的思考和社会责任感。年轻一代在这样的媒介环境中成长，可能会对高校所传达的较为深刻和复杂的意识形态内容感到疏远，导致高校意识形态话语权的感召力相对减弱。

从媒介资本化的本质来看利益最大化是其主要的目的，媒介资本以利润最大化为目标，把能否增殖作为衡量价值的尺度，资本化的结果就是"利益至上"，而"利益至上"本身就是资本增殖秉性所追求的基本准则，占有资源、高额回报则是其关注的重点。这种价值准则不仅让青年大学生把重点放在利益和利润方面，这种评判模式还会模糊青年大学生对真善美的价值认识。通过问卷调查发现，虽然绝大多数大学生对网络虚拟世界为了利益而制造谣言的行为比较鄙视和深恶痛绝，但是也有少数大学生持赞同的态度，如当问及对为了获得流量，在网络虚拟世界随意制造谣言的态度时（具体见图 2-4）①，虽然多数大学生持"不赞同"态度，但是持"一般"态度的大学生仍占了 12.92%，持"赞同"态度的大学生也占了 11.25%；基于大学生是否存在在网络虚拟空间编造谎言、虚构事实的情况调查发现，某些网民大学生为了获得更高的关注度和点击率，偶尔存在编造谎言、虚构事实的情况，如当问及在网络虚拟社会交往活动中，为了发泄心中的不满和获得更多的关注度，是否存在编造谎言、虚构事实的情况时（具体见图 2-5），虽然绝大多数大学生不存在编造谎言、虚构事实的情况，但是也有 7.07% 的大学生选择"经常存在"和 16.77% 的大学生选择"偶尔存在"编造谎言、虚构事实的情况；基于大学生对职业追求方面的调查情况发现，有部分大学生存在职业追求功利化的现象，如当问及在择业时考虑的

---

①　不赞同=完全不赞同+有点不赞同；赞同=比较赞同+完全赞同。

因素有哪些时（见表 2-6），选择"工资待遇"的大学生占 93.44%，选择"社会贡献"的大学生占 62.79%，选择"社会地位"的大学生占 55.21%，选择"单位性质"的大学生占 55.78%，选择"专业对口"的大学生占 69.99%，选择"个人发展空间"的大学生占 81.11%，选择"生活环境（区域位置、交通便利）"的大学生占 74.16%，选择"其他"的大学生占 17.93%。由此可见，绝大多数大学生把"工资待遇""个人发展空间"作为自己择业时首要考虑的因素，而排在最后三位的是社会贡献、社会地位和单位性质。

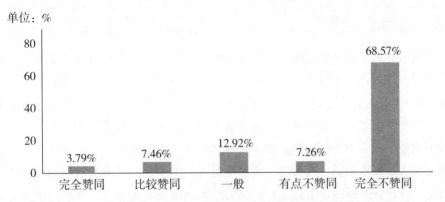

图 2-4　对"为了获得流量，在网络虚拟世界随意制造谣言"的态度

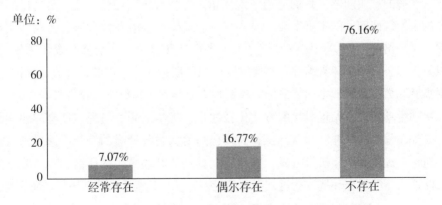

图 2-5　为了发泄情绪，是否存在编造谎言、虚构事实的情况

表 2-6　择业时考虑的因素

主题	频率
工资待遇	93.44%（$N=1454$）
社会贡献	62.79%（$N=977$）

续表

主题	频率
社会地位	55.21%（$N=859$）
单位性质	55.78%（$N=868$）
专业对口	69.99%（$N=1089$）
个人发展空间	81.11%（$N=1262$）
生活环境（区域位置、交通便利）	74.16%（$N=1154$）
其他	17.93%（$N=279$）

高校作为思想文化的摇篮，原本承担着培养社会主义建设者和接班人的重要任务，其教育内容与方式对于确立学生的世界观、人生观、价值观具有不可替代的作用。然而，从上述调查情况来看，高校青年大学生的思想观念存在着一定的功利化倾向。由此可见，当金融资本成为操控舆论的幕后推手，而非党性原则或是社会主义核心价值观主导媒体走向，在追逐利润的巨大压力下，媒体可能会更多地强调个人成功、物质享受等价值取向，与高校教育的理念产生冲突。这种冲突可能会干扰青年学生的价值判断和价值选择，甚至会削弱高等教育在塑造和传播意识形态上的影响力，特别是对青年大学生的感召力。基于这一严峻的现实问题，我们应当深入反思，寻找解决问题的方法，努力摆脱资本的束缚，回归人的本真生活。因此，为了减少这些潜在的危害，高校需要采取一系列措施，如加强媒体监管，保护多样性和竞争，鼓励公共媒体的发展，以及提高公众的媒体素养等；高校也需要积极拥抱变化，创新教育方式和内容，提高其在数字化时代中的传播能力和影响力。例如，高校可以借助新媒体平台，以更加生动活泼、贴近时代的方式传授知识，将学术研究与现实社会问题相结合，提高学生的参与度和认同感；高校也需要加强与社会的互动，通过参与公共讨论、提供专业建议等方式，重新确立其在公共领域中的话语权；高校需要不断适应新的媒介环境，通过创新和参与，来强化其意识形态话语权的感召力。

第三章

全媒体时代高校意识形态话语权面临困境的成因

在全媒体赋能下，信息传播渠道日益多样化，人们可以随时随地获取各种信息。这种情况下，网络舆论场越发复杂，高校意识形态话语权面临竞争压力，难以在众多信息中脱颖而出，甚至一些别有用心的人可能会利用网络散布不良信息，攻击我国的主流意识形态，这势必会给高校意识形态话语权带来巨大的挑战。当然，高校意识形态话语权面临的困境是多种因素综合作用的结果，这些因素主要包括高校意识形态工作主体的综合素养不高、西方意识形态的强势渗透、不加规制的现代网络传播媒体、高校意识形态话语内容的弱影响力，以及部分大学生心智的不成熟及其对主流意识形态的认同度等。

第一节　西方意识形态的强烈渗透

在全球化浪潮中，西方的价值观念不断涌入我国，它们通过多种渠道和形式，如文化产品、媒体报道、学术交流等，逐渐深入我国社会的各个层面。特别是在高校这一思想文化交流的前沿阵地，西方价值观的影响尤为显著。这种文化的交融与碰撞，一方面，丰富了我国的文化内涵，促进了价值观的多元化；另一方面，也不可避免地带来了一些挑战。如一些不良信息和错误观念可能会乘虚而入，对高校学生这一群体的价值观形成误导。特别是在全媒体的作用下，西方意识形态在高校更能够得以快速传播和深入渗透，从而在一定程度上弱化了高校的意识形态话语权。

习近平总书记就曾明确指出，"境外敌对势力加大渗透和西化力度，境内一些组织和个人不断变换手法，制造思想混乱，与我争夺人心"①。该论断表明，

---

① 中共中央文献研究室 . 习近平关于社会主义文化建设论述摘编 ［M］. 北京：中央文献出版社，2017：35.

境外敌对势力正试图利用各种隐蔽的渠道和平台，传播错误的思想观念，制造社会矛盾和思想混乱，影响我国的社会稳定和民族团结，企图破坏我国的社会主义制度，颠覆我国的政治基础。同时，境内一些组织和个人也在不断变换手法，积极配合境外敌对势力的行动。他们或者散布各种虚假信息，或者利用一些社会热点问题，煽动公众情绪，制造社会不安，进行渗透和破坏活动，以达到他们的政治目的。如境内外势力常常利用互联网"扳倒中国"，诱使我国公民"拥抱"西方制度和价值观，这是西方反华势力和敌对势力一直不遗余力所进行的工作。意识形态领域是没有硝烟的战场，争夺的是"制脑权"。西方国家凭借其在经济、科技等领域的优势，把网络媒介作为意识形态渗透的工具，极力传播西方的制度、文化和信仰等，通过热点事件蓄意炒作、抹黑中国形象，利用宗教问题破坏民族团结，否定党的领导、抹黑党的形象，歪曲社会主义制度，实施意识形态渗透。显然，这给我国高校意识形态话语权带来了严峻的挑战与威胁。

一、利用现代先进传播技术实施意识形态渗透

西方国家作为网络信息的主要制造者与传播者，全媒体技术的迅速崛起为西方国家在文化领域的输出和渗透提供了契机，给高校意识形态话语权带来了挑战。全媒体具有去中心化交互传播的优势，这种传播优势使信息的传播不再受到传统中心化机构的控制，而是通过无数个节点和用户进行自由扩散。在这样的传播环境下，各种观点和言论确实都有可能获得关注和传播，可以让更多边缘群体和少数派的声音得到关注和传播，也有利于打破传统信息传播的垄断，促进社会多元化发展，推动信息自由流通。然而，一些极端、错误的观点也可能在短时间内迅速扩散。这种情况下，虚假信息、政治谣言等不实内容也可能被大量传播，对公众产生误导，甚至引发社会不安。因此，有学者就曾明确指出："去中心化的交互传播为边缘观点和非主流意识形态言论、虚假消息、政治谣言等内容提供了传播的机会。"① 这也使全媒体具有成为西方传播与渗透意识形态的工具和手段的作用。从现代传播技术来看，随着现代传播技术的迅速崛起及其功能的全面开发，现代信息传播技术已成为一种有力的意识形态武器，这也意味着谁控制现代信息传播技术，谁就具有影响意识形态的能力。正如阿尔文·托夫勒（Alvin Toffler）所言："未来世界政治的魔方将控制在拥有信息强

---

① 李明德，张收鹏. 主流意识形态全媒体传播的效能与进路［J］. 南昌大学学报（人文社会科学版），2023（4）：71-81.

权的人手里，他们会使用手中掌握的网络控制权、信息发布权，达到暴力金钱无法征服的目的。"① 该论断表明，在世界政治格局中，掌控信息强权的人已成为关键角色。他们拥有网络控制权和信息发布权，这些权力使他们能够以非传统的方式影响和塑造社会舆论。他们可以通过精心策划的信息传播策略，使特定观点在公众中广泛传播，从而在无须动用武力或金钱的情况下，实现对人们思想和行为的深远影响。这种影响力超越了传统意义上的暴力金钱征服，是一种更为隐蔽但同样强大的控制方式。他们可以利用先进的算法和数据分析技术，对大量个人信息进行处理和分析，以实现对个体行为的预测和引导。这种信息强权使得他们能够在政治斗争中占据优势，甚至可能改变传统政治力量的分布格局。从西方国家对现代信息传播技术的控制状况来看，"美国主导着全球互联网的管理，负责全球域名管理的 13 个根服务器就有 10 个在美国；世界性的大型数据库近 3000 个，70% 设在美国；在互联网上访问量最大的 100 个网站中，94 个在美国境内；互联网上的信息 95% 是英语信息，其中总信息量的 80% 由美国提供。美国成了名副其实的信息宗主国"②。美国前国务卿奥尔布赖特曾说："中国不会拒绝互联网这种技术，因为它要现代化。这是我们的可乘之机。我们要利用互联网把美国的价值观送到中国去。"美国前驻华大使洪博培曾说："（对付中国）我们应该怎么做呢？我们应当依靠我们在中国内部的同盟军，他们被称为年轻人，他们被称为网络一代。中国有 5 亿网民和 8000 万微博用户。而他们将引导中国的变革。"③ 西方作为互联网的诞生地与创造者，随着互联网的普及和发展，使得西方国家的媒体、科技公司和文化产品能够轻易地触达全球用户。这些内容往往内含西方的价值观念和生活方式，通过社交媒体、在线视频、博客和新闻网站等多样化的形式，不断地塑造和重塑着全球公众的认知。这种文化的渗透和影响是潜移默化的，它不仅改变了人们的消费习惯，还可能影响他们的政治态度和社会行为。此外，互联网上的言论自由和信息的自由流通，也为西方价值观的传播提供了便捷的条件。用户可以自由地访问和分享来自不同文化背景的信息，这种开放性使得西方的思想和价值观能够更加广泛地被接受和讨论。因此，英国学者安德鲁·查德威克就曾明确指出，互联网已成为

---

① 托夫勒. 权力的转移［M］. 吴迎春，译. 北京：中信出版社，2006：32-33.

② 刘正斌，赵碧波. 保持党的先进性必须大力抵御西方意识形态渗透［J］. 南京政治学院学报，2001（5）：64-67.

③ 李慎明. 当代中国特色社会主义面临的机遇与挑战［J］. 毛泽东思想研究，2014，31（3）：1-11.

"西方价值观出口到全世界的终端工具"①。因此，在一定程度上可以说，以网络信息技术为依托的现代信息传播媒体已成为西方实施意识形态渗透、争夺意识形态话语权的主要手段；互联网已经演变成全球范围内传播西方价值观和文化理念的关键平台和渠道，即它不仅是一个信息交流的技术工具，更是一个文化输出的强大终端。通过网络，西方的价值观、政治理念、经济模式和社会规范得以迅速传播，影响着全球用户的思维方式和行为模式。这种文化传播的速度和范围是前所未有的，它超越了传统的地理和文化边界，使得西方的影响力得以深入世界的每一个角落。

随着以网络为依托的现代信息传播技术的迅速发展，网络现代传播平台已成为舆论信息的主战场，并且在该领域的意识形态斗争中呈现出更加复杂的态势。西方国家尤其是美国，正是凭借自身在现代传播领域的技术优势，加大了对第三世界国家尤其是社会主义国家实施意识形态渗透的力度，在我国或明或暗地进行着意识形态的渗透，大力实施文化殖民主义，蓄意对我国进行文化控制、价值浸染，企图用西方文化弱化我国主流意识形态话语权。美国学者弗雷德里克·杰姆逊（Fredric R. Jameson）指出，第一世界国家仍然掌握着文化传播的主动权，利用传播媒介把西方文化灌输给第三世界，第三世界国家处于被动接受的处境，且自身文化面临着西方文化的强势渗透与稀释。西方势力通过自身的话语优势，借助现代传播技术对他国大肆进行文化渗透，大肆推广西方价值观，以此培育认同西方文化、向往西方生活方式的忠实拥趸。此外，部分网络媒体也甘愿沦为西方价值的传播工具，主动为西方价值摇旗呐喊，甚至蓄意抹黑中国形象、歪曲中国价值、矮化丑化党和国家领袖。因此，有学者就曾明确指出，"所有迹象都表明，发达国家正利用信息资源来控制，而不是帮助发展中国家"②。这种现象表现在多方面。其一，在信息技术领域，发达国家占据主导地位，通过技术优势和对信息资源的掌控，对发展中国家进行信息技术输出，从而实现对这些国家的控制和影响。发达国家往往将技术标准、知识产权和市场竞争等作为手段，来维护自己的利益。其二，在信息传播方面，发达国家通过强大的媒体影响力，塑造有利于自己的国际形象，同时丑化和攻击发展中国家。发达国家利用自己在国际舆论场的优势，对发展中国家进行舆论围剿，制

① 查德威克. 互联网政治学：国家、公民与新传播技术［M］. 任孟山，译. 北京：华夏出版社，2010：35.

② MOORE N. Developing the Use of a Neglected Resources：the Growth of Information Management［J］. Journal of Information Science，1989，15（2）：67-70.

造混乱和恐慌，以达到自己的政治目的。其三，在信息资源分配方面，发达国家通过不公平的国际规则，占尽优势。发达国家利用自己在国际组织中的地位，制定有利于自己的信息资源分配规则，使发展中国家在信息资源获取上处于劣势。这种控制行为不仅损害了发展中国家的利益，也阻碍了全球信息资源的公平分配和合理利用。对高校意识形态话语权而言，如果我们自身不加强对现代传播媒介的管理，这势必会侵蚀高校师生的思想意识，使高校师生在不自觉的过程中接受西方文化及其价值理念，最终必然会在潜移默化中弱化高校的意识形态话语权。基于此，我们必须提高警惕，加强国际合作，加强对现代传播媒体的监督管理，维护好高校的意识形态安全。

二、利用宗教活动实施意识形态渗透

宗教不仅是精神慰藉的源泉，也是社会和政治变革的催化剂。宗教是人类活动的文化现象，历经岁月的洗礼，至今仍然具有广泛的影响力。在全球化背景下，宗教活动的范围越来越宽广，政治性色彩异常浓厚，日渐成为影响意识形态安全的重要因素。"人权""自由""民主"作为西方发达国家在 21 世纪实施新殖民主义的利器，企图达到发展中国家拥抱西方制度的目的。[①] 在这一过程中，宗教已成为实施意识形态渗透的重要手段与最佳路径。"宗教一直都是政治语言的重要组成部分"[②]，利用宗教实施意识形态渗透，"是一种成本最小而收益却可能是最大的'投资'"[③]。宗教作为一种强大的社会和文化力量，其影响力跨越国界、触及人心。在冷战时期，西方势力巧妙地利用宗教作为软实力的一部分，以较低的成本实施了意识形态的渗透。这种策略之所以被认为是一种成本最小而收益可能最大的"投资"，是因为它不仅在物质和人力资源上的投入相对较少，而且能够在精神和情感层面上产生深远的影响。宗教渗透通常涉及派遣传教士、提供宗教教育和援助以及建立宗教团体和机构等手段。这些活动不仅为信徒提供了精神慰藉和社区归属感，而且还往往伴随着对西方价值观的传播，如民主、自由、人权等。这种价值观的传播，与社会主义意识形态形成鲜明对比，有时会对后者构成挑战，从而在心理和文化层面上可能会影响社会主义国家的人民对自身国家体制、价值观念的认同。

[①] 恩道尔. 霸权背后——美国全方位主导战略 [M]. 吕德宏，赵刚，郭寒冰，译. 北京：知识产权出版社，2009：62.

[②] 普雷斯顿. 灵魂之剑信仰之盾：美国战争与外交中的宗教 [M]. 罗辉，译. 北京：东方出版社，2015：7.

[③] 段德智. 境外宗教渗透与苏东剧变研究 [M]. 北京：人民出版社，2015：213.

"历史地看，西方势力惯于、善于、乐于利用宗教实施意识形态渗透，打造策动'颜色革命'的'思想利器'与'文化王牌'。"① 无论在冷战时期，还是后冷战时期，西方发达国家常常被指责利用宗教作为工具，来进行意识形态的渗透和影响。这种做法涉及通过宗教组织、传教士和宗教援助等途径，传播西方的价值观和政治理念，有时甚至被视为对这些国家内部政治的干预。这种宗教渗透的策略，甚至在一些情况下，对于东欧社会主义国家政权更迭产生了重要影响。事实确实如此，在东欧剧变期间，西方支持的宗教组织和活动，如天主教会和东正教会在波兰和罗马尼亚等国家的社会政治变革中扮演了显著角色。这些宗教团体通过宗教组织和教堂，为反对派提供了聚集的场所，为反对派提供了精神支持和组织网络，帮助反对派团结和动员，最终导致了东欧社会主义政权的垮台。因此，调查统计发现，宗教在东欧剧变中确实发挥了极其重要的作用，如在对波兰发生剧变的历史原因的调查中发现，有"50%归教宗，30%归波兰人民，20%归里根、撒切尔、戈尔巴乔夫和叶利钦"②。大量的历史事实已经证明，宗教渗透是东欧剧变的一个重要因素。从西方利用宗教活动对东欧国家实施意识形态渗透的历史过程来看，东欧剧变是20世纪末期一项重大的历史事件，涉及苏联及其东欧国家的政治体制、经济结构和社会意识形态的根本转变。这一转变的深层次原因复杂多元，意识形态的"解体"无疑是其中之一。原本坚如磐石的社会主义意识形态体系，在这些国家中逐渐失去了其理论和实践的吸引力，无法有效回应人民对于经济停滞、政治参与和个人自由的渴望。与此同时，西方势力在冷战中采取的种种策略，包括利用宗教作为软实力工具，对于加速这一意识形态解体过程产生了不容忽视的影响。在冷战期间，西方国家和其宗教团体通过各种渠道，包括文化交流、传教活动以及国际广播等手段，向东方阵营国家的人民传播西方的生活方式和思想观念。所以，随着西方宗教文化的大量涌入与渗透，这就在一定程度上加速了已经存在的内部社会、经济和意识形态问题的暴露和激化，即西方宗教和价值观的传播与渗透，为那些对现状不满的群体提供了替代的思想框架和行动指南，为那些寻求改变的群体提供了灵感和动力，使得原本潜在的矛盾和不满得以放大并最终爆发。总的来说，东欧剧变是一个多因素、多层面的历史过程，意识形态解体和西方宗教渗透都是这一过程中重要的组成部分。意识形态的解体为剧变提供了土壤，而西方宗

---

① 张强. 警惕西方势力利用宗教因素助推"颜色革命" [J]. 科学与无神论，2018（3）：23-28.

② 段德智. 境外宗教渗透与苏东剧变研究 [M]. 北京：人民出版社，2015：214.

教的渗透则在某些情况下催化了这一过程，使之加速发展。

　　宗教在实施意识形态渗透方面不仅隐蔽，而且更能够"深入人心"，有着强大的渗透力和破坏力。宗教作为一种信仰和精神寄托，对信徒来说具有极高的权威性和影响力。因此，一旦在宗教领域进行操纵和煽动，很容易误导信徒，扭曲他们的价值观和世界观，从而对整个社会产生更为严重的负面影响。与政治、经济等领域的明显手段相比，宗教往往以信仰和道德为幌子，借助宗教仪式、教义和传统等元素，潜移默化地影响信徒。这种隐蔽性使得宗教在传播过程中不易被察觉，从而躲避了社会的监督和法律的制约。如有着"颜色革命教父"之称的吉恩·夏普，他"是缅甸僧侣领导的非暴力抗议活动实施政权更迭的组织协调人，更准确地说，是这场活动的战术理论家"，他依靠所属的"爱因斯坦研究所"与"国家民主基金会"和美国中央情报局有着有不可告人的"业务往来"，"其使命是在世界关键地区促进有利于美国的政权更迭"①。在拉丁美洲，天主教会也经常被指责在政治上支持反对派，对抗左翼政府。这种宗教渗透的策略，有时被称为"软实力"的运用，它不仅涉及宗教信仰的传播，还包括了文化、教育和社会福利等方面的影响。西方国家通过这些手段，试图在全球范围内推广其价值观和政治制度，这在一些情况下导致了发展中国家内部的社会分裂和政治动荡。因此，西方发达国家利用宗教手段实施意识形态渗透的做法，被视为国际政治中的一种复杂现象。它不仅涉及宗教自由和人权的问题，还涉及国家主权、文化自主和国际关系中的权力斗争。对发展中国家来说，如何在维护国家独立和文化传统的同时，处理来自外部的宗教和政治影响，是一个需要深思熟虑的问题。

　　从西方利用宗教对高校实施意识形态渗透的情况来看，20世纪以来，西方向高校师生传播和渗透其价值观从未止步，其中宗教活动是西方实施意识形态渗透的一个重要方式。西方大肆进行宗教活动、非法进行传教活动、大力发展信徒，企图以宗教的手段达到思想控制的目的，模糊我国高校师生的价值认知、文化认同，动摇师生对马克思主义的信仰、对社会主义的信念。《中国国家安全研究报告（2014）》明确指出，西方敌对势力的宗教渗透方式日趋多样、手段日渐隐蔽，传播范围更广、渗透各个领域，渗透态势日趋激烈，给我国的意识形态安全造成了极大的威胁、严重的危害，我们要高度警惕。② 该报告明确指

---

① 恩道尔. 霸权背后：美国全方位主导战略［M］. 吕德宏，赵刚，郭寒冰，译. 北京：知识产权出版社，2009：67.

② 刘慧. 中国国家安全研究报告（2014）［M］. 北京：社会科学文献出版社，2014：83.

明，我国高校的意识形态安全面临着潜在的冲击与威胁，高校如何应对这一危机，提升自身的警惕性，认清西方意识形态的真面目，防止陷入西方敌对势力设置的意识形态陷阱中，以此来增强高校师生的政治敏锐性、鉴别力，推动高校师生形成自觉抵御非意识形态渗透的意识，已成为高校意识形态工作的一项极其重要的课题。

"在我们的时代，直接的殖民主义在很大程度上完结，然而我们所看到帝国主义仍以其在政治、思想、经济与社会实际中的特有形式，特别是在文化领域中徘徊。"① 由此可见，意识形态渗透与文化殖民已成为西方实施新殖民主义的重要手段。众所周知，颠覆中国的社会主义政权是西方敌对势力与反华势力的图谋，实施意识形态渗透是其一贯手段，实现"和平演变"是其主要目的。为此，西方敌对势力制造和传递的话语存在着是非颠倒、蓄意抹黑的现象。如他们在对分裂势力的新闻报道中主观臆造、指鹿为马、是非不分，甚至采取双重标准，对中国打击境外"三股势力"② 制造障碍。当前，境内外"三股势力"肆无忌惮地在我国高校传播和渗透错误价值观念，疯狂地进行意识形态渗透，蓄意抹黑、诋毁符合我国民族宗教发展的相关政策，极力煽动民族仇恨、挑拨民族关系，以达到破坏民族团结、分裂国家的目的，对高校而言，这些渗透活动都会在一定程度上削弱其意识形态的话语权。

三、利用学术活动实施意识形态渗透

西方大国经常通过学术交流、研讨会、讲座等形式，借助其学术优势，传播其价值观念和意识形态。他们以学术研究、文化交流、国际合作等名义，邀请我国学者、研究人员参与，试图影响他们的思想和观念，从而对我国进行意识形态渗透。这种做法不仅影响了我国的学术自主性，还影响了我国的主流意识形态。西方敌对势力与反华势力以迷惑性思想理论披着学术的外衣，设置意识形态陷阱，以极具隐蔽、灵活的形式传递政治诉求，促使人们陷入理论误区，质疑马克思主义的科学性和真理性。在西方文化思想的长期渗透下，高校部分师生已出现言必称西方，把西方的学术思想、学术方法、学术观点当作科学研究的标准，更有甚者把西方的生活方式、价值理念作为自身思想行为的参考指

---

① 赛义德. 赛义德自选集［M］. 韩少波，译. 北京：中国社会科学出版社，1999：78.

② 根据2001年6月15日上合组织签署的《打击恐怖主义、分裂主义和极端主义上海公约》，该《公约》明确指出"三股势力"主要指的是暴力恐怖势力、民族分裂势力、宗教极端势力。

标，在日常生活中大力推崇西方的"普世价值"。非主流意识形态的强势渗透、伪装，并以学术交流为幌子，使其穿上了意识形态的合法性外衣，大肆运用西方的意识形态话语进行渗透，达到了把西方资本主义国家的错误思想言论传播渗透到高校内部的目的。改革开放以来，尤其是随着互联网技术的迅速崛起，西方各种文化思想竞相登场、纷纭激荡，给我国的主流文化思想造成了极大的影响。如"新自由主义意识形态是冲击我国主流意识形态建设的西方主流意识形态；民主社会主义论是干扰我国主流意识形态建设的错误思潮；"中国威胁论"是歪曲中国走和平发展道路的意识形态谬论；而消费主义论则是腐蚀和消解我国主流意识形态的西方价值观"①。美国学者塞缪尔·亨廷顿（Samuel P. Huntington）就曾指出，"普世文明"是西方文明的产物，"普世主义"是捍卫西方意识形态的利器。因此，在高校传播西方价值的实质就是向其渗透西方的意识形态，企图动摇我国社会主义政权的群众基础，最终达到颠覆我国政权的目的。正如习近平总书记所言："国内外敌对势力往往就是拿中国革命史、新中国历史来做文章，竭尽攻击、丑化、污蔑之能事，根本目的就是要搞乱人心，煽动推翻中国共产党的领导和我国社会主义制度。苏联为什么解体？苏共为什么垮台？一个重要原因就是意识形态领域的斗争十分激烈，全面否定苏联历史、苏共历史，否定列宁，否定斯大林，搞历史虚无主义，思想搞乱了，各级党组织几乎没任何作用了，军队都不在党的领导之下了。最后，苏联共产党偌大一个党就作鸟兽散了，苏联偌大一个社会主义国家就分崩离析了。这是前车之鉴啊！"② 从该论述的缘由就可知悉，西方文化思想在苏联的泛滥是一个重要原因，对媒体的放任以及偏离正确的政治方向，导致西化、分化、丑化苏共的价值观念得以泛滥，最终演变成苏共领导地位的丧失。正如美国学者大卫·科茨（David M. Kotz）在分析苏联解体的原因时指出："对苏联的解体，美国和西方确实起了很大的作用，但这种作用主要不是政治和经济方面的，而是以自由主义为代表的意识形态非常有效地渗透到了苏联知识分子和党的干部的思想中。"③ 因此，意识形态渗透早已成为西方"和平演变"的战略手段，通过"思想战"来争夺人心、瓦解人心，使社会主义国家的公民质疑执政党、领导者的

---

① 王永贵. 经济全球化与我国社会主流意识形态建设研究 ［M］. 北京：人民出版社，2010：129.

② 中共中央文献研究室. 十八大以来重要文献选编（上）［M］. 北京：中央文献出版社，2014：113.

③ 杨立英，曾盛聪. 全球化、网络化境遇与社会主义意识形态建设研究 ［M］. 北京：人民出版社，2006.

合法性。有学者认为："近年来，新自由主义、民主社会主义、历史虚无主义、新民族主义、消费主义、后现代主义等思潮在我国的影响不断扩大，这些非马克思主义甚至反马克思主义思潮通过一些学者的阐述和发挥，通过媒体传播等途径广泛影响着我国各个群体。"① 显然，这些社会思潮作为非主流意识形态，一旦在我国高校大势传播势必会弱化我国高校的意识形态话语权。为此，我国高校要增强自身的意识形态话语权，牢牢把握高校意识形态阵地，旗帜鲜明地抵制各种错误思想观念，坚决反对一切歪曲、抹黑党的形象的思想理论，夯实高校主流意识形态的主导地位。

经济全球化加速演变成文化的全球化，经济流引发的文化流给高校意识形态话语权带来了挑战。文化流包含了信息、知识、精神、价值等范畴的要素，文化作为意识形态的母体，影响着意识形态的走向。从当前国际话语权的影响力来看，仍然是西方国家处于主导地位的局面。这可以从世界认识中国的途径中得到答案，在关于国际社会对中国的了解方面，调查显示，68% 的受众是通过西方媒体了解中国、认识中国，而通过中国媒体了解中国的仅占 22%。② 就话语影响力而言，我国国际话语长期受到西方的攻击与诋毁。第一，我国的国际话语经常沦为西方话语的攻击、围堵的对象，如中国在应对叙利亚危机、俄乌冲突等国际重大事件中，因中国强调用"和平外交"手段化解分歧、反对干涉他国内政的主张，与西方国家尤其是美国企图称霸世界的战略目标相抵触，从而成为被围攻和压制的对象。第二，西方学界部分学者或明或暗地污蔑、抹黑中国。如"新帝国主义论""霸权挑战论""中国威胁论""中国崩溃论""马克思主义过时论"等，使中国成为被直接捧杀或间接棒杀的对象。尤其是近年来，中国对发展中国家的倾力支持，与国际社会的广泛合作，却被西方部分学者污蔑为中国在搞"新殖民主义"。第三，在国际形象塑造方面，中国长期遭遇西方敌对势力与反华势力的妖魔化；在话语影响力方面，中国处于"话语洼地"，且受到西方话语的影响较深，如学界存在着盲目崇拜西方学术话语的风气，更有甚者用西方标准来丈量、评判中国。显然，这样一些话语已严重威胁我国的意识形态安全。为此，习近平总书记曾指出，"要准确把握国家安全形势变化新特点新趋势，坚持总体国家安全观，走出一条中国特色国家安全道

---

① 张骥，申文杰.马克思主义意识形态话语权在我国思想宣传领域面临的挑战与实现方式探究［J］.当代世界与社会主义，2011（1）：163-168.

② 孟威.改进对外传播构建"中国话语体系"［J］.新闻战线，2014（7）：82-85.

路"①。"意识形态安全作为总体国家安全的精神内核，它不仅定义国家安全的内涵和外延、划定国家安全的时空领域，还界定国家安全的内外因素"②。

西方文化思想因其强调个人主义、享乐主义、消费主义等价值理念，这些体现了西方发达国家主流意识形态的文化思想，使其在我国高校占有一定的市场，受到部分大学生的青睐和追捧。如当问及您对西方文化的态度时（具体见图 3-1）③，虽然选择"不喜欢"的大学生仅占 10.73%，但是选择"喜欢"的大学生也仅占 11.63%，竟然还有 77.63% 的大学生选择"一般"，即保持着中立的态度。抛开中立态度立场的大学生，显然选择"喜欢"的青年大学生超过了选择"不喜欢"的青年大学生。然而，当进一步追问您是否去过西方国家时，有 97.69%（具体见表 3-1）的青年大学生说没有去过；当问及您是否了解西方的文化时（具体见表 3-2），选择"不熟悉、不了解"的青年大学生占 7.39%，选择"听家人、朋友、老师等谈到过，了解一些"的学生占 30.27%，选择"在书籍、影视、网络文化中看到过相关介绍，有点熟悉"的学生占 61.57%，而选择"非常熟悉"西方文化的仅占 0.77%。由此可见，他们之所以喜欢和向往西方，是因为某些大学生在不了解西方的文化与生活理念的情况下，盲目认同西方的文化观，盲目向往西方的生活方式等，从而对他们的文化观造成了强烈的冲击。

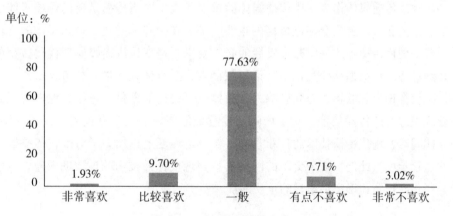

图 3-1　对西方文化的态度

①　习近平在中央国家安全委员会第一次会议上的讲话［EB/OL］.中国政府网，2023-04-15.

②　赵欢春."总体国家安全"框架下的我国意识形态安全风险预警探究［J］.马克思主义研究，2015（11）：92-100.

③　喜欢=非常喜欢+比较喜欢；不喜欢=有点不喜欢+非常不喜欢。

表 3-1 你去过西方国家吗？

主题	频率
去过	2.31%（$N=36$）
没有去过	97.69%（$N=1520$）

表 3-2 对西方文化的了解情况

主题	频率
听家人、朋友、老师等谈到过，了解一些	30.27%（$N=471$）
在书籍、影视、网络文化中看到过相关介绍，有点熟悉	61.57%（$N=958$）
非常熟悉	0.77%（$N=12$）
不熟悉、不了解	7.39%（$N=115$）

第二节 现代网络传播媒体的推波助澜

网络传播媒体作为现代传播媒体的重要代表，网络传播是现代传播媒体的主要传播方式，更是全媒体传播的重要一环。在全媒体时代，多元媒体的有机融合是现代传播媒体顺应时代发展的必然要求，是现代传播媒体现代化转型的必然趋势。从增强高校意识形态话语权而言，全媒体在传播高校意识形态、扩大高校意识形态的辐射力和影响力方面提供了便捷的条件，也极大地提升了高校意识形态的传播效能，对于增强高校意识形态话语权具有极其重要的意义。与此同时，现代传播技术的日新月异，在一定程度上也加大了对现代传播媒体的监管难度。此外，复杂交织的网络信息与现代传播技术的推波助澜等，也成为弱化高校意识形态话语权的重要因素。

一、对网络传播媒体的监管力度不足

在全媒体时代，现代传播技术的快速发展和网络信息的爆炸式增长，一方面加大了对现代传播媒体的监管力度；另一方面由于监管技术的相对滞后性，导致对网络传播媒体的监管力度存在着比较不足的现象。众所周知，高校作为知识传播和意识形态教育的重要阵地，肩负着培养社会主义建设者和接班人的历史使命。网络传播媒体，尤其是社交媒体、论坛、博客等新兴平台，已经成为意识形态交锋的前沿阵地。然而，对这些平台的监管力度不足，使得错误的

信息、有害的思想和价值观得以传播，从而严重干扰了高校正常的思想政治教育秩序，这在一定程度上具有弱化高校意识形态话语权的可能性。

网络已经成为各大媒体生存与发展的关键纽带，在对网络媒体监管不严的情况下，网络上势必会充斥着各种未经核实的信息、极端言论和虚假新闻，这些内容往往与主流意识形态，尤其是我们的核心价值观背道而驰。因此，对网络传播媒体的监管不足，就容易导致传播信息失真，容易让那些虚假信息、不良信息、极端言论等在互联网上泛滥，从而严重影响高校大学生接收那些优质的信息内容。从这个角度来说，当高校大学生接收到的是虚假的信息、劣质的信息、错误的信息时，这些失真的信息不仅存在着歪曲事实的可能性，还可能因为与我国的主流价值观背道而驰，从而造成大学生价值观的迷失和理想信念的动摇。

从监督管理难度的因素来看，高校对网络传播媒体监管能力不足的原因主要表现在三个方面：其一，网络社交媒体信息的海量性加大了监管的难度。海量性主要表现为，在社交平台上信息的爆炸性增长，用户每天都要面对大量的信息流，这就使得监管和筛选变得异常困难。在全媒体时代，网络空间是各种信息的万花筒，其间充斥着多元文化和思想潮流，如果不加筛选任其进入校园网络传播媒体，可能会加剧与主流价值观的冲突，让高校意识形态教育的内容受到大学生的质疑，从而加大形成价值共识的难度。因此，对网络传播媒体的监管力度不足，就容易引发一系列的问题，其中最为显著的是多元化的价值观，这些价值观往往伴随着不同的生活方式和世界观，这些多元的价值观中可能就包含诸如个人主义、消费主义、功利主义等价值观念，显然，这些价值观念与高校教育中强调的集体主义、奉献精神和社会责任等价值理念相冲突。这种冲突可能会对高校大学生正在形成的价值观产生干扰和冲击，会引起高校大学生的思想混乱，会影响高校大学生的价值选择和价值判断，从而在一定程度上弱化了高校意识形态教育的引导作用。

其二，网络传播领域的关键核心技术仍然存在受制于人的情况。在现代网络传播技术方面欧美国家掌握着核心技术，并处于世界领先地位，如"计算机和互联网的核心技术控制在美国人手中，国际互联网规则的制定权也基本由美国制定，全球互联网上英文信息量达90%以上"[①]。纵观我国的网络现代传播技术，尽管当前取得了较大的突破，但是由于我们起步较晚，某些网络领域的核心技术仍离不开西方发达国家的供应。因此，当西方发达国家掌握着核心技术，

---

① 杨昕. 中国共产党意识形态话语权研究 [M]. 北京：社会科学文献出版社，2015：157

他们自然会推动宣传西方文化、西方生活方式、西方民主制度等错误的价值观念来占领我国的网络传播媒体空间，诚如肖永平等学者所言：美国对互联网核心技术的垄断，这既能使他控制全球互联网的运行，也能助他实现对全球网络的监控。① 正因为互联网核心技术的受制于人，以及当高校在现代传播媒体的监管方面跟不上现代传播技术发展的步伐之时，这就给我国高校遏制、屏蔽、过滤错误的思想观念和有效治理错误信息的源头与防止有害信息扩散带来了困难，导致某些错误的思想观念混入全媒体空间，广泛占领全媒体领域，从而加大了恶化全媒体领域的生态环境。

其三，网络传播媒体空间的开放性加大了监管的难度。网络传播媒体在为高校师生传递信息、表达情感、获取资讯等方面提供了便捷的传播渠道，这使每个网民大学生都可以自由表达自己的理念、交换彼此的意见，赋予了网络用户大学生更多话语表达自由权。与此同时，这又在一定程度上增加了监督管理的难度，使网络信息难以被有效控制，使其传播主流意识形态话语的实效性受到影响。

监管不足容易让网络传播平台成为一些错误思想、邪教和非法活动的温床，如极端主义、分裂主义、歧视言论等，这些有害信息既对高校大学生的身心健康构成了潜在的威胁，也对他们的学习生活造成了潜在的伤害，甚至可能会导致他们走上错误的道路，同时也对高校的意识形态安全构成了严峻的挑战。

二、网络空间复杂交织的思想文化加重了弱化的力度

网络空间的开放性、便捷性为各种各样信息的涌入提供了极其便捷的条件，使网络空间的信息内容呈现出良莠不齐、相互交织、错综复杂的状况，这既加大了对各种信息内容真假性的辨识难度，从而也使各种错误的思想观念与反动言论难以被彻底地清除。由于信息真假难辨、好坏难分，网络传播媒体既成为各种思想文化交流的重要场所，也成为各种思想文化进行意识形态渗透的工具，其所传播信息的分散性和不可控性，不仅极大地丰富了人们在网络社交平台的精神生活，同时也给非主流意识形态的传播与渗透提供了契机。具体而言，网络社交平台的分散性体现在信息传播的无边界和多元化，用户可以通过各种渠道接触到各种各样的网络信息；不可控性指的是网络信息的传播不受传统的时间和空间限制，即任何一条新闻信息可以在短时间内得到迅速传播，当然在传播过程中，由于传播效能的需要，某些传播主体可能会让传播信息异化，即通

---

① 肖永平，蔡俊. 强化网络安全观掌握治理主动权 [J]. 红旗文稿，2016（11）：31-32.

过改变传播信息的原始意图，达到传播效率最大化的目的。显然，这些传播特性既加大了主流意识形态传播的困境，也为非主流意识形态的滋生与扩散提供了条件，因此一定程度上可以说，当某些错误的思想观念与价值文化一旦在社交平台上传播开来，就可能会引发信仰危机，对社会主流价值造成严重影响，从而在一定程度上弱化主流意识形态话语权。

在错综复杂的社交网络环境中，信息的传播并不是孤立无援的，而是存在着一种相互影响的现象。这种影响体现在网络中的信息并不是单独传播的，而是与其他信息相互作用、相互影响。具体来说，这种相互作用可以表现为两种情况：一是协同效应，即某些信息可以相互促进，共同扩大传播范围和影响力；二是竞争效应，即某些信息可能会相互抑制，争夺有限的注意力和传播空间。事实上，已有研究表明，当不同信息之间是一种合作关系时，就能够促进不同信息的传播；反之如果是竞争关系时，那么不同信息之间就具有一定的抑制现象。① 因此，在协同效应中，一条信息的传播可能会因为与其他信息的共鸣而得到加强。例如，当一条新闻事件的信息在社交网络上被广泛传播时，与之相关的评论、分析和背景信息也会随之增多，这些补充信息可以帮助用户更全面地理解事件，从而增加原始信息的可信度和传播力。同样，一些具有高度感染力的内容，如励志故事或感人视频，也可能因为得到大量用户的共鸣和分享，而实现病毒式传播。

在竞争效应中，一条信息的传播可能会因为其他信息的竞争而受到抑制。例如，当多个热点事件同时出现时，每个事件都试图吸引公众的注意力，这时信息的传播就可能受到其他信息的冲击，导致某些信息无法获得足够的关注而逐渐淡出公众视野。此外，一些负面信息或谣言的传播也可能会因为官方辟谣信息或其他正面信息的出现而被抑制，这种现象的存在揭示了社交网络中信息传播的动态性和复杂性，也说明了在社交网络中，错综复杂的信息交织，可能会影响主流意识形态的传播和扩散，甚至可能会成为助长非主流意识形态扩散与渗透的重要场域。

在全媒体时代，现代传播媒体的融合力度得到了进一步强化，尤其是大数据、人工智能等现代信息技术的迅速发展，信息的生产环节和传播环节都面临着各种良莠不齐的信息裹挟，使全媒体成为各种思想信息大杂烩的媒介场域，这种参差不齐、复杂交融的信息会稀释或淹没主流意识形态的话语权。具体来说，全媒体空间鱼龙混杂、良莠不齐的话语信息在这个多元化的世界里，面临

---

① 姚瑶 . 基于复杂网络的信息传播机制研究［D］. 成都：成都信息工程大学，2020.

着来自各个层面信息的冲击。这些信息不再是传统媒介统一传达的单一观点，而是呈现多层次、相互冲突且独具特色的形态。因此，在全媒体时代，因传播主体与传播受众价值理念的不同，他们对各种信息的传播、接收与理解的程度也大不相同，从而生产出各种各样的信息，与此同时，人们也不得不应对各种复杂且多样化信息的挑战。

"网络传播的开放性、无中心性和多元化使互联网上各种思潮并存和相互激荡，导致人们信息选择和价值取向的多样化。"① 以网络信息技术为依托的现代传播媒体的开放性使信息内容来源多样化，而信息来源的多样化，必然导致信息内容的复杂性。这种复杂性主要表现为各类话语主体之间的竞争性，即各种各样的意识形态传播主体在争夺话语权的过程中具有蓄意弱化我国高校主流意识形态的态势，尤其是随着现代网络信息技术的发展与普及，各类意识形态话语的辐射面会被无限放大、传播效率会得到大力提升，如果传播内容得不到有效管控而任其发展，势必会导致各类权力主体位置颠倒、错乱。显然，不加规制的网络传播媒体空间所汇聚的各种良莠不齐的信息内容，不仅会使全媒体领域中信息内容的真实性、有效性面临较大的挑战，而且还会弱化高校意识形态的话语权。

综上可见，网络传播媒体场域中存在着各种非主流意识形态，随着非主流意识形态的大肆传播与渗透，这在一定程度上会弱化高校意识形态话语权。一方面，网络传播媒体领域聚集着各种错综复杂的信息，各种思想文化在网络传播媒体空间沉渣泛起，各种价值理念、思想文化纷纷登场，挤占了高校意识形态的话语空间，使高校意识形态话语权存在着受到弱化的风险；另一方面，网络传播媒体的开放性、便捷性不仅使网络空间充斥着各种错综复杂的话语信息，使各种价值理念、思想观念相互激荡，造成网络传播媒体领域价值多样化、文化多元化的局面，而且还为多元文化思想、西方价值理念的传播与渗透提供了契机，加大了各种非主流意识形态在网络传播媒体空间蔓延、扩张与渗透的趋势，使高校意识形态话语权的影响力面临被削弱的困境，甚至导致高校意识形态话语陷入失声的境地。从而最终导致高校意识形态话语权的影响力、引导力和凝聚力受到弱化。

三、全媒体作用下的现代传播技术成为弱化的驱动工具

全媒体技术的飞速发展，全媒体对信息内容的精心设计，使得某些晦涩的

---

① 刘忠厚. 信息网络时代社会主义意识形态建设新探 [J]. 理论学刊，2009（2）：18-21.

信息内容简单化、趣味化与形象化，从而增强了吸引眼球、激发情感的功能，这是当前网络媒体之所以成为大学生日常学习生活一部分的重要因素，也是大学生之所以能够接触、了解各种思想文化的重要途径之一。正因如此，某些敌对势力利用先进的互联网技术，对我国大学生进行意识形态渗透，如某些敌对势力化身网络大V占领网络传播阵地，大肆传播各种价值观念，从而错误地引领大学生看待现实问题，甚至会推进大学生认同某些错误的思想观念与价值理念。

在全媒体时代，现代化传播方式已不仅局限于传统的媒介渠道，而是通过多元化的传播方式，如数字媒体、社交媒体、移动应用等，实现信息的广泛传播和深度互动。这种传播方式的特点是速度快、范围广、互动性强，能够最大程度地满足人们对于信息的需求。全媒体时代的现代化传播力又分为两种，一种是指传播的速度快，另一种是指传播的效率高。从传播的速度来看，全媒体的全球性、零时差、互动性与共享性等传播特点，使全媒体的传播速度、传播范围超越了时间与空间的限制，使各种思想观念一问世就能在瞬间遍及世界各个角落，让更多受众接触、了解最新的信息。而全媒体传播模式的多元化与复杂性，使得传播主体和传播受众更多，即每个人都可以自由表达自己的思想理念，当某些别有用心的群体蓄意分享、转发不良信息，从而扩大了不良信息的传播与影响的范围，也让更多受众接触、了解到更多的不良信息，这不仅使各种思想文化难以被有效控制，而且某些大学生就是在这种情况下被误导的。从传播的效率来看，全媒体时代，在舆论领袖、网络大V、小众精英与社会大众等传播主体的推动作用下，这些传播主体借助全媒体对信息内容特有的编码功能，使全媒体除具有高效的传播速度以外，还具有编码能力，且能够随意对各种思想文化与价值理念进行编码，如利用文字、声音与图像等功能，以此极大地提升全媒体所承载的各种信息内容，为了得到更多传播受众的关注与提高点击率，全媒体通过断章取义、插科打诨、戏谑嘲弄等方式肢解、碎片化主流意识形态，抑或通过大肆传播各种思想文化所倡导的某些错误价值观，抑或借助社会热点蓄意传播某些错误的价值理念，从而在歪曲我国的主流价值和混淆中西方价值观念的过程中，进而达到弱化我国主流意识形态影响力之目的。

高校对意识形态传播载体的使用效果不理想，对网络传播媒体的应用不充分，即没有形成良好的合力，从而导致高校意识形态话语的传播力不强，进而导致高校意识形态话语权的引导力没有得到充分地发挥。传播是认识的重要条件，高校意识形态话语的传播力是增强高校意识形态话语权的基础，高校意识形态话语传播力不强就会使高校所倡导的价值理念、思想观念得不到有效传递。

当前，随着各种网络传播平台建设的不断强化，高校对网络传播媒体的大力开发与广泛应用，让高校网络传播平台呈现迅速发展的态势，如高校涌现出线上课堂、微博、广播、抖音、电子报、微信公众号等网络传播平台，但高校媒体融合力度不强，统筹整合和总体设计比较不足，并没有有效整合各部门之间的媒体资源，没有形成校园媒体矩阵和全媒体传播体系，以及没有使不同类型媒体的传播功能得到有机整合。因此，如何整合这些传播功能，推动各个功能互通，这是当前我国某些高校亟待解决的一项重大现实问题。就当前而言，高校意识形态话语内容的传递主要还是通过课堂教学、专题讲座、班级活动等传统方式开展，虽然校园广播、QQ 群、微信群等也在大力推广高校的意识形态话语，但在传播渠道复杂化、话语主体多元化时代，以资本为支撑的网络平台，大量泛娱乐化新闻充斥网络空间，高校意识形态话语容易被大众媒体的信息流量淹没，从而导致高校意识形态话语权被弱化。

总而言之，在网络传播媒体空间中各种价值观念可以得到传递，这使网络传播媒体成为人人都可以发表自己观点、表达自己诉求的传播渠道，即人人都拥有话语权。而全媒体空间传播内容的自我性和随意性使主流意识形态必然面临着被曲解和误读的困境，对高校而言，这具有弱化高校意识形态话语权的风险。

第三节　高校部分思政课教师的综合素养不高

意识形态工作主体与话语权之间存在着正相关关系，高校意识形态话语权的状况，在一定程度上与意识形态工作主体的综合素养有直接的关联性。在一定程度上甚至可以说，意识形态工作主体是增强高校意识形态话语权的关键，如果意识形态工作主体的综合素养高，那么他的权威性就比较突出，那么高校的意识形态话语权自然就比较强，反之则比较弱。高校思政课教师作为高校意识形态工作的主体之一，全媒体背景下他们的综合素养不高，主要表现为理论素养不高、媒介素养不高以及文化素养不高等方面。

一、高校部分思政课教师的理论素养不高

高校思政课旨在引导大学生正确理解国家的发展方向、政策措施和重大战略，提高大学生的政治觉悟。如果大学生对国家大政方针的理解和把握不够准确，就难以形成对国家发展的正确认识，也难以发挥自身作用为国家发展贡献

力量。而高校思政课教师的理论素养不高，一方面就会影响其讲深、讲透、讲活思政课所涉及的相关理论知识；另一方面也会影响大学生对主流意识形态的理解和把握，进而影响他们对主流意识形态的接受效果，从而影响高校在意识形态领域的引导力与话语权。高校是意识形态工作的前沿阵地，思政课是高校意识形态教育的主渠道。如果高校思政课教师的理论素养不高，就难以在高校营造良好的意识形态氛围，也难以培养具有坚定理想信念的青年后备人才，自然也就难以增强高校的意识形态话语权。高校思政课教师要讲好思政课需要有较高的理论素养，尤其是要拥有较高的马克思主义理论素养。正如习近平总书记所言："马克思主义始终是我们党和国家的指导思想，是我们认识世界、把握规律、追求真理、改造世界的强大思想武器。"① 但调查发现，个别思政课教师对马克思主义经典理论存在畏难情绪，他们认为马克思主义理论博大精深、其思想晦涩难懂，以至于在阅读该领域的相关理论知识时存在不知从何入手的问题。高校部分思政课教师的理论素养之所以存在不高的情况，可以从他们对理论知识的学习程度得出答案。虽然总体来看，高校思政课教师普遍比较重视理论学习，但在访谈中发现，有部分思政课教师存在内在驱动力不足的问题。如当问及"您学习思政课相关理论知识的主要原因"时，多数思政课教师认为是为了"提高思想理论水平""改进教学方法""增长知识、开阔视野""提高教学质量""只想了解理论知识、无任何目的和动机"等，这表明多数思政课教师对提高理论素养有较高主动性和认同度。但也有小部分思政课教师明确指出是"工作单位的要求""党组织的要求"，这说明了理论学习存在被动状况。在高校思政课教师理论学习的频率方面，通过访谈发现，多数高校思政课教师学习理论的频率比较高，如当问及"您学习思政课相关理论知识的频率"时，多数思政课教师表示他们经常自主学习思政课相关方面的理论知识，且平均每天至少学习理论知识 1 小时以上，但也有极小部分高校思政课教师表示会偶尔学习相关理论知识，甚至有小部分思政课教师指出除非是单位组织的理论学习活动才会参加，一般的理论学习活动极少参加。由此可见，多数高校思政课教师对理论学习的重要性有比较清晰的认识，也能够领会到理论学习对于提升理论素养的价值意义，但从学习的频率和自觉性来看，还是有小部分思政课教师的学习频率不高和主动性不足。因此，在这种学习状况下，自然会影响他们的理论素养。

---

① 徐隽，鞠鹏. 纪念马克思诞辰 200 周年大会在京举行［N］. 人民日报，2018-05-05（1）.

高校思政课教师作为高校意识形态工作的主体之一，他们的理论素养、理论思维直接关涉思政课的实效性，影响着高校意识形态话语权的主导力、感召力和凝聚力。"理论思维的起点决定着理论创新的结果。"① 高校思政课教师作为高校意识形态话语的传播者，高校意识形态话语权的建设问题是高校意识形态工作主体的作用能否得到有效发挥的问题，而高校思政课教师作为高校意识形态工作的重要主体之一，他们拥有扎实的理论功底、较高的理论素养，不仅是增强高校意识形态话语权的重要条件，更是必要条件。具体来说，高校思政课教师拥有扎实的理论功底、较高的理论素养，是讲深、讲透、讲活意识形态话语内容的重要条件，但调查发现，高校部分思政课教师存在对马克思主义经典理论含糊不清、一知半解的情况。如在对高校思政课教师关于对马克思主义经典著作的理解方面的一项调查中，当问及"你对马克思主义经典理论的熟悉程度"时，有部分高校思政课教师存在对马克思主义经典理论的理解不深刻、不全面、不系统的问题，尤其是那些承担《中国近现代史纲要》课程的教师，他们对马克思主义经典理论的熟悉程度相对比较弱。相较而言，讲授《马克思主义基本原理》课程的教师对马克思主义经典理论比较熟悉，能够深刻把握其理论精髓、系统阐释其知识谱系。由此可见，虽然多数思政课教师具有较为深厚的马克思主义理论功底，但正是有小部分思政课教师的理论功底不扎实，尤其是在马克思主义经典理论方面的功底不足，导致其不能讲解好马克思主义理论方面的相关知识。众所周知，马克思主义作为高校意识形态的指导思想，位居主导地位，如果思政课教师不具备基本的理论素养，那么他们在复杂的现实问题面前，也难以用马克思主义的立场观点和方法解释好理论问题、现实问题，也难以有效回击一些错误的思想观念，从而难以切实增强高校的意识形态话语权。事实上，习近平总书记在哲学社会科学座谈会上的讲话中就曾明确指出，"在对待坚持以马克思主义为指导问题上，绝大部分同志认识是清醒的、态度是坚定的。同时，也有一些同志对马克思主义理解不深、理解不透，在运用马克思主义立场、观点、方法上功力不足、高水平成果不多，在建设以马克思主义为指导的学科体系、学术体系、话语体系上功力不足、高水平成果不多"②。甚至存在"有的人马克思主义经典著作没读几本，一知半解就哇啦哇啦发表意见，

---

① 习近平. 习近平谈治国理政：第二卷［M］. 北京：外文出版社，2017：342.
② （授权发布）习近平：在哲学社会科学工作座谈会上的讲话（全文）［EB/OL］. 新华网，2016-05-18.

这是一种不负责任的态度，也有悖于科学精神"①。这造成的恶果就是会导致马克思主义"被边缘化、空泛化、标签化"，甚至会"在一些学科中'失语'、教材中'失踪'、论坛上'失声'"②。因此，他提出我们"要自觉坚持以马克思主义为指导，自觉把中国特色社会主义理论体系贯穿研究和教学全过程，转化为清醒的理论自觉、坚定的政治信念、科学的思维方法"③。因为，"只有真正弄懂了马克思主义，才能在揭示共产党执政规律、社会主义建设规律、人类社会发展规律上不断有所发现、有所创造，才能更好识别各种唯心主义观点、更好抵御各种历史虚无主义谬论"④。由此可见，只有深入了解马克思主义，才能更好地发现共产党执政、社会主义建设以及人类社会发展的规律，从而才能真正讲深讲透讲活马克思主义。此外，深入了解马克思主义也能帮助我们辨别各种唯心主义观点，有效抵御各种错误的思想观点。

二、高校部分思政课教师的媒介素养不高

在全媒体时代，高校思政课教师的媒介素养不高，指的是高校思政课教师在运用现代传播媒体这个工具进行思想政治教育过程中，缺乏必要的媒介知识、技能和批判性思维的能力。这种情况在一定程度上既会弱化高校思想政治教育的实效性，也会弱化高校意识形态的话语权。良好的媒介素养是意识形态工作主体用好传播媒介的重要条件，是增强高校意识形态话语权的重要保障。那么"媒介素养"是什么呢？媒介素养随着媒介技术、媒介形态的发展与变迁，其内涵已发生了相应的变化，从纸质传统传播媒介到网络现代传播媒介的变迁，传播媒介已发生了革命性变化。美国媒体素养研究中心把"媒体素养"界定为"能力"，即基于面对媒体中各种信息时所呈现的"选择能力、理解能力、质疑能力、评估能力、创造和生产能力以及思辨的反应能力"等六种能力⑤。我国学者主要从三个层面进行了分析，一是对媒介信息的认知能力，其中包含了信

---

① （授权发布）习近平：在哲学社会科学工作座谈会上的讲话（全文）［EB/OL］．新华网，2016-05-18.

② （授权发布）习近平：在哲学社会科学工作座谈会上的讲话（全文）［EB/OL］．新华网，2016-05-18.

③ （授权发布）习近平：在哲学社会科学工作座谈会上的讲话（全文）［EB/OL］．新华网，2016-05-18.

④ （授权发布）习近平：在哲学社会科学工作座谈会上的讲话（全文）［EB/OL］．新华网，2016-05-18.

⑤ THOMAN E. Skills and Strategies for Media Education［J］. Educational Leadership, 1999, 56：50-54.

息获取的能力；二是对媒介信息的反思能力，其中包括对媒介信息的评估能力和分析能力；三是对媒介信息知识的应用能力，主要包括制造信息与传播信息的能力。① 由此可见，媒介素养不仅包含了技术层面的知识技能，还囊括了文化社会层面的思想观念与价值理念。为此，我们可以把高校意识形态工作者的媒介素养，界定为具有对媒介信息评价、媒介信息鉴别和媒介信息批判的能力，能够合理运用媒介技术、正确解读媒介信息，能够摈弃消极思想观念、不良文化思想影响的能力。因此，从高校意识形态工作主体的视角而言，高校意识形态话语权之所以面临困境，一个重要因素就是意识形态工作主体的媒介素养不高。调查发现，高校部分思政课教师因年龄、阅历、成长背景和工作状态等问题，对媒介技术、媒介传播、媒介应用等知识缺乏系统全面的认知，他们多数集中于自身的经验，对媒介技术的实践应用多数停留于概念层次，未能把媒介技术赋能于教学实践中，从而阻碍了育人的实践效果。

高校部分思政课教师的媒介素养不高主要表现为对于新的意识形态话语传播载体的使用不恰当、不充分，使其没有发挥出意识形态话语的功能价值，没有推动意识形态话语内容的有效传播；高校部分思政课教师对现代传播技术的使用能力不足，他们习惯使用传统传播技术，使得传播的手段变得单一，传播的能力跟不上时代发展要求，从而在一定程度上弱化了高校的意识形态话语权。如当问及"你利用现代传播媒体宣传高校意识形态话语的频率"时，虽然多数教师使用的频率比较高，但是也有小部分教师只是偶尔使用，他们认为已经在课堂上使用传统教学方法讲清楚了主流意识形态方面的相关问题，没有必要再使用现代传播载体来推广主流意识形态。另外，在对现代传播技术熟悉程度的调查情况得知，多数思政课教师能够熟练地运用现代传播技术，但是也有小部分教师对现代传播技术的使用不是非常熟悉。最后，还有部分思政课教师在传播高校的主流意识形态时，往往以校园主流媒体为主，而以学生经常使用的微信群、QQ 群、微博、贴吧等作为传播渠道的解放思想不足，如果师生对校园主流网页缺乏关注，那就很难达到传播主流意识形态的效果。如有学者于 2020 年在吉林一所高校对思政课教师的媒介素养进行了调查，其统计结果发现，在高校思政课教师的媒介认知力方面，多数思政课教师比较熟悉和了解各种传播媒介，但存在综合能力不足的问题，且有 70% 的教师未能积极、主动探索各个传播媒介尚未开发的教学功能，有 40% 的教师对媒介素养持"并没有特别重要"

---

① 李金城. 媒介素养测量量表的编制与科学检验［J］. 电化教育研究，2017，38（5）：20-27.

的态度，有7%的教师对媒介素养持"可有可无"的态度；在媒介应用能力方面，虽然多数思政课教师能够熟练地使用各种传播媒介进行教学，但有40.2%的教师认为运用媒体教学的能力不够突出。①

　　高校思政课教师的媒介素养不高容易导致接触者陷入"信息茧房"的困境中，"信息茧房"意指"网络虽然能够带来更多的咨询选择和更便捷的信息搜索，但公众只注意自己选择的信息和使自己愉悦的通信领域，久而久之，会将自身桎梏于像蚕茧一样的'信息茧房'之中"②。网络作为现代科技的伟大产物，极大地丰富了我们的信息来源和咨询渠道，提供了前所未有的便捷性。它如同一座取之不尽、用之不竭的宝库，让人们在广袤的信息海洋中自由遨游。人们可以根据个人偏好，选择关注的信息种类和交流方式，这样的个性化服务极大地提升了信息的获取效率和愉悦感。然而，随着人们对网络依赖性的加深，一个不容忽视的现象逐渐浮现——人们在海量信息中，更倾向于关注那些符合自己已有认知和偏好的信息，而排斥与之相悖的观点。这种现象，就像是人们在网络世界中构筑了一个个性化的"信息茧房"，将自己包围其中。在这个茧房里，信息和观点的多样性被削弱，人们接触到新鲜事物和不同意见的机会减少，长此以往，容易造成视野的狭窄和思考的单一。"信息茧房"不仅仅限制了人们的知识广度，还可能影响社会的整体进步。因为，在这样一个封闭的环境中，创新和变革的火花可能会被扼杀，公众对重要社会议题的理解和判断可能会出现偏差。而"茧房化"会加大高校意识形态引领的难度。桑斯坦在《信息乌托邦：众人如何生产知识》中明确指出："公众关注的领域习惯性地被自己的兴趣和使自己愉悦的信息引导，失去了解不同事物的能力和接触机会，不知不觉间为自己制造了一个信息茧房。"③全媒体基于算法技术持续不断地向大学生推送同质信息，传播对象会受制于自我认知与兴趣爱好，从而把自己束缚在"信息茧房"中，以此拒绝其他异质符号信息的输入，这种情况会弱化师生的互动频率。如果思政课教师缺乏相应的媒介知识，就难以突破"信息茧房""信息孤岛"造成的困境，那么思政课教师所讲授的知识仅仅会给大学生产生弱影响力，教师教学的育人效果也会遭受冲击。

---

① 杨静．高校思政课教师媒介素养存在的问题分析：以吉林省A高校为例［J］.传播力研究，2020，4（23）：156-157.

② 桑斯坦．信息乌托邦：众人如何生产知识［M］．毕竞悦，译．北京：法律出版社，2008：8.

③ 桑斯坦．信息乌托邦：众人如何生产知识［M］．毕竞悦，译．北京：法律出版社，2008：8.

高校思政课教师的媒介素养不高会导致信息获取和处理能力受到限制，在网络信息爆炸的时代背景下，高校思政课教师需要具备一定的媒介素养，才能从海量的信息中筛选出有价值的内容，并正确地理解和处理信息。如果缺乏这种能力，那么现代传播媒体的功能就得不到有效发挥，自然就会影响教学的效果。因为，高校思政课教师在进行教育教学时，需要运用各种媒介手段传递教育内容。如果高校思政课教师的媒介素养不高，就难以将抽象的理论转化为生动、形象的教育资源，也难以激发大学生的学习兴趣和参与热情，也不够较好地传递信息和分析信息，就难以在校内外有效传播社会主义核心价值观，也难以抵制错误思想和有害言论的传播，从而影响高校思想政治教育的实效性，进而难以切实增强高校意识形态的话语权。

三、高校部分思政课教师的文化素养不高

高校思政课教师的文化素养不高，指的是高校思政课教师在思想政治教育过程中，缺乏必要的文化知识、文化理解和文化批判性思维的能力。这种情况在一定程度上不仅会影响思想政治教育的有效性，还会弱化高校在意识形态领域的话语权。反之，如果高校思政课教师拥有较高的文化素养，这对于推动社会发展、塑造大学生的品格、营造良好校园文化环境、提升思政课教学质量等具有极其重要的现实意义。然而，调查发现，高校部分思政课教师对马克思主义思想文化不够熟悉、对优秀传统文化的认识不够深刻。

第一，部分思政课教师对马克思主义思想文化不够熟悉。马克思主义思想文化作为高校的主导性文化，是推动高校发展的指导性思想，位居主导地位。然而，在访谈中，部分高校思政课教师存在对马克思主义思想文化的认识不深刻、不全面的问题，如当问及"您对马克思主义发展史的熟悉程度"时，有部分思政课教师对马克思主义发展的历史脉络不够清晰、系统和全面；在欧洲马克思主义、苏联马克思主义和中国马克思主义方面，对中国马克思主义比较熟悉，但对欧洲马克思主义、苏联马克思主义的认识不够熟悉。众所周知，如果对诞生于欧洲的马克思主义的认识不够清晰、对欧洲马克思主义发展史不够熟悉、对苏联马克思主义的认识不够深刻，那么他们就不会了解马克思主义在欧洲发展的曲折过程和在苏联发展所取得的成就及其遭遇，尤其是马克思主义成为欧洲工人指导思想的曲折过程，以及马克思主义遭遇伯恩斯坦修正主义的曲折过程，只有了解这些曲折的过程才能真正领会马克思主义诞生于欧洲、影响于世界的发展过程，也才能更加坚定对马克思主义的信仰。事实上，只有真正掌握了马克思主义的发展史、马克思主义的思想文化谱系，才能真正建立马克

思主义的知识谱系，才能真正将马克思主义世界观和方法论讲深讲透讲活，从而才能够真正得到学生的关注和青睐，最终才能真正发挥思政课主渠道的功能与价值。

第二，部分思政课教师对中华优秀传统文化的理解尚待深化。传承和弘扬优秀传统文化是高校思政课的重要目标之一，而要实现传承与弘扬的目的，思政课教师须具备一定的文化素养，这既是实现传承与弘扬优秀传统文化的内在要求，也是实现以文化人和以文育人的现实要求，更是坚定理想信念、践行时代使命的必然要求。中华优秀传统文化作为中华民族历经千年实践的智慧瑰宝，其中蕴含着丰富深邃的先进理念、人文精神以及道德规范等。高校思政课教师只有不断传承创新，才能展现出中华优秀传统文化的魅力与风采，才能进一步展示思政课深厚的文化力量。弘扬中华优秀传统文化，有利于整肃家风民风政风党风，有利于推动社会主义核心价值观培育，有利于构建生态与网络文明，有利于强化世界华人中国情怀。"坚定文化自信，一项重要工作就是通过深入研究把中华优秀传统文化的精神标识、文化精髓提炼出来、展示出来。"①

高校思政课要展示优秀传统文化的精髓，关键在于认清传统与现代的互补关系，在守正与创新中实现转化发展，以此达到传承与弘扬的目的。然而，在访谈中，当问及"您会自觉主动地把优秀传统文化融入思政课教学中吗？"，多数思政课教师认为，优秀传统文化中蕴含着丰富深刻的课程教学内容中的元素，将其融入课堂教学中，更能展示思政课的力量和魅力。但是，也有少部分思政课教师认为，由于思政课的内容本身比较多，如果再融入优秀传统文化就会影响教学进度，只有在涉及优秀传统文化的相关内容时才会将其融入课堂教学过程中。由此可见，仍然有少部分思政课教师没有认识到优秀传统文化在助力思政课中的价值意义，而导致这一结果的重要因素就是他们对优秀传统文化的认识不深刻，而认识不深刻自然就难以发掘优秀传统文化中深厚的文化资源。

有学者在对北京高校进行的一项调查中指出，"在校学生对传统文化教学的满意度不高，除师资短缺和教学质量难以保证等原因外，不少新进入高校从事思政课教学工作的教师自身缺乏对传统文化的深刻理解，甚至习惯于应用西方心理学、哲学讲授大学生思政课；专职辅导员在日常思想政治教育工作中也深感缺乏系统性的传统文化知识储备"②。该调查研究表明，高校思政课教师要讲

---

① 张岂之. 努力提炼中华优秀传统文化的精神标识：构建中国特色哲学社会科学 [N]. 人民日报，2019-02-18（9）.

② 韩聪钰，贾利军. 传统文化课程体系建设与大学生思想政治教育：基于北京地区高校的调查分析 [J]. 北京教育（德育），2012（9）：46-48.

好中华优秀传统文化就要具备深厚的文化素养。但有学者在调查研究中发现，高校思政课教师没有处理好中华优秀传统文化与思政课的内在关系，既存在思政课碎片化解读优秀传统文化的情况，使其教育价值没有得到系统的呈现与彰显，也存在单纯从文本中寻求可借鉴的理论知识、价值观念与思想文化，忽略了不同群体对传统文化的认知、认同及需求的差异性问题。[①] 如果没有处理好优秀传统文化与思政课的内在关系，就会使优秀传统文化的文化性遮蔽思政课的政治性。对高校思政课而言，"政治性较之文化性，是更为根本、更为深刻的本质规定性"，"它是以政治取向来汲取文化资源，以政治需要来规导育人规格，以文化教化来实现政治目的"[②]。造成上述这些结果的因素是多方面的，其中一个重要的方面就是高校思政课教师的文化素养不高，而文化素养不高必然就会影响思政课教育内容的传播效果。因为，高校思政课教师在进行教育教学时，需要运用各种文化资源传递教育内容，如果思政课教师的文化素养不高，就难以将抽象的理论转化为生动、形象的教育资源，也难以激发大学生的学习兴趣和参与热情，从而影响思想政治教育的实效性。文化素养不高还会削弱高校在意识形态领域的引导力，高校在意识形态领域本来就发挥着引导社会舆论、传播正能量的作用，如果高校思政课教师的文化素养不高，就难以增强高校意识形态的话语权。

第三，高校部分思政课教师存在对意识形态重要性的认知力不足的问题。这主要是因为高校把教学科研工作作为学校发展的重中之重，从而导致意识形态工作受到怠慢。高校思政课教师对学校的意识形态工作具有积极的重要作用，他们始终扮演着服务者、引导者和管理者的角色，如果他们的认知力不足，自然就会影响意识形态工作的质量。在实践活动中，高校意识形态工作主体的认知力不足，会导致高校意识形态话语权遭到弱化。具体来说，由于某些意识形态工作主体认为，意识形态工作要让位于教学科研工作，存在着非此即彼的认识误区，这就难免会使他们放缓，甚至弱化意识形态工作。事实上，两者并无差别，而是一个有机统一的整体。因为，无论是教学科研工作，还是意识形态工作，都是高校极为重要的工作，都不能偏执一端，如果高校不把它们有机统一起来使其共同发展，那么高校很难达到高质量发展的目的。这种认知力不足主要表现在三方面：其一是高校部分思政课教师对高校意识形态话语权比较缺

---

① 陈继红，王易．中国传统文化与思想政治教育研究的论域、问题与趋向［J］．思想理论教育导刊，2013（11）：89-93．

② 沈壮海．关注思想政治教育的文化性［J］．思想理论教育，2008（3）：4-6．

乏客观公正的认识与研判，导致落实意识形态管理工作的能力不足，没有把工作重心放置于意识形态话语权的建设中，使意识形态工作流于形式；其二是高校部分专业课教师在课堂教学中存在重视专业知识，而轻视课程思政的现象，导致专业知识教育与意识形态教育存在两张皮的现象，尤其是某些专业课教师对高校意识形态工作的认识力严重不足，认为高校意识形态工作是学校党政部门和思政课教师的职责，与专业课没有关系，从而没有肩负起做好增强高校意识形态话语权的责任；其三是某些辅导员、班主任仅重视学生的学习成绩，从而忽视了对学生进行意识形态的引领与规范，尤其是对学生思想动态的关注度不够，甚至缺乏了解，进而导致大学生在拔节孕穗期没有得到很好的价值引导，从而为非主流意识形态在大学生中的传播提供了可乘之机。此外，由于某些高校意识形态工作主体对教育政策的理解不够深刻，对我国的国情不够了解，在课程教学中易受情绪左右、易受西方话语影响，出现唯西方马首是瞻的缺陷。显然，这不仅严重损害了高校意识形态工作主体的形象，还在一定程度上弱化了高校意识形态话语权的主导性、凝聚力和感召力。

第四节　部分高校意识形态教育话语的吸引力不强

全媒体时代，也是"人人皆媒体"的时代，这种时代催生了各种"价值共识圈"，缩小了私人领域与公共领域之间的话语鸿沟。全媒体领域一些话语内容因"草根气质""流行话语""差异化价值"受到高校大学生的青睐、推崇，如果高校意识形态的话语内容缺乏足够的引领力、说服力，那么高校意识形态话语难免会遭受质疑，正向价值观与共同信仰难免会被淡化，从"话语"即"权"这个视角而言，意识形态话语的弱化必然意味着意识形态话语权的弱化。

一、部分高校意识形态教育话语的现实性不强

高校意识形态教育话语的现实性不强，主要表现为一些高等院校在开展意识形态教育时，其意识形态的教育话语内容与社会现实之间存在一定的脱节现象，这主要表现在三方面。其一，时效性不足，随着社会的快速发展和变化，一些意识形态教育话语内容没有及时更新，仍然停留在过去的知识和经验的基础上，这种滞后性使得教育话语的内容无法跟上时代的步伐，甚至存在与社会实际需求不匹配的情况，在一些高校中，意识形态教育话语存在模式化、陈旧化现象，不能充分反映当前社会、政治、经济等方面的最新发展变化，导致大

学生在接受意识形态教育时难以产生共鸣。其二，高校的意识形态教育话语还存在忽视社会问题和大学生需求问题的情况，如在忽视社会问题方面，高校意识形态教育话语内容有时未能充分反映社会的现实问题，也没有探讨如何化解当前社会面临的主要问题的策略，如环境保护、社会公正、文化多样性等，这种忽视使得大学生在面对社会现实问题，不能够很好地进行全面的分析，使其缺乏必要的准备和应对现实问题的能力；在忽视大学生的需求方面，高校的意识形态教育话语在内容的设计和实施过程中，有时未能充分考虑大学生的个性化需求和兴趣爱好，这种"一刀切"的教育方式难以激发大学生的主动性和创造性，也难以满足他们多样化的学习和发展需求。其三，高校意识形态教育话语与实践相结合的程度不够，一些高校的意识形态教育往往停留在理论层面，导致意识形态教育的实践环节往往没有得到足够的重视，使理论与实践之间存在较大的鸿沟，从而存在缺乏与社会实践有机结合的情况。这种结合程度紧密性不够的问题，还表现在高校意识形态教育的教学过程中，高校往往因为缺乏实践性教学活动的设计，如实验、实习、社会调查等，从而使大学生难以将理论知识应用于具体的社会实践中。通过调查发现，意识形态教育话语往往侧重于理论知识的传授，而相对比较缺乏把课堂上的理论知识与现实社会问题相结合的实践环节，以至于大学生在学习过程中难以将抽象的概念直接应用于具体的社会实践中，从而影响了高校意识形态理应具有的引导力与影响力，进而影响着高校意识形态的话语权。

　　高校意识形态教育的话语内容与社会现实相结合的程度不足，这主要表现为马克思主义理论与社会现实有机结合的程度不足，从而没有很好地展现马克思主义理论对社会现实的指导意义。高校意识形态教育话语内容存在重知识传递、轻现实引领，使其内容虚化，最终导致其说服力不强。在调查过程中，当问及"您对高校思政课教学内容的态度"时（具体见表3-3），选择"教学内容非常丰富、深刻，对自己的发展具有引领作用"的学生占61.12%，选择"教学内容僵化乏味，比较缺乏现实性、针对性、创新性"的学生占19.99%，选择"一般"的学生占18.89%。当前，高校思政课作为传递高校意识形态话语内容的主渠道，在课堂教学中多数高校存在侧重于理论讲授，而忽视了理论要与现实相结合的问题，这使得话语内容变得无趣化、弱吸引力。由此可见，部分大学生对主流意识形态话语内容的掌握停留于知识层面的识记，存在为了考试而学、为了学分而学，并没有完全将其作为提升道德品质和人生价值的路径，从而弱化了引导人、塑造人、化育人的教育效果与引导功能。因此，如果高校思政课教师仅仅停留于理论层面，不把意识形态教育的理论内容与现实问题相结合，不用马克思主义理论来引领学生认识现实的问题、分析现实的问题，势必导致大学生敷衍式地接受我国高校的意识形态教育，这自然让高校意识形态教育的理论话语难以完全达到入脑入心的目的，最终导致高校意识形态话语内容对社会现实的解释力、分析力与引导力不足。众所周知，现实问题本身就是广大师生关注的一项重大问题，但高校意识形态工作者存在回避现实的问题，遮蔽日常生活中的普遍难题，这种以回避现实问题去空洞地阐释理论知识、讨论人生道理的教学方式，自然难以说服大学生主动接受其理论知识与人生道理。归根到底，理论与现实相结合的程度不紧密的一个重要因素就是运用马克思主义的意识形态话语来阐述现实问题的能力不足，这使马克思主义意识形态话语流于理论层面，使马克思主义意识形态话语空泛化、抽象化，致使高校意识形态话语权面临困境。

表 3-3　您对高校思政课教学内容的态度

主题	频率
教学内容非常丰富、深刻，对自己的发展具有引领作用	61.12%（N＝951）
教学内容僵化乏味，比较缺乏现实性、针对性、创新性	19.99%（N＝311）
一般	18.89%（N＝294）

二、部分高校意识形态教育话语的针对性不强

高校的意识形态话语权是国家文化安全和思想引导的重要体现，如果高校意识形态教育话语的内容没有针对性，就难以引起大学生的共鸣，就会影响意识形态教育的效果。因此，在高校意识形态教育领域，高校的意识形态教育话语若缺乏一定的针对性，可能就会导致其在传播力和影响力上受到弱化，进而影响高校意识形态的话语权。

高校意识形态教育的针对性不强，就是在意识形态教育的过程中没有很好地"遵循教书育人规律，遵循学生成长规律"[1]，没有贯彻好"因地制宜、因时制宜、因材施教"[2]。具体来说，高校意识形态教育主体没有很好地根据教育对象、教育内容的相关要求，采取相应的教学方法，从而在一定程度上影响了高

---

[1] 吴晶，胡浩. 习近平在全国高校思想政治工作会议上强调：把思想政治工作贯穿教育教学全过程 开创我国高等教育事业发展新局面 [N]. 光明日报，2016-12-09（1）.

[2] 张烁，谢环驰. 习近平主持召开学校思想政治理论课教师座谈会强调：用新时代中国特色社会主义思想铸魂育人 贯彻党的教育方针落实立德树人根本任务 [N]. 人民日报，2019-03-19（1）.

校意识形态教育的实效性。众所周知，高校大学生在生活习惯、兴趣爱好、学科背景、知识体系等方面都具有一定的差异性，这使他们在面对同一问题时会表现出不同的看法与态度。因此，如果高校意识形态教育的针对性不强，自然就会影响其教育效果。在调查过程中发现，高校意识形态教育的针对性比较不足，高校意识形态教育主体往往没有考虑到学生的个体差异，时常采取一刀切的方法，如在对高校思政课教师的访谈中，当问及"您在思政课教学中会考虑学生的学科背景、兴趣爱好吗?"，多数思政课教师表示会考虑学生的学科专业背景，但也有少部分思政课教师表示不会考虑学生的学科专业背景，即主要按照课程内容和教学大纲要求讲授思政课，且有多数思政课教师明确表示很难按照学生的兴趣爱好来开展思政课，其中最为困难的就是去统计学生的兴趣爱好。

在对高校大学生的问卷调查中，从调查统计结果来看，虽然多数学生对高校意识形态教育话语持积极正面的态度，但选择意识形态教育话语内容针对性不足的学生占 19.99%（具体见表 3-3）。而针对性不足的问题主要表现为，话语表达存在生搬硬套的现象，理想化、教条化、标语式的话语层出不穷，话语内容的层次性、生动性严重不足，枯燥抽象的理论内容不仅难以得到学生的青睐，而且也加大了大学生掌握其理论知识的难度，浓厚的思想性与政治性，没有很好地结合大学生身心发展的特点，使其呈现出情感教育不足、人文关怀乏力，从而难以激起大学生主动承担社会责任与义务的情感认同，使大学生接受意识形态教育时思维僵化、情感被动，没有把意识形态的话语内容转化成心灵深处的信仰。高校意识形态教育话语的针对性不强还表现为其阐释力比较不足，从这个角度来说，高校意识形态话语的阐释力、说服力就会受到因针对性不强的影响，从而最终影响高校意识形态话语权的引领力和感召力。事实上，大学生之所以热衷于在互联网休闲娱乐，是因为网络现代传播技术具有智能化推送特点，它能够根据大学生的个性特征、内在需要来量身打造话语信息。显然，这种推送模式就具有显著的针对性，因此以满足大学生"内在需要"而来精准推送的话语信息自然会得到他们的青睐与追捧，从而使大学生极易受到网络传播媒体中某些思想观念的影响。由此可见，高校如果要提升意识形态教育的实效性，就要提升意识形态教育话语内容的针对性，其针对性提升了，自然就能够增强高校意识形态的话语权。

三、部分高校意识形态教育话语的创新性不强

创新是推动高校意识形态教育不断发展和进步的重要驱动力，它对于提升高校意识形态教育的质量、满足大学生个性化需求、培养适应未来社会发展需

要的人才和增强高校意识形态话语权等具有重要的价值意义。然而调查发现，部分高校的意识形态教育话语的创新性不强，这主要表现为教育话语内容比较缺乏新颖性和时代感，这主要表现在四方面：其一，高校意识形态教育话语内容存在内容的严肃性、厚重性、抽象性等特点，导致高校意识形态教育存在教学内容理论化的现象，使教学内容时常以单调的形式、枯燥的内容呈现，导致大学生难以将抽象的理论与具体的社会现象联系起来；其二，高校意识形态教育话语内容的更新不及时，存在模式化、教条化、理想化等简单僵化的说教，比较缺乏潜移默化、润物无声的引领，且正是由于教育内容的陈旧性、更新的滞后性，往往未能及时反映社会发展的最新成果和时代特征，未能有效地与国家发展的现实需求相结合，从而使教学内容难以满足大学生对新知识、新理论的渴求；其三，高校传播媒体承载和传播的意识形态话语内容呈现同质现象、议题设置的创新性不足，使主流意识形态话语的效能没有得到充分的发挥，从而在一定程度上具有弱化高校意识形态话语权影响力的问题；其四，高校意识形态教育话语内容的表达方式的创新性不足，这主要表现为教学内容存在千文一面、硬性灌输的现象，使其意识形态教育话语内容存在单向性传播，使得高校意识形态话语在多元信息话语的冲击下缺乏吸引力，甚至使高校意识形态话语呈现"失灵""失语""失踪"等问题，从而在一定程度上弱化了高校意识形态的话语权。

　　在对高校意识形态教育话语的创新性方面的调查结果显示，部分高校意识形态教育存在知识更新比较慢，灌输性比较强，话语表达比较缺乏新意，空话大话比较多，理论与现实脱节的现象，尤其在对社会热点的有效解释力方面，主流媒体对热点事件的解释力强，应急处理的效率比较高，但从厘清现实利益、社会矛盾的关系来看，内容深度不足、说服力和解释力比较不足，尤其是主流意识形态教育话语的魅力比较不足等问题，如当问及"你对高校意识形态教育话语内容的态度"时（具体见表3-3），从调查结果来看，虽然多数大学生认为，其"教学内容非常丰富、深刻，对自己的发展具有引领作用"，但也有19.99%的大学生选择意识形态教育话语创新性不足。众所周知，大学生本身对新奇的内容比较感兴趣，如果高校意识形态教育话语的创新性不足，其教育内容自然难以得到大学生的青睐。

　　高校意识形态教育的话语内容是高校意识形态话语权建设的重要元素，占据主导性地位。随着时代的发展和社会的变迁，新的社会现象和思想潮流不断涌现，在高等教育领域，如果意识形态教育的话语体系不能及时更新、不能紧跟时代发展、不能反映新的社会现象和思想潮流，就难以吸引大学生的兴趣，难以有效回应和引导这些新变化，就会影响高校意识形态教育的效果，从而影响高校意识形态的话语权。基于此，高校意识形态教育的话语内容不应该仅限于理论文本、不能局限于教科书中的理论知识，而应该结合大学生的现实情况、社会的热点问题、社会的主要矛盾等，备好课堂讲授的内容，备好大学生关注的热点问题，坚持以马克思主义理论为指导，做出符合课程发展要求的内容创新、顺应时代发展需要的模式创新、满足大学生需要的话语创新。另外，高校意识形态教育的话语内容要得到大学生的青睐和关注，就要主动联系大学生、贴近大学生，注重意识形态教育的话语表达方式，注重文化交流，观察不同流行文化之间的差异，借鉴现代传播技术，反思高校意识形态教育话语表达的创新模式，规避假大空、生冷硬的问题，尽量传递大学生听得懂、愿意听的教育话语，注重表达方式的灵活性与多样性，把大学生的思想性、群体性结合起来，融入现代元素，让大学生乐于接受、愿意接受高校意识形态教育的话语内容。

第五节　高校部分大学生的个体因素影响主流意识形态的话语权

大学生作为高校最为主要的传播受众，要实现自我规范、自我约束是比较困难的，因为在网络传播媒体空间中的大学生的思想觉悟、认知能力、辨识能力、鉴别能力等方面都存在着较为明显的不足，而全媒体的开放性自然会成为各种思想观念的集散地，会成为各种错误思想观念对大学生进行意识形态渗透的工具，从而可能会使大学生受到某些错误思想观念的影响。显然，如果大学生的价值观念与主流意识形态不在同一个轨道，那么高校意识形态话语权要去引领他们、感召他们就会变得异常艰难。当前，网络传播平台已成为大学生休闲、娱乐的重要场所，而某些别有用心者时常利用网络的匿名性、隐蔽性等发表虚假、过激和错误的信息。当然，"人们并不是机械被动地接受环境的影响，而是始终体现了人的主体选择性。"[①] 从这个角度来说，大学生认同主流意识形态，或者受到某些非主流意识形态的影响与误导，都是他们自己选择的结果。具体来说，就是他们辨识力不强、尚待成熟的心理、未定型的"三观"、不完善的知识体系等因素综合作用的结果。当前，大学生正处于拔节孕穗期，他们的世界观、人生观、价值观尚未成型，知识体系不完善，独立思考、独立判断的

---

① 李忠军. 意识形态安全与大学生政治价值观研究［M］. 2版. 长春：东北师范大学出版社，2015：181.

能力都相对较弱，存在盲目跟风的状况，这使他们极易受到各种错误思想观念的蛊惑与引诱，尤其在高校主流意识形态话语无法引领大学生正确分析所面临的现实问题时，高校意识形态话语权的引领力、凝聚力和感召力就要受到影响。

一、高校部分大学生辨识力不强，影响其对主流意识形态的认同

全媒体时代的特点是信息量大、传播速度快、覆盖范围广，而铺天盖地、鱼龙混杂的信息，使大学生容易被各种各样的思想信息包围。正是全媒体所提供的多样化信息，一方面为大学生获取丰富的信息资源、接触多元文化提供了机会，另一方面参差不齐的媒介信息给青年大学生的辨识力与判断力带来了严峻的考验。在全媒体时代，信息传播的速度和范围都得到了显著发展，大学生作为全媒体信息的重要传播者和接收者，由于他们相对比较缺乏足够的社会经验和独立思考的能力，在面对复杂多变的社会现象和多元化的价值观念时，往往难以做出理性的判断与正确的识别，即由于他们辨识力不足，使得他们在接触和判断信息的真伪时，更容易受到错误思想和不良信息的蒙蔽和影响。此外，全媒体时代海量化的信息，让信息的真实性、准确性和价值导向性变得更加难以辨别，大学生作为海量信息的被动接受者，当他们浏览的某些碎片化信息符合自身的价值认知时，这些信息难免就会得到大学生的认同，甚至某些大学生可能会被网络上不实信息、极端言论或者是有偏见的信息误导，从而导致他们在缺乏全面了解这些信息的情况下随意做出判断，进而影响他们做出正确的价值选择。因此，当大学生在价值选择和价值判断过程中出现了问题之时，他们的价值行为自然会与我国的主流价值相背离，最终影响着他们对主流意识形态的认同。

在全媒体时代，高校大学生接收新知识的能力已得到了显著增强，在接触新的思想观念时，也能够从合理的视角去分析和解读新的信息与新的知识。但因为他们在辨识力方面存在比较不足的现象，使其容易感性化与情感化，如某些大学生仅仅从自我感觉出发，觉得某些错误思想观念说得有道理、符合自身的发展要求，从而在没有真正考察错误思想观念危害的情况下，盲目地把某些错误思想作为自己的行动指南、作为自己的价值准则。因此，由于大学生的辨识力不强，当某些别有用心者向他们传播错误的思想观念时，他们容易将其倡导的错误思想观念纳入自我的价值体系中。由此可见，在大学生的辨识力还不强的情况下，对某些错误思想的模糊认识，以及在自我优先意识的驱使下难免认同非主流意识形态中的某些错误思想观念，从而会弱化他们对高校意识形态的认同。

二、高校部分大学生待成熟的心理，影响主流意识形态对大学生的感召力

大学生正处于心理成熟的关键阶段，其心理、心智都还有待成熟，社会经验也不丰富，自我意识较强，好奇心和求知欲强，思维又比较活跃，还喜欢发表看法、彰显才华、炫耀自我，对自我发展与自己的利益都比较关切，对全媒体领域的思想信息有着独到的情感与认知，因此全媒体就容易成为他们寻求刺激与发泄不满的平台。与此同时，大学生也较为敏感和不稳定，这种待成熟的心理状态使他们更容易受到错误思想和文化观念的影响和诱导。这些错误的思想和文化观念可能源于多种渠道，包括但不限于网络上的极端言论、社会上的不良风气，以及一些不负责任的网络媒体所传播的低俗、媚俗、庸俗的信息内容。

大学生的好奇心和求知欲使他们愿意尝试新鲜事物，但由于他们比较缺乏足够的社会经验和辨识能力，这让他们无法准确判断信息的真实性，可能让他们无法有效地识别和抵御这些错误的思想文化观念，导致他们在世界观和价值观的形成过程中走上歧途，从而偏离社会主流价值的人生轨道。

大学生在认识论层面存在主观性比较强，而客观性不足的现象。虽然，大学生的理论水平有了一定的提高，在批判性思维方面也有一定的发展。然而，这种批判性思维还停留在感性的主观认知层面，使其比较缺乏深层次的、比较客观的批判性思维。一方面，由于某些大学生经常带着情绪进入全媒体空间，企图通过媒介平台来发泄不满情绪，释放累积的心理压力，达到自我满足之目的；另一方面，由于某些大学生的好奇心强、热衷于新鲜事物，对事物的本质根本不了解，极易被某些感性的、吸引眼球的观念迷惑与左右，这种心理状态，自然容易被某些错误的思想观念误导和诱惑。而某些非主流意识形态就是抓住了大学生的这种心理，从而向他们传播、渗透其错误的思想观念。因此，这方面的欠缺易导致大学生在面对全媒体中的思想信息时，不能够彻底地批判、分析某些错误的思想观念，也不会形成科学的判断，因为青年大学生认知水平、批判能力的不足，使他们易把某些错误的思想观念纳入自我偏好的主观性之中，而经过主观判断得出的结论，难免使结论的客观性和科学性存在着不足的问题。

当前，某些大学生由于存在就业压力、学习压力、情感问题、经济问题等因素，难免会产生挫败感，难免会对社会和他人产生偏激情绪，难免会对正面教育产生逆反心理。在这种悲观失落、逆反偏激情绪与心理的作用下，大学生易陷入迷失自我、信仰缺乏、理想虚无的陷阱中，这自然加重了他们受到某些错误思想影响的步伐。这主要由于某些大学生尚待成熟的心理，使他们不能控

制好自己的情绪与情感，从而使他们在面对自身及其社会存在的问题时，容易产生焦虑、恐慌情绪，而某些错误思想观念又时常以救世主与解惑人自居，抓住社会问题宣传其倡导的价值理念，用错误思想引领大学生，甚至怂恿大学生用其倡导的思想观念看待问题、分析问题，诱导大学生认同其倡导的价值观念。因此，当大学生在分析问题时，一旦认可非主流意识形态中的某些错误思想观念，他们就会在群体中不断传播，使非主流意识形态的影响范围扩大，甚至使大学生在情感上认同社会非主流意识形态，从而使大学生成为某些错误思想观念的领潮者与鼓吹者，最终必然会弱化高校的意识形态话语权。

三、高校部分大学生未定型的"三观"，影响主流意识形态对大学生的引领力

大学生未定型的"三观"即大学生的世界观、人生观与价值观不成熟。未定型的"三观"往往意味着自我控制、自我调适能力不强，而这些方面的不足使大学生易受某些非主流意识形态话语蛊惑。这主要由于未定型的"三观"，使大学生在思想上容易产生迷茫情绪，表现出多元化的价值取向，从而为非主流意识形态对大学生的价值渗透提供了契机，进而也影响着主流意识形态对大学生的引领力。

在全媒体时代，大学生接触到的信息更加多元和复杂，然而他们的世界观、人生观和价值观都还尚未完全定型，更容易受到各种错误思想的冲击和蛊惑。从大学生的世界观来看，他们的世界观开始形成但尚未完全稳固，他们通过教育、阅读、实践和交往来不断探索和构建自己对世界的理解，他们愿意接受新事物，对不同的文化和观念持开放态度，具有明显的开放性、探索性和可塑性；从大学生的人生观来看，大学生正在形成自己的兴趣爱好、正在塑造自己的价值理想与人生目标，他们有着对未来的美好憧憬，同时也面临着现实与理想的冲突，需要在多种可能性中做出选择；从大学生的价值观来看，大学生的价值观正在形成中，受到个人经历、文化背景和社会环境的影响，受到个人情感和社会期望的影响，同时也在不断变化和调整中，具有主观性、变化性和社会性。然而，在全媒体时代，无论是社交媒体、新闻网站还是各种论坛，错误思想和观点都可以迅速传播，这自然会在一定程度上加大大学生辨别信息真伪的难度。与此同时，全媒体技术使得信息的传播方式更加多样化和立体化，信息的过载性可能会使大学生在海量的信息中感到无所适从，从而加大了大学生有效获取信息、有效筛选信息、有效过滤信息的难度，使其容易受到各种纷繁复杂的话语信息的影响。当前，由于大学生的"三观"不稳定，他们就容易随波逐流，

从而在面对全媒体空间中各种各样的信息时，会使大学生混淆原本应该坚守的价值观，甚至以某些错误思想作为自己的价值准则，进而也为非主流意识形态的传播、渗透与影响提供了可乘之机。由此可见，当大学生的"三观"对错误思想观念持认同的态度，甚至以错误的思想观念作为自身的行为规范时，高校意识形态话语权对他们自然也就失去了应有的影响力与引领力。

四、高校部分大学生不完善的知识体系，影响主流意识形态对大学生的凝聚力

在全媒体时代，信息的海量性和多样性为高校大学生提供了广阔的知识视野，但同时也带来了比较严峻的挑战。由于大学生知识体系尚在构建之中，他们可能会接触到各种未经筛选，甚至带有偏颇或错误观点的信息。这些信息可能会对他们的价值观形成冲击，甚至导致思想上的偏误。而大学生知识体系的不完善，一方面与大学生碎片化获取知识有着极大的关系；另一方面与大学生的知识积累有着一定的内在关系。随着全媒体技术的发展，媒介领域的碎片化传播，大学生的碎片化阅读、碎片化理解，使大学生没有对理论体系进行系统化梳理、深层次解读，使大学生所掌握的知识体系呈现支离破碎、脉络不清、关系不明的状况。这种对知识的了解与认识状况，使大学生在对非主流意识形态本质的认识不清晰、不全面的同时，也面临着对主流意识形态的知识谱系的掌握比较有限。

在全媒体时代，正处于知识积累期的大学生，他们所接触和了解的知识呈碎片化状态，使其缺乏对某些知识的系统化理解与消化。这种知识构成必然使大学生形成浅尝辄止的认知习惯，对某些思想理论的评价缺乏客观性、深刻性，甚至会使他们把某些新的理论思想看作时髦，而不假思索盲目跟风，陷入人云亦云的思想误区，尤其在拜金主义、享乐主义的误导下极易陷入价值误区和精神误区，会出现过度关注物质层面的东西，而轻精神层面的自我提升。有学者指出，相对于物质上的贫困，"精神上贫困比物质上贫困更具有顽固性"①。因为，精神上的贫困往往是一种更为深刻和复杂的问题，它不仅仅是经济资源的缺乏，还涉及个体的思想、情感、价值观和生活方式等多个层面；精神上的贫困可能表现为自我价值感的缺失、对未来缺乏希望、教育和认知水平的低下、社会参与度的减少，以及心理健康问题的频发；精神贫困的解决途径比较复杂，因为

---

① 李晓广，朱楷文. 新时期精神扶贫内涵阐释、现实困境与实践进路［J］. 山东农业大学学报（社会科学版），2019，21（4）：8-13，31.

它涉及深层次的心理和思想问题，需要通过教育、心理辅导、社会支持、文化启迪和自我意识的提升等多方面的努力，这些问题往往相互交织，形成一种难以打破的恶性循环，使得个体难以自立和自我发展。基于这些现实问题，在一定程度上加大了高校思想政治工作的难度，不仅使高校主流意识形态话语难以入脑、入心，甚至会使部分大学生反感高校主流意识形态话语。所以，知识体系的不完善，就会导致大学生对相关知识理论极其价值观念认识的不深刻、不全面，使大学生易受到某些非主流意识形态的误导，从而影响高校意识形态话语权对高校大学生的凝聚力。

第四章

高校意识形态话语权建设的理论基础及经验借鉴

在全媒体时代，高校作为意识形态工作的重要场域，马克思主义理论作为高校意识形态话语权建设的理论基础，借鉴马克思主义关于增强意识形态话语权的成功经验，不断探索和创新意识形态工作的方法，增强高校意识形态话语权，有助于为高校培养更多德智体美劳全面发展的社会主义建设者和接班人贡献力量。在经济全球化的推动下，科技进步日新月异，我国社会正经历着广泛而深刻的变革。这种变革不仅仅体现在物质层面，更深刻地影响到思想文化领域，引发了一系列深刻的文化变迁。在这个背景下，加强高校意识形态工作，提升高校在意识形态领域的话语权，显得尤为重要和紧迫。因为，高校不仅是人才培养的摇篮，更是传播先进文化、引领社会风尚的重要阵地。在面对全球思想文化的交流与碰撞时，高校需要有足够的话语权来引导师生正确认识世界发展大势。在全媒体时代，增强高校意识形态话语权，有助于培养具有全球视野、民族精神和时代风貌的高素质人才，为实现中华民族伟大复兴的中国梦提供强大精神动力和智力支持。所以，在经济全球化背景下，借鉴马克思、恩格斯、列宁以及中国共产党领导人关于增强意识形态话语权领域的相关理论及其方法，在加强我国高校意识形态工作的基础上，增强我国高校的意识形态话语权，夯实我国主流意识形态在高校意识形态领域的主导地位等，具有极其重要的价值意义。

第一节　马克思、恩格斯的意识形态理论

马克思、恩格斯认为，意识形态并非客观存在的精神实体，而是由特定的经济基础和生产方式决定的上层建筑，具有相对独立性，即它有时会落后于社会存在的发展，有时又会先于社会存在而变化，并在历史发展过程中起着重要的推动作用。意识形态是统治阶级为了维护自己的利益而创造和传播的观念体

系，用以解释世界和引导人们的行为。在不同的历史时期和社会形态中，意识形态的具体内容和形式各不相同，但其根本目的是维护统治阶级的利益。马克思、恩格斯意识形态理论是唯物辩证的理论，他们的阶级意识形态消亡论，以及为应对错误思想观念对工人阶级的影响，促进工人阶级形成正确的思想意识等理论方法，为增强高校意识形态话语权提供了丰富的实践经验与理论指导。意识形态具有鲜明的阶级性，但对于马克思主义关于无产阶级的意识形态理论，它既体现了广大人民群众的根本利益，也充分阐述了社会的发展规律，且具有严格的科学性，正是这种对科学理论的批判与引领，有效地增强了意识形态话语权。

一、马克思、恩格斯的意识形态理论是唯物辩证的理论

马克思、恩格斯的意识形态理论因其坚持历史唯物主义和辩证唯物主义，强调意识形态的物质基础、阶级性、发展变化和实践性，被认为是一种唯物辩证的意识形态理论。他们的意识形态理论是建立在唯物辩证法基础之上的理论，他们认为意识形态是唯物辩证法的一个重要范畴，是社会存在与社会意识关系问题在理论上的反映，是社会存在与社会意识之间的关系问题在理论上的反映。在马克思和恩格斯的理论体系中，唯物辩证法是一种揭示事物发展规律的普遍适用的科学方法，它认为世界是物质的，物质决定意识，社会存在决定社会意识。社会意识包括各种意识形态，如哲学、宗教、道德、艺术等，这些都是人们在社会生活中形成的观念和思想。在历史发展过程中，意识形态的变革往往是社会变革的先导。当旧的意识形态不能适应新的社会生产方式和发展要求时，新的意识形态就会产生，推动社会向前发展。马克思、恩格斯对历史唯物主义全面、深入的研究，标志着其意识形态思想开始走向成熟，并逐渐成为较为完善的理论谱系。如他们在《德意志意识形态》一书中就明确提出了意识形态与意识的关系，认为意识起源于人对环境的反映以及人对环境的认识，从而对意识形态的产生、特征与功能做了唯物辩证的分析。这就为我们提供了一种分析和理解社会意识形态现象的科学方法，有助于进一步揭示意识形态背后的社会经济关系，以及意识形态在社会发展和变革中的作用。

第一，意识形态是社会生产的产物，具体来说是人们对特定的政治环境和经济环境的反映，因为"在不同的财产形式上，在社会生存条件上，耸立着由各种不同的，表现独特的情感、幻想、思想方式和人生观构成的整个上层建筑。

整个阶级在其物质条件和相应的社会关系的基础上创造和构成这一切"①。在马克思主义看来，意识形态来源于人类的物质生活过程，是一种被意识到了的存在，而存在就是一种现实的生活过程。这种现实生活过程，主要是指人在社会中的经济与政治生活过程，并在此过程中所形成的与经济和政治密切相关的概念、思想、观念的总和，包括政治思想、社会制度、道德准则、法律法规、文学艺术、宗教哲学等意识形式。总而言之，意识形态是一个内涵丰富的概念学说，是多种形式的集合体。虽然，意识形态与经济发展并非完全一致，它有其自身相对的独立性。但是，就意识形态的发展状况而言，它在一定程度上是由经济发展状况具有决定性，抑或说它就是对经济基础的反映，简而言之，即意识形态的发展趋势、发展状况受到经济发展状况的制约。

第二，人类意识的形态化是生产力发展的产物，是维护阶级统治的工具。人类意识的形态化，即意识形态的形成，是随着生产力的发展而演变的。在不同的生产力水平下，人类社会的物质生产方式和社会结构不同，从而形成了不同的意识形态。例如，在封建社会，农业生产力的发展导致了地主阶级和农民阶级的形成，以及相应的封建意识形态；而在资本主义社会，工业生产力的发展促进了资产阶级和无产阶级的对立，形成了资本主义意识形态。从这个角度而言，意识形态是生产力发展的结果，即随着生产力的发展，精神生产与物质生产分工，这加速了人类意识的意识形态化，尤其是社会矛盾加剧、社会开始瓦解，并分化为不同的阶层时，从而因为分工的不同引发了不同阶级、种族、宗教与民族间的矛盾与冲突，为维护统治阶级的社会统治，产生了专门从事意识形态教化的工作者大力宣传统治阶级所倡导的价值观念，使被统治阶级接受现有的社会秩序和阶级关系，从而实现阶级统治的合法化和稳定化。例如，资产阶级通过推广自由、民主、平等的理念，使其统治显得合理和正当，同时掩盖了资本主义剥削和压迫的本质。在这种说服与教化被统治阶级接受社会不平等的社会秩序的过程中，人类意识的形态化得以形成并实施。这种形态化自然成为扮演一定社会时期某一特定阶级意识形态的统治功能，因为某个特定时代所产生的思想观念，总体现该时代统治阶级的思想意识。因此，要全面深入地认识某一种意识形态，必须从该时代统治阶级的立场、观点与利益着手，即从意识形态是阶级统治的工具入手。

第三，意识形态是观念上层建筑。观念上层建筑理论源于市民社会与国家

---

① 中共中央马克思恩格斯列宁斯大林著作编译局．马克思恩格斯选集：第 1 卷 ［M］．北京：人民出版社，1995：611．

关系的社会现实，具体来说是马克思、恩格斯对黑格尔"国家高于市民社会"思想的批判与反思的总结，他们认为历史的起源是市民社会，而国家是阶级统治的工具，市民社会则是决定一切上层建筑思想意识的基础，并基于物质资料的现实生产过程，从而揭示了市民社会是历史的基础，阐明宗教、哲学、法律、制度等社会意识形态的不同意识形式，从而构建了较为科学的意识形态理论。市民社会即经济的基础，意识形态即市民社会在生产过程中所形成的各种思想观念与理论的总和，这里的市民社会等同于经济基础，即意识形态就是建立在经济基础（市民社会）之上的观念上层建筑。因为，有什么样的经济基础（市民社会）就会产生相应的所有制结构，有什么样的所有制结构又会形成相应的社会制度，而社会制度本身就是社会的观念上层建筑之一，从而表明意识形态属于观念上层建筑的范畴。

第四，意识形态的形式多样。意识形态的形式多种多样，有政治、道德、宗教、哲学等形式，其对经济基础的反映也是不同的，但不同的意识形态形式之间又是相互影响和补充的。如政治制度与法律法规直接反映一定社会时期的经济基础，宗教与道德抽象地反映一定社会时期的经济基础，哲学等人文社会科学则集中反映了该时代的社会发展状况。可见，不同的意识形式基于不同的视角，反映着该时代的社会现实，并在思想意识领域规范和指导人们的行为。因此，基于规范和指导的价值意义，先进的科学的意识形态必然具有积极的指导作用，反之腐朽沉沦的意识形态则会阻碍社会的发展。诚如季广茂所言："意识形态的表现形式是多种多样的，巫术、宗教、神话、传说、思想、学说、理论、主义，……都可以是意识形态的载体和表现形式。"[①]

综上所述，意识形态的产生由经济状况决定，即意识形态只是统治阶级以思想形式表现出来的物质关系，以及统治阶级的思想之所以会成为该时代最主要的，且居于统治地位的思想，是因为"一个阶级是社会上占统治地位的物质力量，同时也是社会上占统治地位的精神力量"[②]。这表明无论哪一个阶级掌握该社会的物质生产资料，都意味着这个阶级的思想就是该社会的主流思想，因此该主流思想必然是为该阶级统治辩护的思想体系与维护其统治的工具和手段，这种具有阶级属性的思想观念与价值体系一旦脱离现实，脱离具体的历史，该时期的阶级意识形态自然就会呈现出虚假的特性。可见，马克思、恩格斯的意

---

① 季广茂. 意识形态视域中的现代话语转型与文学观念嬗变 [M]. 北京：北京大学出版社，2005：3.

② 中共中央马克思恩格斯列宁斯大林著作编译局. 马克思恩格斯文集：第9卷 [M]. 北京：人民出版社，2009：550-551.

识形态理论，不是停留在真假问题上，而是基于社会实践和社会历史，这显然是一种唯物的、辩证的理论。

二、马克思、恩格斯关于阶级意识形态的理论

在阶级社会，马克思、恩格斯的意识形态理论揭示了意识形态的阶级性。意识形态是阶级社会的特定历史表象，虚假性是其主要特征。在阶级社会，统治阶级总是把本阶级的意志和利益伪装成代表人们的意志和利益，统治阶级的意识形态成为物质生产和经济活动的表征，通过大量、广泛、深入的传播统治阶级意识形态的普遍性，以引导和影响人们的思想意识，证明其统治的合法性。然而，当统治阶级不再成为本阶级特殊利益的拥护者，而是转为普遍利益的坚定支持者和拥护者时，代表阶级特殊利益的意识形态也会随之退出历史舞台。

意识形态具有执行政治统治的功能，具有虚假性和阶级性。意识形态是上层建筑的一部分，它与政治法律制度、国家机器等一起构成了政治统治的结构。在这个结构中，意识形态扮演着至关重要的角色，它通过为社会提供一种共同的价值观、信仰和观念体系，使社会成员认同现有的政治秩序，从而维护统治阶级的利益。意识形态的这种功能是通过对人们的思想、行为和社会实践的影响来实现的，这就表明了意识形态是统治阶级维护其统治地位的工具。因此，对于特定的社会，该社会的主流意识形态就是该社会统治阶级的意识，这就决定了特定社会的主流意识形态必然会成为该阶级统治的工具，并在教化、调控与引导中实现其统治的目的与同化思想的功能，以消解被统治阶级思想与价值认识的分歧，达到思想和价值认同的一致，以证明统治阶级统治的合法性与正当性，最终实现永恒统治的目的。正是为了达到永恒统治的目的，意识形态常常体现出虚假性的特点，它往往会在掩盖社会关系的真实面貌，尤其在掩盖阶级剥削和阶级矛盾方面比较突出。马克思和恩格斯就曾指出，统治阶级通过意识形态的构建，使得社会的不平等和剥削关系看起来是自然、合理和永恒的，而不是历史和社会条件的产物。这种虚假性使得被统治阶级难以认识到自己的真实利益，从而有利于统治阶级的长期统治。所以，马克思恩格斯就曾明确指出："几乎整个意识形态不是曲解人类史，就是完全撇开人类史。"① 也就是说，统治阶级为了使自己顺利且长久统治，会故意歪曲历史。可见，意识形态的虚假性主要表现在时常编造谎言、拟定目标，让被统治阶级认同和接受统治阶级

---

① 中共中央马克思恩格斯列宁斯大林著作编译局．马克思恩格斯全集：第 3 卷［M］．北京：人民出版社，1960：20.

的价值观念和统治地位；意识形态的阶级性必然反映一定阶级的利益，但阶级意识形态在产生之初是以争取被统治阶级的共同利益为目的的，与其他非统治阶级的意识形态无异，当其成为统治阶级时，通过思想教化与意识形态灌输，将属于本阶级的特殊利益说成是社会的普遍利益，在整合多种价值观念的过程中将本阶级的价值理念描绘成合乎理性的、人民大众的具有普遍意义的思想意识。这种虚假性与阶级性的意识形态存在着否定经济基础的特点，受经济条件的制约，公民的思想意识与价值观念极易跌入虚假意识形态的陷阱，而受其蒙蔽与欺骗。马克思曾明确指出："只要阶级的统治完全不再是社会制度的形式，也就是说，只要不再有必要把特殊利益说成是普遍利益，或者把'普遍的东西'说成是占统治地位的东西，那么，一定阶级的统治似乎只是某种思想的统治，这整个假象当然就会自行消失"。① 因此，只要阶级统治还存在，该阶级就会把自身的利益说成是普遍利益，把本阶级的意识、价值说成是普遍的意识、价值。所以，"毫不奇怪，各个世纪的社会意识，尽管形形色色，千差万别，总是在某些共同的形式中运动的，这些形式，这些意识形式，只有当阶级对立完全消失的时候才会完全消失"②。可见，意识形态具有鲜明的统治功能，具有鲜明的虚假性，都表现出鲜明的阶级性，而阶级意识总是会不厌其烦地到处宣传，并推销自己的意识是多数人的共同意识、自己的利益是多数人的共同利益，以此达到长期占据统治地位之目的。

三、马克思、恩格斯关于意识形态建设的方法论

马克思、恩格斯在增强意识形态话语权方面积累了较多的经验与方法，尤其在应对错误思想观念影响工人阶级方面，他们通过对错误思想观念的批判与引领，彻底清除了错误思想观念的负面影响，与此同时，也促进了自身理论思想的发展。这对于增强高校意识形态话语权，促进大学生形成正确的价值理念具有重要的方法论意义。

遵循理论与历史相结合的原则，并在批判错误思想观念的过程中丰富、完善自身的理论体系。马克思、恩格斯对错误思想观念的批判与引领，遵循理论进程与历史根源相结合的原则，深入探讨错误思想观念发生的现实根源。如马克思在论述当代德国哲学、同时代人与当代现实时，马克思在《德意志意识形

---

① 中共中央马克思恩格斯列宁斯大林著作编译局. 马克思恩格斯选集：第 1 卷［M］. 北京：人民出版社，1995：101.

② 人民出版社编辑部. 共产党宣言（解说）［M］. 北京：人民出版社，1976：154.

态》一文中明确指出："我们是当代的哲学同时代人，而不是当代的历史同时代人。""德国的法哲学和国家哲学是唯一与正式的当代现实保持在同等水平上的德国历史。"①德国的哲学人并没有去揭示、解决现存的社会问题，而是成为统治阶级实行统治的工具，不过这些为统治阶级辩护而产生的哲学理念十分明显地暴露了德国的现实问题。哲学作为意识形态的一部分，不仅仅是反映当代现实的镜子，还应当与时代同步，反映其所处时代的社会现实、精神状况和物质条件，尤其要能够超越现实，揭示更深层次的真理。然而，在马克思看来，德国的哲学并没有真正反映出德国社会的现实状况，它更多地沉浸在对抽象概念的探讨中，而不是对现实社会问题的关注。此外，德国的哲学并没有完成其历史使命，因为它没有能够批判和改变德国社会的现实。相反，它往往成为维护现状和保守力量的工具。从"我们是当代的哲学同时代人，而不是当代的历史同时代人"的内涵本身来看，这里的"当代的哲学同时代人"指的是那些哲学家，他们的思想仍然受到过去哲学传统的影响，尤其是德国古典哲学的影响。他们的哲学思考往往是抽象的、理论化的，而不是基于对现实社会问题的深入分析和批判。他们的哲学创作更多是在与历史上的哲学问题对话，而不是与当代的社会现实对话。相比之下，"当代的历史同时代人"则是指那些能够理解和把握当代社会历史发展的人。这样的人不仅关注哲学理论，更重要的是他们关注哲学与现实社会的联系，他们的思想和行动是与时代同步的，能够反映和影响当代的社会变革。哲学家所关注的不是表面的事件和现象，而是寻求理解和解释这些事件背后的普遍原理和规律。哲学的目标是揭示永恒的真理，而不仅仅是记录或反映当下的历史事实。德国的法哲学和国家哲学②在某种程度上是"唯一与正式的当代现实保持在同等水平上的德国历史"。这里的"同等水平"指的是德国哲学在一定程度上反映了德国的政治和社会状况，尤其是反映了德国的分裂和落后状态。德国哲学中的某些概念和思想，如黑格尔的国家哲学，虽然具有抽象和理论化的特点，但它们也反映了德国社会的某些现实矛盾和问题。

　　马克思、恩格斯通过分析错误思想观念的实质，既澄清了自己的理论思想，又发展了自己的理论思想，如他们的《神圣家族》一书在批判青年黑格尔派时，就针对青年黑格尔派自我意识哲学的错误思想，用唯物主义的理念解决了哲学

---

① 中共中央马克思恩格斯列宁斯大林著作编译局 . 马克思恩格斯文集：第 1 卷 ［M］. 北京：人民出版社，2009：9.

② 德国的法哲学和国家哲学主要是指黑格尔及其学派的思想。

的问题，实现了自身发展，诚如李晓光所言："《神圣家族》奠定了全面制定历史唯物主义科学体系的思想基础，开始接近其新的理论体系"。① 此外，马克思、恩格斯还在他们的《德意志意识形态》一书中批判了费尔巴哈、施蒂纳和包威尔等为代表的现代德国哲学流派，马克思说他们著述《德意志意识形态》就是为了"阐明我们的见解与德国哲学的意识形态的见解的对立，实际上是把我们从前的哲学信仰清算一下"②，即全面阐述他们的思想观点与德国哲学的区别，并在区分的过程中澄清他们的思想观念，以及在澄清的过程中发展、完善他们曾经所倡导的思想观念。

在批判、揭露错误思想观念的过程中，要有效抵制其误导性。资本主义经济的快速发展与社会矛盾的暂时缓和，一方面使得工人阶级的斗争性与警惕性有所松懈；另一方面某些错误思想观念开始在工人阶级中传播与渗透，并对工人阶级产生了一定的影响。这主要是在 19 世纪 70 年代，由于整个西方资本主义经济正处于快速发展的绝佳时期，西方社会环境的相对安定与和平，以及巴黎公社的失败，使得西方工人阶级的主要代表开始偏离马克思主义的思想路线，反之机会主义与自由主义等思想开始在工人阶级中蔓延、渗透，尤其在德国工人党内，由于"全德工人联合会"与"德国社会民主工党"合并，这种急于建立统一的政党，忽视了许多机会主义观点在党内的传播与存在，从而导致工人党中的部分成员开始接触杜林等机会主义的思想，甚至有部分成员对机会主义、折中主义等资产阶级思想产生了较为浓厚的兴趣。

基于以上严峻的现实状况，马克思、恩格斯从理论与实践的两个方面对错误思想观念进行了较为彻底的清算，比较有效地抵制了错误思想观念对工人阶级的误导：在理论方面，马克思、恩格斯对错误思想观念采取了严厉的批判与揭露策略，这既有效抵制了错误思想观念对自身及其工人阶级的影响，也促进了自身理论体系的发展与完善；在实践方面，马克思、恩格斯把来源于社会实践的理论融入工人阶级的现实生活中，使工人阶级在领会马克思、恩格斯的思想精髓时，实现了对工人阶级的思想指导，从而有效摒弃了错误思想观念对工人阶级的影响，具体方法如下：

首先，深入受到错误思想观念影响的工人群体中，要求工人群众掌握理论武器，并在正确理论思想的指导下规范自身行为，摒弃消极思想的影响，形成

① 李晓光. 马克思恩格斯分析批判错误社会思潮的理路探究 [J]. 马克思主义理论学科研究，2017, 3 (2)：72-83.

② 中共中央马克思恩格斯列宁斯大林著作编译局. 马克思恩格斯文集：第 1 卷 [M]. 北京：人民出版社，2009：593.

强大的社会动力。马克思、恩格斯为了彻底地避免错误思想观念对工人阶级的影响，马克思经常出入无产阶级革命最为活跃的中心——巴黎，并参与无产阶级发动的各种集会活动，还与流亡到法国的德国工人保持密切的往来。马克思在法国指导工人参加革命运动期间，他与卢格合作创办了《德法年鉴》，并于1843年和1844年分别刊登了他的两篇文章——《论犹太人问题》与《〈黑格尔法哲学批判〉导言》，这两篇文章的问世，标志着马克思摆脱了革命民主主义与唯心主义的影响，如他在《德法年鉴》所刊载的文章，区分了政治解放与人类解放的问题，明确无产阶级的使命担当，认为无产阶级只有掌握正确的理论，并在正确理论、思想的指导下才会产生强大的力量，诚如马克思所言："理论一经掌握群众，也会变成物质力量。"①因此，马克思主义理论能够指导工人的思想行为，并在工人阶级的革命斗争中实现马克思主义理论的价值，即马克思主义理论与工人阶级是相互成就的关系，这充分表明即使无产阶级是先进阶级的代表，但无产阶级的觉醒与壮大必须有正确的理论、思想作为他们行动的指南，这样才能促使无产阶级完成历史所赋予他们的使命与担当，也才能从根本上增强他们对错误社会思潮的免疫力与抵抗力。

其次，善于挖掘揭露错误思想观念的实质与症结，并对其主要观点进行彻底的批判与反驳。具体来说，这主要是指马克思、恩格斯通过揭示错误思想观念的实质，让工人阶级认清其反动本质，从而促使他们自觉形成抵制错误思想观念的意识。如马克思、恩格斯在应对如杜林、倍倍尔等错误思想方面，诞生了《反杜林论》一书，该书全面揭示、批驳了杜林、倍倍尔的错误思想，这使工人阶级彻底认清了这两者思想的错误之处，从而有效制止了错误思想对工人阶级的影响，尤其是有效终止了德国社会主义工人党内部的斗争，也为世界无产阶级革命指明了方向。当然，某些工人之所以受到杜林、倍倍尔等人思想的误导，这主要是因为杜林一直声称自己为社会主义者，并要求对马克思的哲学、政治经济学和科学社会主义进行全面"改革"，并且杜林在阐述社会主义的价值立场时企图用伦理学的知识取代马克思的科学社会主义的观念，尤其对剩余价值的歪曲和对改良主义的赞美，杜林的这些思想观念也得到了如对工人群众有较大影响的倍倍尔等负责人的高度认同。因此，当工人群众的负责人认同杜林的思想时，并在倍倍尔等人的推波助澜下，使得杜林的思想得以在工人阶级中间蔓延、渗透，从而导致部分工人在认同杜林思想的过程中动摇了对马克思主

---

① 中共中央马克思恩格斯列宁斯大林著作编译局 . 马克思恩格斯文集：第 1 卷［M］. 北京：人民出版社，2009：11.

义的信仰和对社会主义的信念，进而直接导致工人群体中的部分成员忽视了无产阶级与资产阶级之间的对立性。诚如李晓光所言，杜林的思想观念"给党的团结和统一造成了严重的破坏，给工人阶级的解放事业造成了难以估量的损失"①。马克思和恩格斯认为杜林的观点存在严重的局限性。他们认为，杜林把自然界的规律简单地应用到社会现象上，忽视了社会历史发展的特殊性和阶级斗争的作用。马克思和恩格斯批评杜林的哲学是一种"哲学独断论"，它试图用抽象的概念和逻辑推理来解决具体的历史问题，而不是从具体的历史条件和社会实践中寻找解决问题的途径；他们在《共产党宣言》和《资本论》等著作中对杜林的思想进行了批判，并认为杜林的哲学观念给党的团结和统一造成了严重的破坏，因为它试图用一种抽象的、超历史的理论来否定具体的历史条件和阶级斗争。同时，杜林的观点也给工人阶级的解放事业造成了难以估量的损失，因为它忽视了工人阶级自身的斗争和历史使命，把工人阶级的解放仅仅看作一种理论上的推论，而不是实际的社会实践。因此，为了捍卫马克思的主导地位，筑牢工人群众基础，使无产阶级朝正确方向前进，在工人党负责人李卜克内西等人的强烈要求下，恩格斯著述了《反杜林论》一书，该书的问世有效摒弃了错误思想观念的消极影响。

　　最后，客观公正的评价，如马克思在评价普鲁东《什么是财产？》的著作时，肯定了该著作的价值，认为"至少是由于论述旧东西的那种新的和大胆的风格而起了划时代的作用"②。马克思在对拉萨尔的理论思想进行评价时，他在总体上批判、否定拉萨尔的理论思想的同时，也肯定了拉萨尔的革命热忱，褒扬了他在革命受挫时期"是唯一还敢于和伦敦通信的人"③。可见，马克思的评价始终坚持实事求是、客观公正的原则，即不因为价值立场不同与思想理念相异就全盘否定，而是肯定并吸收其积极的精华的部分，批判、否定并抵制其消极错误的价值理念与思想理论。

　　总而言之，马克思主义意识形态理论不仅具有先进性和科学性的特点，还具有与时俱进的理论品质。这主要由于马克思、恩格斯的意识形态理论是基于"现实的人""现实的社会"，强调用历史的、辩证的、唯物的思想方法考察市

---

① 李晓光．马克思恩格斯分析批判错误社会思潮的理路探究 [J]．马克思主义理论学科研究，2017，3（2）：72-83．

② 中共中央马克思恩格斯列宁斯大林著作编译局．马克思恩格斯文集：第3卷 [M]．北京：人民出版社，2009：16．

③ 中共中央马克思恩格斯列宁斯大林著作编译局．马克思恩格斯全集：第28卷 [M]．北京：人民出版社，1973：78．

民社会（经济基础），变革阻碍生产力与经济基础发展的要素，以社会革命的方式，跳出西方意识形态的陷阱，超越阶级的虚假的意识形态。虽然，在东欧剧变以后，经济全球化日趋深入，在社会治理与改革方面，在国际交往方面，各主权国家为了发展经济、科技，意识形态的隔阂似乎已经消除，追求更好的发展似乎已经成为国际共识。但改革开放后，我国在成为全球经济一体化中的重要成员之一的同时，使得各种纷繁复杂的思想文化随之涌入，我国的主流价值难免受到一定程度的影响和冲击，使部分大学生的价值观偏离与理想信念动摇。因此，借鉴马克思、恩格斯的科学意识形态理论，增强高校意识形态话语权，并向大学生全面深入地阐释社会发展的基本规律与方向，表明社会主义意识形态是多数人的共同意识，即具有最大的公共品质，以提升他们对社会主义意识形态的认知力和认同度，以此增强高校的意识形态话语权。所以，第一，大学生意识形态教育的内容必须满足且能够顺应社会发展的要求、能够促进经济发展的需要，还要促使大学生具有开放的心态，并使其正确看待社会生活中的问题、反映社会的普遍利益，从而最大限度地凝聚成强调的价值共识。第二，防止"意识形态拜物教"的陷阱，"意识形态拜物教"是一种唯心史观，它把意识形态无限夸大为历史演变的推动者，把社会现实看作思想观念的产物。因此，在加强大学生意识形态教育的过程中，坚持唯物辩证的方法，杜绝空洞的说教和口号，使大学生在接触、认知与熟悉西方"意识形态终结论"思潮的过程中，不被其渗透、误导与影响。

第二节 列宁关于增强意识形态话语权的理论

"思想领导权的实现路径就是话语权。"① 事实上，加强意识形态工作就是为了实现思想意识领域的领导权，而要掌握领导权首先要掌握话语权。因此，掌握话语权是前提和基础。意识形态话语权问题既是一个理论问题，也是一个实践问题。列宁针对革命和建设时期封建残余的意识形态，基于国内较为落后的经济文化的现实，以及面对纷繁复杂的错误思想观念的大肆传播与渗透，他深刻体会到苏维埃政权正面临着严峻的意识形态危机与挑战，而如何有效应对意识形态领域的混淆与混乱，如何加强党对思想文化的领导力与引领力，列宁基于苏联的国情，经过深思熟虑，并从维护意识形态的安全出发，认为苏联的

---

① 侯惠勤. 意识形态话语权初探［J］. 马克思主义哲学研究，2014（12）：5-12，157.

无产阶级文化在内部仍然面临着封建残余的侵蚀，在外部受到资产阶级错误思想观念的误导、曲解与渗透，并从两个方面提出了要改变这种不利局面的方式方法，即在批判错误思想观念方面，遵循了理论与实践相结合的方式方法：在理论方面采取深入剖析与彻底批判错误思想观念的方式；在实践方面通过克服困难与积极引领的方法，有效解决了各种错误思想观念的误导，从而真正掌握了意识形态话语权，坚定了人们对社会主义的信念，也实现了巩固苏维埃政权的目的。具体来看，列宁批判错误思想观念的理论继承了马克思恩格斯的意识形态理论，认为他们的意识形态理论使工人的阶级意识更加自觉，是工人阶级摆脱资产阶级思想奴役和操纵的武器。列宁利用这个武器分析了如何使人们摆脱错误思想观念的误导，如何使社会主义意识形态得到广大人民群众的认同。事实上，要解决这两个问题首先就得掌握话语权。据此，列宁通过彻底批判与积极引领的方法掌握了话语权，这主要表现在列宁针对苏联错误思想的沉渣泛起的事实，逐一批判在苏联俄国的考茨基、伯恩斯坦为代表的修正主义（民主社会主义），巴枯宁为代表的无政府主义，以及自由主义和马赫主义等错误思想，在批判的同时积极引领人们正确认识这些主义、思想、思潮的本质与弊端，从而在掌握话语权的同时，真正地既彻底清除了错误思想观念在苏联的泛滥与渗透，也巩固了苏维埃政权。

一、列宁掌握意识形态话语权的逻辑理路

在苏维埃政权建立时期，各种错误的思想、主义、思潮的沉渣泛起，严重威胁了苏联俄国的意识形态安全。基于此，列宁认识到要摒弃错误思想的影响，首先就要掌握意识形态的话语权，而要掌握话语权就要遵循理论与实践相结合的方式，即在理论方面要以马克思主义为指导，深入分析错误思想的来源与实质；在实践方面要克服困难、积极引领，使社会主义意识形态既能够真正体现广大人民群众的根本利益，能够满足人民群众的诉求，从而既有效地遏制错误思想在苏联俄国的泛滥，也有效地掌握意识形态的话语权。

第一，认清来源与实质，在认清错误思想的来源与实质的过程中掌握意识形态话语权。列宁在批判修正主义（社会民主主义）的思想观念时，他首先从修正主义的代表考茨基和伯恩斯坦的目的出发，探讨该错误思想观念的来源和实质，认为他们借用了第二国际成立时期所形成的社会民主主义的思想内容，从而将其看作社会民主主义的变异。因为，在第二国际时期的社会民主主义与科学社会主义相等同。但自 19 世纪末伊始，第二国际内部发生了严重的分歧，分别形成了以伯恩斯坦为代表的以修正过往的革命纲领策略的修正主义和以列

宁为代表的强调坚定社会民主党内革命的革命派，尤其在第一次世界大战来临之际，随着第二国际分歧的加深而随之瓦解，社会民主主义也与科学社会主义从等同走向了彻底的决裂，从而说明了此时的社会民主主义等同于改良主义或修正主义。

揭露错误思想的实质与动机。针对巴枯宁等无政府主义者对无产阶级政党的仇视，以及其倡导的所谓自由超越了权威与法律等错误思想，列宁直截了当地指出了该思想的实质——它就"是改头换面的资产阶级个人主义"①。他还进一步指出，即使有些无政府主义者有时"非常'猛烈地'攻击资产阶级"，但他们始终与资产阶级保持一致，即这些批判者"是站在资产阶级世界观的立场上"②。因为"个人主义是无政府主义整个世界观的基础"③。针对马赫主义，列宁基于马赫主义的思想不仅得到俄国修正主义分子的追捧、严重动摇布尔什维克队伍中某些人的社会主义革命信念，以及产生了一些背叛社会主义的人等事实，列宁明确指出，马赫主义就是一种混乱的唯心主义，即使他使用了似乎是新的术语，但这些术语不仅混乱不堪，而且表现出非常明显的唯心主义特色④，列宁还认真分析了马赫主义之所以具有较为广泛的社会影响力，这主要得益于较为严密的理论体系，从而导致人们不能很好地洞悉、看穿它的本质。所以，针对马赫主义必须全面地深入地阐释并揭露其实质，促使人们认清其实质，坚持正确的价值观念，形成自觉抵制错误思想的意识。

第二，划清界限，在批判错误思想与阐明自己思想的过程中掌握意识形态的话语权。划清界限既是为了能够完成任务，也是为了能够避免与机会主义和修正主义同流合污，以及通过逐一批判机会主义和修正主义的错误思想来澄清自己的理论思想、阐明自己的价值主张，以掌握意识形态的话语权。列宁针对机会主义的投机取巧，以及附和、认同修正主义曲解马克思恩格斯理论的态度与行为，他说"如果不坚决同机会主义决裂，如果不向群众说明机会主义彻底

---

① 中共中央马克思恩格斯列宁斯大林著作编译局.列宁全集：第5卷［M］.北京：人民出版社，1986：338.
② 中共中央马克思恩格斯列宁斯大林著作编译局.列宁专题文集：论无产阶级政党［M］.北京：人民出版社，2009：179.
③ 中共中央马克思恩格斯列宁斯大林著作编译局.列宁全集：第5卷［M］.北京：人民出版社，1986：338.
④ 中共中央马克思恩格斯列宁斯大林著作编译局.列宁专题文集：论辩证唯物主义和历史唯物主义［M］.北京：人民出版社，2009：11.

失败的必然性，那就不可能完成社会主义运动在现时期的各项任务"①，因此除了要彻底划清与机会主义者之间的界限和断绝彼此之间的往来外，还要向群众揭露他们的错误行径，以免群众因为受到机会主义的影响而废弃、耽搁伟大的社会主义事业；针对修正主义胡乱篡改、修正马克思、恩格斯的理论，列宁通过揭露修正主义善于伪装的面具，明确指出修正主义常常以研究新问题为幌子企图修正和否定马克思主义，以抛弃无产阶级的利益，最终达到否定社会主义的目的；针对民主社会主义否认无产阶级的革命及其专政，认为通过"和平"与"民主"的方式能够取得政权，并主张走"第三条道路"的思想观念，列宁在《无产阶级革命和叛徒考茨基》等著作中批判了这些思想的荒谬与无知，并认为当无产阶级创立了自己的政权，以及在号召人们推翻反动、剥削的政权以后，使自己真正成为自己的主人之时，"所有的资产阶级恶棍，一帮吸血鬼，以及他们的应声虫考茨基，就大叫起'专横'来了"②。因此，针对这些错误思想，在给予坚决痛击与严厉批判的同时，澄清自己的价值观念，彰显自己的价值优势，以此获得最大多数人的支持与认同。

第三，坚定立场，在克服现实困难中掌握意识形态话语权。坚定立场、克服困难是列宁应对错误思想的影响，增强意识形态话语权的基础与前提。在苏维埃政权处于最为艰难的时期，针对苏维埃政府所采取的新经济政策，一些图谋不轨且试图扼杀新生的苏维埃政权的别有用心者提出了社会主义失败论、回到资本主义、走第三条道路，以及否定十月革命等错误的思想。针对这些错误的思想，列宁都给予了最为严厉的当头棒喝与理论批驳，列宁首先认为要坚定立场，因为"谁真正同意马克思主义的观点，承认国家无非是一个阶级镇压另一个阶级的机器，谁多少琢磨过这个真理，他就决不会说出这种荒谬绝伦的话来，说什么能够战胜金融资本的无产阶级组织不应当变成国家组织"③。针对否定"十月革命"的思想，他说"革命是不能'制造出来'的，革命是从客观上（即不以政党和阶级的意志为转移）已经成熟了的危机和历史转折中发展起来的"④，这在全面阐述"十月革命"发生的历史必然性的同时，也较为有力地澄

---

① 中共中央马克思恩格斯列宁斯大林著作编译局. 列宁选集：第 2 卷 [M]. 北京：人民出版社，1995：408.

② 中共中央马克思恩格斯列宁斯大林著作编译局. 列宁选集：第 3 卷 [M]. 北京：人民出版社，1995：633.

③ 中共中央马克思恩格斯列宁斯大林著作编译局. 列宁选集：第 3 卷 [M]. 北京：人民出版社，1995：619.

④ 中共中央马克思恩格斯列宁斯大林著作编译局. 列宁专题文集：论辩证唯物主义和历史唯物主义 [M]. 北京：人民出版社，2009：257.

清了"十月革命"发生的历史功绩，从而驳斥了否定"十月革命"的错误思想，以及有效地揭露了这种思想的污蔑行迹。其次，他认为要正确看待困难，且"必须善于克服新经济政策的一切消极面"①，特别因为新经济政策时期的"战略退却"所引发的沮丧、灰心的负面情绪，要将这些负面情绪缩小到最小范围。因此，党内外要众志成城，团结人民群众并与他们共同努力克服这一时期的困难，使因新经济政策所呈现的倒退抑或退却的迹象有所改变，力争"可以使人看到在不很久的将来停止这种退却的可能性了"②。因此，作为无产阶级，在困难时期当各种错误思想大肆泛滥与渗透之际，一定要坚定立场，一定要克服困难，找准错误思想的命门，剖开其真实的动机，以此摒弃其错误思想的影响。

第四，党的领导，在捍卫马克思主义主导地位的过程中掌握意识形态话语权。党的领导是增强意识形态话语权的最大优势与基本保障。列宁针对革命和建设时期封建残余的意识形态，基于国内较为落后的经济文化的现实，以及面对纷繁复杂的错误思想的大肆传播与渗透，他深刻体会到苏维埃政权正面临着严峻的意识形态危机与挑战，而如何有效应对意识形态领域的混淆与混乱，如何加强党对思想文化的话语权与领导权等问题。列宁以马克思主义理论为指导，认真分析了苏维埃政权的无产阶级文化在内部仍然面临着封建残余的侵蚀，在外部受到资产阶级错误思想的误导、曲解与渗透等事实，他从两个方面提出了要改变这种不利局面的方式方法，即一方面要始终遵循党是领导核心，认为"这一点，我们不能有任何怀疑"③，并在党的领导下彻底清除旧社会残留的愚昧、粗野等非无产阶级的野蛮文化；另一方面还要注重方法的使用，即用马克思主义理论为指导，"坚持革命建设，用军事的方法，尤其是用思想的方法、教育的方法同资产阶级进行斗争"④。

捍卫马克思主义的主导地位是增强意识形态话语权的关键。基于民主社会主义对马克思主义的批判与否定，列宁在概括、总结民主社会主义所强调民主的多元化，以及民主社会主义极力称颂西方资本主义的"民主""人权""自

① 中共中央马克思恩格斯列宁斯大林著作编译局．列宁选集：第4卷［M］．北京：人民出版社，1995：737．
② 中共中央马克思恩格斯列宁斯大林著作编译局．列宁专题文集：论社会主义［M］．北京：人民出版社，2009：296．
③ 中共中央马克思恩格斯列宁斯大林著作编译局．列宁专题文集：论社会主义［M］．北京：人民出版社，2009：174．
④ 中共中央马克思恩格斯列宁斯大林著作编译局．列宁全集：第39卷［M］．北京：人民出版社，1986：401．

由"等价值观念，而把社会主义贬低为超越了现实且既不能企及的理想、又不能完成的任务等理论思想时，他认为这就是伯恩斯坦的修正主义和考茨基的机会主义在作祟。这些思想企图通过对马克思主义的某些观点、思想理论进行大肆修改，以达否定马克思主义之目的，这实质上是一种反马克思主义思想。因此，列宁斩钉截铁地说，为了捍卫马克思主义的纯洁性，必须坚决、彻底地批判这些错误思想，使马克思主义信仰真正内化为群众的信仰①。所以，他明确指出，如果我们"沿着马克思的理论的道路前进，我们将愈来愈接近客观真理（但决不会穷尽它）；而沿着任何其他的道路前进，除了混乱和谬误之外，我们什么也得不到"②。马克思的理论，特别是马克思主义，是一种关于社会、经济和政治现象的分析和解释框架，它以历史唯物主义和阶级斗争为核心概念，揭示了社会发展的规律和动力。当我们沿着马克思的理论道路前进时，我们能够更好地理解社会现象和历史进程，逐渐接近客观真理。这是因为马克思的理论具有深刻的洞察力和科学性，它为我们提供了一种分析和解决问题的有效工具，通过运用马克思的理论，我们可以把握社会发展的规律，认识社会矛盾和冲突的根源，从而为解决现实问题提供理论指导。然而，我们也要认识到，马克思的理论并非完美无缺，它只是人类探寻真理过程中的一种阶段性成果，沿着马克思的理论道路前进，并不意味着我们能够完全穷尽客观真理，而是意味着我们在不断地接近它。我们需要在实践中不断地检验、丰富和发展马克思的理论，使其更加符合时代发展的要求。相反，如果我们背离马克思的理论，沿着其他的道路前进，我们可能会陷入混乱和谬误。这是因为其他的道路可能缺乏科学的理论基础和实践验证，无法为我们提供准确的认识和指导。在这种情况下，我们很难把握社会发展的规律，解决现实问题，甚至可能走向错误的方向。因此，我们应该坚定地沿着马克思的理论道路前进，不断地追求客观真理，为我国的社会发展提供有力的理论支持。同时，我们也要保持开放的心态，积极地吸收和借鉴其他理论和实践成果，以丰富和发展马克思主义，使其更好地适应时代发展的需要。

二、列宁增强意识形态话语权的经验启示

无论是机会主义、修正主义与无政府主义，还是马赫主义，这些错误思想

---

① 中共中央马克思恩格斯列宁斯大林著作编译局. 列宁专题文集：论马克思主义［M］. 北京：人民出版社，2009：148.

② 中共中央马克思恩格斯列宁斯大林著作编译局. 列宁专题文集：论辩证唯物主义和历史唯物主义［M］. 北京：人民出版社，2009：50.

都严重威胁到马克思主义的理论基石，动摇了人们对社会主义的信念，扭曲了苏联共产党的形象，否认了无产阶级革命及其专政的必要性，甚至引发对党和国家认同的危机。据此，列宁在批判以上这些错误的思想、主义、思潮的过程中，采取理论与现实相结合的方法，让人们更加清晰地把握了错误思想的理论源泉，认清了它的社会危害及其实质，捍卫了马克思主义的主导地位，化解了苏共内部的意识形态危机，澄清了无产阶级革命及其专政的必要性，这种斗争方法对于增强意识形态的话语权、领导权具有重要的启示意义与借鉴价值。

首先，掌握意识形态话语权，要彻底批判错误思想。意识形态话语权的获得过程是人们自觉选择、认同的过程。在一定程度上，人们之所以认同某种意识形态，这是人们在认知各种思想、理论的基础上，并在社会实践中经过深思熟虑后所做出的选择，以此判断能否作为他们思想的指南与行为规范的准则。因此，要掌握意识形态的话语权，必须彻底地批判错误思想，并在批判错误思想的过程中，彰显社会主义意识形态的优越性，从而增强并掌握意识形态的话语权。如列宁通过对错误思想的彻底批判，不仅让苏共党内的观念得到了统一，还巩固了群众的思想基础，而且更为重要的是让人民群众真正地认清了错误思想伪装的面孔和真实的企图，一方面净化了意识形态的空间，另一方面也有效地抵制了各种反社会主义与反马克思主义的思想潮流。因此，应对错误思想的渗透，全面剖析其理论体系和思想实质，实现理论批判的彻底性，这无论对于增强意识形态话语权，还是掌握意识形态的话语权都具有极为重要的意义。

其次，掌握意识形态话语权，要坚定信念、克服困难。掌握意识形态的话语权，必须在艰难困苦的环境中能够坚定信念，并在坚定的信念支撑下克服困难、完成任务。因为，话语权不是凭空产生的，它是以社会现实为依据的。因此，当人们认清了该种思想、理论确实能够给社会带来好处、给人们带来利益时，该种思想、理论也就具有了话语权。但是，伟大的事业不是一帆风顺的，伟大的思想、理论不是一下子就能够被人们广泛认可的，它总是在分析、解决各种错综复杂的问题的过程中得到彰显和认同。如在社会主义建设的早期阶段，因为出现了诸多复杂的问题，被某些别有用心的反社会主义者所利用，从而蛊惑、怂恿人们放弃社会主义道路。基于此，应如何把握意识形态的话语权？要积极引领人们正确认识社会主义建设过程中的现实问题。据此，列宁坚定地批判了这种错误思想，坚决地给予别有用心者有力的抨击和回应，如他在关于如何看待社会主义建设过程中的问题时，他首先强调要坚定信念和克服困难，因为社会主义事业是一个"崭新、艰难和伟大的事业"，在完成这个伟大事业的过程中"缺点、错误和失误是不可避免的"，但"谁害怕社会主义建设中的困难，谁被这些困难吓倒，谁见了这些困难就悲观失望或者张皇失措起来，谁就不是社会主义者"①。这种坦诚说教的方法，既增强了意识形态的话语权，也坚定了人们对社会主义的信念，更为重要的是彻底消除了人们对社会主义的焦虑与不安。

再次，掌握意识形态话语权，要整合多元价值、摒弃西方"普世价值"。掌握意识形态话语权，意味着要能够整合、引领多元价值。因为，只有当多元价值的存在成为服务主流价值的推手与工具时，才能说真正掌握了意识形态的话语权。当前，影响社会主义意识形态话语权的价值无疑是西方的"普世价值"。"普世价值"以西方一贯倡导的自由、民主、平等等为一切价值的始基与遵循，这也是证明西方资产阶级政权合法性与永恒性的话语优势。但事实上，诚如列宁所言，"资本主义社会里的民主是一种残缺不全的、贫乏的和虚伪的民主，是只供富人、只供少数人享受的民主"②。因此，要掌握社会主义意识形态的话语权就要敢于揭露西方"普世价值"的虚假性与欺骗性，并在重视个人价值抑或多元价值合理诉求的基础上，以社会主流价值整合多元多样的个体价值，实现个体与集体在价值和利益方面的有机统一，即要结合现实问题增强理论的解释力和说服力，以此掌握意识形态的话语权。

最后，掌握意识形态话语权，要以马克思主义为指导。一个阶级的指导思想有没有话语优势，能否真正享有意识形态的话语权，这主要取决于这种思想是否反映了人民的根本利益，是否能够有效回应人们的现实诉求。而马克思主义的世界观是以全世界最广大人民群众的根本利益为出发点，着实反映了人们为获得平等、自由的价值诉求。因此列宁说"只有马克思主义的世界观才正确地反映了革命无产阶级的利益、观点和文化"③。列宁还进一步补充说明了，马克思主义理论之所以具有世界性的历史意义，且能够从根本上得到最广大人民群众的响应，这主要得益于马克思主义"吸收和改造了两千多年来人类思想和文化发展史中一切有价值的东西"④。因此，正是反映了人们的真实诉求、正是回应了人们的现实需要，以及吸收了科学、有益和优良的文化理论思想，这自

① 中共中央马克思恩格斯列宁斯大林著作编译局. 列宁选集：第 4 卷 [M]. 北京：人民出版社，1995：130.

② 中共中央马克思恩格斯列宁斯大林著作编译局. 列宁专题文集：论马克思主义 [M]. 北京：人民出版社，2009：261.

③ 中共中央马克思恩格斯列宁斯大林著作编译局. 列宁专题文集：论社会主义 [M]. 北京：人民出版社，2009：167.

④ 中共中央马克思恩格斯列宁斯大林著作编译局. 列宁选集：第 4 卷 [M]. 北京：人民出版社，1960：299.

然能够得到多数人的拥护与赞同，自然能够把握意识形态的话语权。所以，新时代要把握意识形态的话语权，必须以马克思主义为指导，必须吸收优秀的文化思想，这亦是实现自身与时俱进、具有更强时代感和广泛代表性，以及增强自身引导力的现实需要。

第三节　党的历届领导人关于增强意识形态话语权的理论

意识形态话语权是国家软实力的重要表现之一。软实力（Soft Power）这一概念由美国学者约瑟夫·奈（Joseph Nye）提出，指的是一个国家通过吸引和说服而不是强制或支付来达到其目的的能力。意识形态话语权是国家软实力的重要组成部分，它通过塑造国家形象、推广国家理念、影响国际规则制定、促进国际交流与合作、维护国家利益以及对抗文化霸权等方式，发挥着重要作用。随着全球化和信息化的发展，意识形态话语权在国际政治中的作用越来越显著，成为国家间竞争和合作的重要领域。当然，意识形态话语权这个软实力的强弱最终还是取决于国家的综合国力的强弱。新中国成立以来，在党的领导下中国取得了举世瞩目的成就，实现了从站起来、富起来到强起来的历史性飞跃，"与'史'的这种天翻地覆巨大变化相映成趣的，是'思'的上天入地不断探索"①。中国经历了翻天覆地的变化，不仅在经济领域取得了显著的成绩，而且在科技、文化、教育等各个领域都取得了举世瞩目的成就。这种巨大的变化，离不开中国人民的辛勤努力，更离不开中国共产党的坚强领导和正确方针政策的指引。与这种天翻地覆的巨大变化相映成趣的，是人们思想观念的上天入地不断探索。一方面，人们对于传统文化的认识和理解不断加深，对于传统文化的价值有了更深刻的认识，对于传统文化的创新和发展有了更明确的方向。另一方面，人们对于外来文化的吸收和融合，也使得中国的文化更加多元化和开放。在科技领域，中国的科技创新能力不断提高，不仅在传统的科技领域取得了重要成就，而且在新兴的科技领域，如人工智能、5G 通信等，也取得了重要的突破。这种科技的发展，不仅改变了人们的生活方式，也为中国的经济社会发展提供了强大的动力。在教育领域，中国的教育水平不断提高，教育体制也越来越完善。

---

① 高瑞泉．中国思潮评论：思潮研究百年反思（第一辑）[M]．上海：上海古籍出版社，2009：3.

中国的教育，不仅注重知识的传授，更注重能力的培养和素质的提升。这种教育的发展，为中国的发展提供了强大的人才支持。在中国的翻天覆地的变化中，人们的思想观念也在不断变化和发展。这种变化和发展，既是中国发展的结果，也是中国发展的动力。

一、毛泽东关于增强意识形态话语权的理论

以毛泽东同志为代表的党的领导人在社会革命和建设的过程中，对教条主义、经验主义进行了深刻的批判分析，提出了实事求是的方法论原则，从而突破了教条主义和经验主义的思想牢笼。毛泽东认为要培养真正的马克思主义者必须善于同各种错误思想流派作斗争，并在斗争中促进马克思主义的发展，以及促进马克思主义者的成长。据此，他把与错误思想作斗争的过程比喻成"种牛痘"① 的过程，认为这是彻底清除错误思想的影响和增强马克思主义者的免疫力，有效应对错误思想影响的有效手段。

首先，针对社会主义国家还存在反马克思主义与非马克思主义等错误社会思想的问题，毛泽东同志用"毒草"来具体、形象地描述了这些错误思想，用"香花"比喻高贵、纯洁的优良品质与正确、积极的思想。毛泽东同志在对待毒草（错误思想）与香花（正确思想）方面，认为毒草（错误思想）是"非马克思主义和反马克思主义的东西"②，就要遏制其传播的事态，就要抵制其泛滥与渗透的趋势，只能将它置于被统治的地位。因此，毛泽东同志指出，要坚定不移地批判各种错误思想，防止它们到处泛滥，更不能让它们占领市场，还特别强调在思想文化领域"有错误就得批判，有毒草就得进行斗争"③，并通过批判、斗争的方式确保党内思想领域、文化领域、艺术领域等必须"是香花，是马克思主义"居于绝对的主导地位和核心地位④。

其次，在传播与学习马克思主义思想理论中，要注重传播的方法、宣传教育的方法，使人们自觉运用马克思主义理论武装头脑，增强对错误思想文化的免疫力，自觉抵制其消极影响。因此，毛泽东同志从传播者应扮演什么样的角

---

① 种牛痘是英国乡村医生爱德华·詹纳（Edward Jenner）发明的一种预防天花病毒的方法，人体接种该牛痘后能增强免疫力。毛泽东用"种牛痘"来说明马克思主义者在应对错误思想的影响时，要增强自身的免疫力。

② 中共中央文献研究室．毛泽东文集：第七卷［M］．北京：人民出版社，1999：197.

③ 中共中央文献研究室．毛泽东文集：第七卷［M］．北京：人民出版社，1999：232-233.

④ 中共中央文献研究室．毛泽东文集：第七卷［M］．北京：人民出版社，1999：197.

色、宣传过程的长期性，以及在知识分子中加强对马克思主义学习的必要性与紧迫性等方面阐述了有效抵制错误思想文化消极影响的方法。第一，宣传者要具有使命担当，自觉承担、扮演好宣传马克思主义理论的角色，如毛泽东同志在强调宣传者的使命担当与宣传的方法步骤时就明确指出，宣传者要"有一个宣传马克思主义的任务"①，并强调这项宣传工作是一项长期性工程，需要进行耐心、细致的宣传教育，"不能企图上几次课，开几次会，就把人家在几十年生活中间形成的思想意识改变过来"②。第二，通过学习先进的思想理论，摒弃错误思想意识的误导，如毛泽东同志在知识分子中就特别强调要加强对马克思主义理论的学习，认为这是有效抵制错误思想文化对知识分子产生影响的方法，也是有效增强知识分子对错误思想文化免疫力的需要，并特别强调如果知识分子学的时间越长，那么效果就会越好，因此他说最好是让知识分子"学他十年八年"，因为"马克思主义学得多了，就会把旧思想推了出去"③，这样也就能够真正地、彻底地清除错误思想文化的影响。第三，要让人们真正掌握马克思主义的理论思想，就要合理运用正确的宣传教育的方法，并促使人们将马克思主义作为思想指南。这主要涉及要改变他人长期遗留下来的某些错误的思想意识的问题，并促使他们能够接受并自觉运用马克思主义作为指导思想，这除了要进行长期的、耐心的教育外，还要采取说服教育的方法，所谓说服教育的方法就是通过和平的、平等的沟通模式让他人心甘情愿接受，而不是用强制、暴力的方式让别人被迫接受和屈服，诚如毛泽东所言："要人家服，只能说服，不能压服。……以力服人是不行的。"④ 因此，要让人们真正放弃各种错误的思想意识问题，就要采取合理有效的方法，即通过辩论、说理等方式让人们"克服各种错误思想"⑤，而不是通过压迫、强制的方式让人们放弃已经拥有的思想观念。因为，"凡属于思想性质的问题，凡属于人民内部的争论问题，只能用民主的方法去解决，只能用讨论的方法、批评的方法、说服教育的方法去解决，而不能用强制的、压服的方法去解决"⑥。可见，在毛泽东同志看来，粗暴强制的方法不能使人们诚心实意地改正自己的错误，即使他们迫于淫威在言语间表示赞同，但在心灵深处是不会认同的，因此关于思想斗争的问题，要用细致的、

① 中共中央文献研究室. 毛泽东文集：第七卷［M］. 北京：人民出版社，1999：270.
② 中共中央文献研究室. 毛泽东文集：第七卷［M］. 北京：人民出版社，1999：279.
③ 中共中央文献研究室. 毛泽东文集：第七卷［M］. 北京：人民出版社，1999：261.
④ 中共中央文献研究室. 毛泽东文集：第七卷［M］. 北京：人民出版社，1999：279.
⑤ 中共中央文献研究室. 毛泽东文集：第七卷［M］. 北京：人民出版社，1999：279.
⑥ 中共中央文献研究室. 毛泽东文集：第七卷［M］. 北京：人民出版社，1999：209.

讲理的方法，要采取讨论、批评、说理的方法，"发展正确的意见，克服错误的意见"，透彻地、真正地解决问题①。

总之，增强高校意识形态话语权的过程既要学习正确的思想理论、坚持正确的理论指导，还要遵循正确的方法论原则，还要积极摒弃错误思想观念的误导、增强青年大学生对错误思想观念的免疫力，这是个长期的且非常重大的一项基础性工程。

二、邓小平关于增强意识形态话语权的理论

以邓小平同志为代表的党的领导人在社会主义改革与建设过程中，关于如何解决错误思想观念的问题，除了要警惕各种错误思想观念尤其是西方资产阶级的自由主义的思想观念外，他还强调不仅要用马克思主义意识形态去占领社会意识形态领域的阵地，还要发挥马克思主义在意识形态领域的指导地位，在政治上要坚持四项基本原则，在思想文化艺术领域要实施"双百"方针等，以此在实现有效抵制错误思想观念影响的同时，又促进思想文化艺术的蓬勃发展。

首先，坚持四项基本原则，防止错误思想观念的蔓延。1979年3月30日，邓小平在发表《坚持四项基本原则》的讲话中首次使用了"思潮"一词。他在评价林彪、"四人帮"时，明确指出他们是"流毒"，还特别强调这种"流毒""同一些怀疑社会主义、怀疑无产阶级专政、怀疑党的领导、怀疑马列主义毛泽东思想的思潮相结合，开始在一小部分人中间蔓延"②，甚至在党内的某些成员中散布流言蜚语、恶意攻击党中央的方针政策，完全背离了马克思主义。显然，这不仅导致党内部分成员深受这些极"左"思潮的毒害，甚至还形成了不同程度地支持这些错误思想的趋势，而且在社会上也有小部分人散播攻击四项基本原则的谣言，这也使个别同志受到了这些思想的侵蚀③。因此，针对这些反对马克思主义、攻击四项基本原则等错误思想观念，邓小平同志明确指出必须坚持马克思主义、必须坚持四项基本原则，认为这是确保思想领域不受影响的前提与基础，如他在应对自由主义思想的影响方面，将自由主义思想理论的传播与渗透问题看作思想战线斗争的问题。基于这个问题，他着重从预防资产阶级自由主义思想观念的角度提出了坚持"四项"基本原则绝不动摇的理念，认为应通过合理、有效的方法去化解资产阶级自由主义思想观念的泛滥、渗透与侵蚀，

---

① 中共中央文献研究室. 毛泽东文集：第七卷 [M]. 北京：人民出版社，1999：232.
② 邓小平. 邓小平文选：第二卷 [M]. 北京：人民出版社，1994：162.
③ 邓小平. 邓小平文选：第二卷 [M]. 北京：人民出版社，1994：165-166.

预防、遏制良好的精神文化思想受到污染。因为，"精神污染实质是散布形形色色的资产阶级和其他剥削阶级腐朽没落的思想，散布对于社会主义、共产主义事业和对于共产党领导的不信任情绪"①。所以，防止错误思想观念的蔓延、渗透与侵蚀，也是有效遏制精神文化领域受到污染、渗透与侵蚀的有效方法。

其次，应对各种思想文化的沉渣泛起，应在坚持四项基本原则的基础上，坚持"双百"方针。随着中外文化交流的日趋频繁，世界各个国家间的人员往来变得异常密切，思想文化领域呈现出大杂烩的状况，这种状况导致各种错误社会思潮乘虚而入，并对人们的思想意识产生了消极影响。因此，在为了能够保证各种思想文化的相互交融与蓬勃发展的同时，有效避免那些趁虚而入的错误社会思潮影响人们的思想观念，基于这个问题，邓小平提出了多元文化的蓬勃发展必须以四项基本原则为前提的相应对策，即是在遵守四项基本原则的基础上的蓬勃发展，诚如邓小平同志所说："对于思想问题，无论如何不能用压服的办法，要真正实行'双百'方针。"② 所谓"双百"方针就是在批判引领各种社会思潮时，采取"百花齐放，百家争鸣"的方针，允许各种思想共同发展、相互争鸣，不能随便抓辫子、戴帽子和打棍子。但坚持"双百"方针不是放任不管、绝对自由，它必须是在坚持四项基本原则的前提下自由发展，为什么必须是在坚持四项基本原则前提下的"双百"方针？事实上，两者是辩证统一的关系，不能简单地选择其中的某一个方面去批判、引领社会思潮，实质上坚持四项基本原则有助于促进各种文化思想的蓬勃发展，为文化思想的蓬勃发展提供保障，这一方面也是为了防止只允许错误的文化思想放，而"不让马克思主义争"③；另一方面也是为了防止"把'双百'方针这个无产阶级的马克思主义的方针，歪曲为资产阶级的自由主义的方针了"④。可见，各种思潮的碰撞、交融与发展的基础和前提是遵循四项基本原则，而不是超越四项基本原则的齐放与争鸣，与此同时，他强调四项基本原则并不是要放弃"双百"方针，而是为了更好地促进文化领域的健康发展。因为，四项基本原则为文化、思想领域的齐放与争鸣提供了保障，为其发展打下了良好的基础，这是促进文化思想发展的实事求是，是在争鸣中破除错误思想的需要，是真正实现解放思想的目的。

再次，防止错误思想观念的影响，既要讲清民主问题，又要注重社会风气问题，还要注重涣散软弱的问题。第一，要讲清民主问题。由于诸多错误思想

---

① 邓小平．邓小平文选：第三卷［M］．北京：人民出版社，1993：40.

② 邓小平．邓小平文选：第二卷［M］．北京：人民出版社，1994：145.

③ 邓小平．邓小平文选：第三卷［M］．北京：人民出版社，1993：47.

④ 邓小平．邓小平文选：第三卷［M］．北京：人民出版社，1993：47.

观念打着西方"民主"万能的幌子，"很容易混淆视听"①。因此，"我们一定要向人民和青年着重讲清楚民主问题"②。以抵制错误思想观念对我国公民进行意识形态的渗透、侵蚀。所以，讲清民主问题是能否有效批判和引领思想观念的关键，尤其要讲清楚社会主义民主和资本主义民主的区别与异同。第二，要注重社会风气问题，尤其要遏制一下崇洋媚外之风，转变人们唯西方马首是瞻的社会心理。他说："一些青年男女盲目地羡慕资本主义国家，有些人在同外国人交往中甚至不顾自己的国格和人格。这种情况必须引起我们的注意。我们一定要教育好我们的后一代，一定要从各方面采取有效的措施，搞好我们的社会风气，打击那些严重败坏社会风气的恶劣行为。"③ 他还指出，在学习西方的科学技术、管理经验时要保持头脑清醒，不能把学习变成崇拜，更不能在学习中受到腐朽思想的侵蚀，甚至"丧失社会主义中国的民族自豪感和民族自信心"④。因此，在国际交往中，一定要严防西方资产阶级腐朽的思想作风、生活方式，"这是必须认真解决的一个重大问题"⑤。当然，西方在经济、文化、军事、科技等领域的优势地位，导致今天盲目崇拜西方的问题仍然存在，所以在研究理论思想观念的问题时要加强人们的心理研究，重点整顿社会风气，构建风清气正的社会环境，这对于批判和引领社会环境中的各种思想观念具有重要的现实意义。第三，要解决好涣散软弱的问题，就是绝对不能容忍。邓小平强调，涣散软弱既是一件非常危险的状态，又是一个非常重要的问题，这容易引发"对错误倾向不敢批评"，甚至"一批评有人就说是打棍子"⑥，但是如果这种"涣散软弱"的状况得不到解决，那么错误的倾向就不会被纠正，问题自然也就永远存在而不能被有效解决，比如就是因为涣散软弱的问题没有被纠正，没有对西方输入中国的文化思想进行鉴别、批判，从而导致西方学术文化的介绍呈现主次颠倒、混乱不堪的状况，甚至连西方国家都觉得低级、庸俗，有毒的书籍、影视、舞蹈也被输入中国，基于这种涣散软弱的状况，邓小平明确指出，"这种用西方资产阶级没落文化来腐蚀青年的状况，再也不能容忍了"⑦。所以，针对涣散软弱的状况，是一定不能容忍的，是必须给予坚决的批判、否定和制止的，

---

① 邓小平.邓小平文选：第二卷［M］.北京：人民出版社，1994：174.
② 邓小平.邓小平文选：第二卷［M］.北京：人民出版社，1994：175.
③ 邓小平.邓小平文选：第二卷［M］.北京：人民出版社，1994：177.
④ 邓小平.邓小平文选：第二卷［M］.北京：人民出版社，1994：261-262.
⑤ 邓小平.邓小平文选：第二卷［M］.北京：人民出版社，1994：336-337.
⑥ 邓小平.邓小平文选：第二卷［M］.北京：人民出版社，1994：389.
⑦ 邓小平.邓小平文选：第三卷［M］.北京：人民出版社，1993：44.

尤其要防止一窝蜂追捧西方的哲学、经济学、政治学与文学艺术，而对于西方的思想文化应该在分析、鉴别与批判的基础上去粗取精、去伪存真，取其精华、弃其糟粕。

最后，夯实马克思主义的主导地位，坚定社会主义信念，站在人民大众的立场，服务好、实现好人民大众的根本利益。一方面，作为思想战线上的引领者与领路人，要高举社会主义的文化大旗，旗帜鲜明地宣传社会主义的主流价值、书写社会主义的丰功伟绩，为完善社会主义制度体系服务，邓小平同志曾明确指出，作为思想战线上的灵魂工程师，应当"用自己的文章、作品、教学、讲演、表演，教育和引导人民正确地对待历史，认识现实，坚信社会主义和党的领导，鼓舞人民奋发努力，积极向上，真正做到有理想、有道德、有文化、守纪律，为伟大壮丽的社会主义现代化建设事业而英勇奋斗"[1]。另一方面，用马克思主义鉴别、引领各种思想文化观念。随着改革开放的深入发展，在经济上取得了较为显著的成效，这种成效是计划与市场相结合的结果。但在文化领域，面对西方文化的渗透，邓小平一直在思考该用什么态度来应对西方文化的侵蚀与渗透，他曾说："为什么在文化范围内的交流，反倒可以让资本主义文化中对我们有害的东西畅行无阻呢？"[2]他认为，消除这种现象的途径就是用马克思主义去批判和鉴别错误的思想观念，因为，"属于文化领域的东西，一定要用马克思主义对它们的思想内容和表现方法进行分析、鉴别和批判"[3]。关于如何运用马克思主义进行分析、鉴别和批判呢？他以西方"人道主义"为例，从理论和道德的维度剖析了正确看待"人道主义"的问题，认为人道主义各式各样，要加强研究，对我们来说应该"宣传和实行社会主义的人道主义（在革命年代我们叫革命人道主义），批评资产阶级的人道主义"[4]。

三、江泽民关于增强意识形态话语权的理论

"为什么苏联这样一个发展了七十多年的社会主义国家还会解体呢？"[5] 其中的一项重要因素"就与西方国家长期进行的意识形态渗透有密切关系"[6]。因此，江泽民同志特别重视党的意识形态工作，他就曾明确指出："我们党历来重

---

① 邓小平 . 邓小平文选：第三卷 [M] . 北京：人民出版社，1993：40.
② 邓小平 . 邓小平文选：第三卷 [M] . 北京：人民出版社，1993：43-44.
③ 邓小平 . 邓小平文选：第三卷 [M] . 北京：人民出版社，1993：44.
④ 邓小平 . 邓小平文选：第三卷 [M] . 北京：人民出版社，1993：41.
⑤ 江泽民 . 江泽民文选：第三卷 [M] . 北京：人民出版社，2006：78.
⑥ 江泽民 . 江泽民文选：第三卷 [M] . 北京：人民出版社，2006：83.

视意识形态工作。这方面工作做得好不好，直接关系社会主义事业的成败。"①
因为，意识形态工作是关系党的事业兴衰成败的重大工作，对于巩固党的群众
基础、推动社会主义事业具有重要意义。从巩固党的群众基础这个角度而言，
意识形态是党的事业发展的精神旗帜，是团结和引领人民前进的根本保证，只
有做好意识形态工作，才能确保党的事业始终得到人民的支持和拥护；从社会
主义事业的发展方向来看，意识形态是社会主义事业的重要支柱，是推动社会
主义事业发展的重要动力，因此只有做好意识形态工作，才能确保社会主义事
业始终沿着正确方向前进；从增强国家文化软实力来看，意识形态是文化软实
力的重要组成部分，是影响国家形象和国际地位的重要因素，只有做好意识形
态工作，才能提升我国的文化软实力，为国家的发展提供有力支撑。

随着网络技术的发展与普及，借助网络平台各种非主流意识形态思想得到
了迅速传播与泛滥，基于这样的事实，江泽民同志在党的十三届四中全会上指
出："各种错误思潮特别是西方资产阶级腐朽思想纷至沓来，暴露出来的问题相
当严重。"② 同年，他在党建理论研究班上指出，要警惕西方自由主义思潮、历
史虚无主义思潮，严防它们败坏党内思想、腐蚀党的肌体。此外，1996 年他在
党的十四届六中全会，以及在 1999 年中共中央发布的《关于加强和改进思想政
治工作的若干意见》都明确提出了要在理论研究中批判错误的思想观念，在加
强精神文明建设的实践中抵制错误思想观念，尤其在 2000 年的十五届五中全会
上，他首次提出要重点研究错误思想观念的表现，并积极引导其发展。

坚守政治底线，坚决批判错误思想观念，尤其对于"违反四项基本原则、
违反改革开放政策的错误思想政治观点，对于反马克思主义的挑战和攻击，必
须进行积极的思想斗争，不能听之任之"③。在批判的同时，还要注重区分与鉴
别各种非主流意识形态观念，他强调在研究非主流意识形态时，要结合社会主
义的精神文明，并在加强先进文化的建设中筑牢马克思主义的指导地位，排除
反马克思主义与反社会主义的错误思想观念，整合不同群体的多元价值理念，
形成最大范围内的价值共识。

夯实马克思主义的主导地位，强化社会主义主流价值引领多元价值、整合
多元价值、规范纷繁复杂的思想文化，推动形成多元文化和谐共存的局面。因
为，在意识形态领域，如果不巩固马克思主义的主导地位，如果社会主义的主

① 江泽民 . 江泽民文选：第一卷［M］. 北京：人民出版社，2006：160.
② 江泽民 . 江泽民文选：第一卷［M］. 北京：人民出版社，2006：61.
③ 江泽民 . 江泽民文选：第三卷［M］. 北京：人民出版社，2006：88.

流价值思想不去主动占领理论思想的宣传阵地，就会被其他腐朽没落的思想占领。因此，"必须坚定不移地巩固和加强马克思主义的指导地位，绝不允许搞指导思想的多元化"①。马克思主义作为一种理论体系，它的价值和意义主要在于其独特的立场、观点和方法。马克思主义站在无产阶级和人民大众的立场，全心全意为人民谋利益。这一立场是无产阶级和劳动人民的立场，是全世界最多数人的立场，从根本上说，就是全人类的立场。马克思主义理论的核心是揭示资本主义社会的本质矛盾，指明无产阶级是资本主义社会的真正主人，并号召无产阶级通过革命手段推翻资本主义制度，建立无产阶级专政，最终实现共产主义社会。马克思主义不是凭空产生的，而是基于对历史、经济、政治、哲学等学科的深入研究和总结，形成了一套科学的理论体系。因此，在指导思想层面绝对不能搞多元化，这会导致社会共识分裂，指导思想的多元化可能导致社会在不同价值观、理念和目标之间产生分歧，难以形成共同的社会共识，进而影响社会的稳定与和谐。价值观混淆，多元化的指导思想可能导致人们在价值观念上产生混淆，难以确立正确的人生观、价值观和世界观，影响个人的道德修养和社会的整体道德水平，甚至会阻碍社会发展，如果社会的指导思想过于多元化，可能会导致缺乏统一的发展方向和目标，进而影响社会的发展进程和效率。削弱国家文化软实力，指导思想的多元化可能会导致国家文化的核心价值和理念变得模糊，从而削弱国家的文化软实力和国际影响力；影响党的领导，指导思想的多元化可能会对党的领导地位产生挑战，削弱党的凝聚力和战斗力，影响党的执政基础。所以，在我国，我们强调社会主义社会指导思想的一元化，巩固和加强马克思主义在意识形态中的指导地位，以保持社会的稳定与和谐，推动国家的发展和进步。此外，应对错误思想观念的影响，江泽民同志还特别强调要加强理论研究，他认为"要使党和国家的事业不停顿，首先理论上不能停顿"②。

四、胡锦涛关于增强意识形态话语权的理论

胡锦涛同志认为，意识形态工作与经济工作是同等重要的工作，两者不能偏颇其一，必须齐抓共管，如果有一方面抓不好都会出"大问题"。从意识形态的视角来看，无论从国内环境，还是从国际环境来看，加强意识形态建设、增

---

① 江泽民．论"三个代表"［M］．北京：中央文献出版社，2001：126.
② 江泽民．在中央党校省部级干部进修班毕业典礼上的讲话［N］．人民日报，2002-06-01（1）.

强意识形态话语权是一项异常迫切重要的工作。中共中央、国务院于 2004 年，在《关于进一步加强和改进大学生思想政治教育的意见》中指出，许多西方文化思潮已在中国大肆传播与泛滥，某些腐朽没落的文化思想已对大学生造成了不可低估的影响①。基于这种现状，以胡锦涛同志为代表的党的领导人在批判、引领社会思潮方面，明确指出要加强对多样化社会思潮的研究，以此推动意识形态建设，增强我国的主流意识形态话语权。在关于推动意识形态建设，增强意识形态话语权方面，胡锦涛同志在党的十六届六中全会上明确提出了用"社会主义核心价值体系引领社会思潮"的命题，该命题是马克思主义者应对各种社会思潮挑战的回应，体现了马克思主义者善于抓社会主流价值，这也标志着在推动意识形态建设、增强意识形态话语权方面，已从单一的宏观化的批判到结合宏观、中观与微观的批判与引领的转化。

增强意识形态话语权需要提升文化软实力，而要"提高国家文化软实力，必须推动社会主义文化大发展大繁荣的要求"②。文化软实力是增强意识形态话语权的关键要素，是维护和传播意识形态话语权的重要手段。文化软实力通过各种形式的文化输出，如电影、音乐、文学、教育等，将国家的意识形态和价值观念传递给其他国家或民族，从而达到影响和改变他们认知和态度的目的。这种影响是潜移默化的，能够有效地传播国家的核心价值观念，增强国家在国际上的话语权和影响力。意识形态话语权强大，意味着该国家或民族的文化价值观得到广泛认同，具有较强的话语权和影响力。而文化软实力正是通过各种文化活动、文化产品、文化交流等方式，向世界展示其文化的魅力和吸引力，从而增强其意识形态话语权。那么如何提升文化软实力呢？为此，胡锦涛同志曾明确指出，通过改革，加快发展，是"提高国家文化软实力的必由之路"③。

增强意识形态话语权需要一支坚强有力的意识形态工作队伍。胡锦涛同志曾指出："增强党在意识形态领域的影响力，归根到底要靠人、靠队伍。"④因此，在全媒体时代，高校要培养一支具备网络安全意识和能力突出的队伍，这支队伍应具备辨识和抵御外部意识形态渗透和影响的能力。通过专业培训，提高队伍成员在网络安全、信息技术等方面的专业知识，有效应对网络空间的挑战。同时，高校还应建立健全网络意识形态工作队伍的激励和保障机制，鼓励

---

① 中共中央文献研究室．十六大以来重要文献选编［M］．北京：中央文献出版社，2006：178.

② 胡锦涛．胡锦涛文选：第三卷［M］．北京：人民出版社，2016：637.

③ 胡锦涛．胡锦涛文选：第三卷［M］．北京：人民出版社，2016：67.

④ 胡锦涛．胡锦涛文选：第二卷［M］．北京：人民出版社，2016：530.

队伍成员积极参与网络意识形态工作，为高校意识形态工作提供有力支持。通过加强网络意识形态工作队伍建设，更好地抵御外部意识形态的渗透和影响，维护好我国高校意识形态的安全。

五、习近平关于增强意识形态话语权的理论

"意识形态是一组关于人类和社会本质的理念、信仰和意见，对于人应当如何生活、社会应然状况以及如何组构，提供一种理论的框架。"① 意识形态作为义化观念，它涉及一系列关于人类和社会本原的观念、信念和观点，它不仅为人们提供了关于应当如何生活、社会理想状态是什么，以及如何组织社会的指导思想，而且还塑造了个体和集体行为的基本准则。这一概念在历史发展、社会变革以及个体思想形成中起着决定性的作用，它是各种政治、经济、文化活动的灵魂和指导原则。意识形态涵盖了对于国家治理、法律制度、教育、科技、外交等各个领域的理解和规划，它既是对现实社会关系的反映，又是对未来目标的设想。因此，一个健康、积极、向上的意识形态，对于一个国家的长远发展和人民的幸福生活具有十分重要的意义。新时代，以习近平同志为代表的党中央从重视意识形态工作，加强社会主义核心价值体系建设，倡导培育和践行社会主义核心价值观，形成良好的思想意识和正确的价值观念等方式，增强意识形态的领导权、话语权。

首先，抓好意识形态工作，掌握意识形态领导权。"意识形态工作是党的一项极端重要的工作。"② 当前，抓好意识形态工作之一就是要积极引导社会舆论，使社会舆论朝着正确的方向发展是一项非常紧迫和重要的工作，因为这"事关旗帜和道路，事关贯彻落实党的理论和路线方针政策，事关顺利推进党和国家各项事业，事关全党全国各族人民凝聚力和向心力，事关党和国家前途命运"③。"一项极端重要工作"与"五个事关"体现了维护意识形态安全的重要性，体现了新时期党对整合社会价值、有效引领多元价值观念与文化思想的正确态度、深刻认识和清醒意识，并在引领与整合过程中，"牢牢掌握意识形态工作领导权"④，整顿社会风气、整合多元价值，摒弃错误思想观念，形成风清气

---

① AGNES M E. Webster's New World Dict Onany ［M］. New York：Singapore & Schuster，1992：554.

② 习近平. 习近平谈治国理政 ［M］. 北京：外文出版社，2014：153.

③ 习近平. 习近平谈治国理政：第二卷 ［M］. 北京：外交出版社，2017：331-332.

④ 习近平. 决胜全面建成小康社会夺取新时代中国特色社会主义伟大胜利 ［M］. 北京：人民出版社，2017：41.

正的社会风尚，打造优良的社会文化氛围。

其次，推进马克思主义中国化时代化大众化，是增强意识形态话语权的重要内容。理论是对现实的总结与反思，理论只有关注社会现实，并回答社会现实问题，才能吸引群众，才能被群众所理解和接受。因此，实现马克思主义理论指导、整合多元价值、凝聚价值共识等功能，马克思主义必须根据中国的国情实现中国化、必须与时代同步伐、必须能够满足人民大众的理论需求，并关注当前最前沿的时代问题，实现理论的与时俱进。因此，习近平同志特别强调："必须推进马克思主义中国化时代化大众化，建设具有强大凝聚力和引领力的社会主义意识形态，使全体人民在理想信念、价值理念、道德观念上紧紧团结在一起。"① 在实现马克思主义时代化大众化方面，习近平率先垂范、关注现实、立足人民大众，强调要用通俗易懂、简单质朴的语言与群众喜闻乐见的方式把马克思主义理论说清楚、讲明白，使马克思主义理论能够更好地被群众所理解和接受，如习近平的"扣子论""补钙论""鞋子合脚论""总开关论"等脍炙人口、通俗易懂，非常贴近百姓的日常生活术语，这自然实现了经典理论融入群众、指导群众的目的。这种表述方式也体现了我们党善于应用简洁明了、生动形象的话语诠释党的执政理念，让人民大众切身体会到人民大众所关注的现实问题就是党所关注的问题，人民大众所急的现实问题也是党所急的现实问题。所以，这种话语表达方式自然实现了思想深邃、理论深刻的大众化表达，体现了新时代党的领导人求真务实、为民服务、放眼未来、立足当下的思想作风，这些无疑都是马克思主义大众化的典范。总之，实现马克思主义引领多元价值、增强意识形态话语权，就是要实现马克思主义时代化大众化。因为，引领的核心与目的就是要用马克思主义"给整个社会以正确的导向，最大限度地在全社会形成统一的指导思想、共同的理想信念、强大的精神支柱和基本的道德规范，从而团结不同阶层、不同认识水平的人们共同前进"②。

再次，在秉持开放、包容价值理念的同时，也要旗帜鲜明地反对和抵制各种错误思想观念。文化领域的开放、包容与互鉴是当前的主基调，因此不同思想和文化间的相互交往"应该互尊互鉴、相互学习"③，正确看待在合理范围内的利益分化与思想分歧，以及在多元价值与多元文化并存的现实社会应具有尊

---

① 习近平 . 决胜全面建成小康社会夺取新时代中国特色社会主义伟大胜利 [M]. 北京：人民出版社，2017：41.

② 梅荣政 . 探索有效途径，提高引领水平 [J]. 党建，2008 (3)：14.

③ 习近平 . 共倡开放包容　共促和平发展：在伦敦金融城市长晚宴上的演讲 [N]. 人民日报，2015-10-23 (2) .

重差异和包容多样的品质。如习近平在学术领域就强调，"要坚持和发扬学术民主，尊重差异，包容多样，提倡不同学术观点、不同风格学派相互切磋、平等讨论"①。这种开放、包容的态度有助于恰当地处理好多元文化并存的局面与事实，为有效引领社会思潮提供条件和基础。因为，开放与包容并不是引领本身，也不具有引领的功能，它只是引领的条件、基础与目的，因此要对社会思潮进行科学、有效的引领，这除了要用主流价值进行引领外，还需用主流价值整合多元价值。此外，在包容开放的同时，还要"注意区分政治原则问题、思想认识问题、学术观点问题，旗帜鲜明反对和抵制各种错误观点"②，如习近平在揭露历史虚无主义的实质与目的时说："历史虚无主义的要害，是从根本上否定马克思主义指导地位和中国走向社会主义的历史必然性，否定中国共产党的领导。"③ 还有一些歪曲党的历史、丑化党的形象等手段，其"根本目的就是要搞乱人心"④。因此，对于某些社会思潮，既要有包容开放的态度，也要有敢于批判、善于批判的态度，要清晰准确地区分好学术性、思想性和政治性等问题，不能把思想性的东西政治化，预防从极端的政治视角看待价值、思想多元化发展的问题，处理好学术、思想与政治之间的关系，形成相互促进、共同发展的良好局面。

最后，优化网络环境、净化虚拟空间，在依法治网中实现思想引领。众所周知，互联网已深入人们所生活的各个领域，深刻影响着人们的生活方式，即网络已成为人类沟通交流的工具与手段，成为人们生活的新空间与新场所。当前，在错综复杂的网络空间，互联网领域的意识形态之争与话语权争夺变得异常激烈，每个主体企图通过互联网的虚拟空间宣泄、表达自己的思想，实现自身的利益。因此，要警惕防范错误思想文化借助互联网进行思想渗透，注重引领网络舆论风向，强烈批判错误的思想观点。习近平曾指出，互联网是关涉党长期执政所面临的"最大变量"，如果"过不了互联网这一关，就过不了长期执政这一关"⑤。因为，网络空间是社会主体活动范围的延伸，虽然它的空间具有

---

① 习近平．在哲学社会科学工作座谈会上的讲话［N］．人民日报，2016-05-19（2）．
② 习近平．决胜全面建成小康社会夺取新时代中国特色社会主义伟大胜利［M］．北京：人民出版社，2017：42．
③ 中共中央党史研究室．历史是最好的教科书：学习习近平同志关于党的历史的重要论述［J］．中共党史研究，2013（9）：5-9．
④ 中共中央文献研究室．十八大以来重要文献选编（上卷）［M］．北京：中央文献出版社，2014：113．
⑤ 中共中央文献研究室．习近平关于社会主义文化建设论述摘编［M］．北京：中央文献出版社，2017：42．

虚拟性，以及承载的信息内容也具有纷繁复杂性，但这些信息内容总是反映着某些人的最现实的利益需要，即网络空间确实是虚拟的，具有超真实的特定，"但运用网络空间的主体是现实的"①。

总而言之，中国马克思主义经典作家在增强意识形态话语权的过程中，始终遵循理论与实践相结合的方法，形成了较为科学、有效的引领策略，所积累的科学经验具有重要的启示意义。坚持马克思主义的指导地位，增强主流意识形态的引导力和影响力。夯实马克思主义的主导地位，用社会主义主流价值引领。当前，这种主流价值就是社会主义核心价值观。社会主义核心价值观具有凝聚社会共识、整合社会价值的功能，因此发挥好这两种功能是增强意识形态话语权的重要方式。在社会思想多元纷呈的境况下，尤其在社会转型期，一定要夯实主流价值的统领作用，增强社会主义理论思想的话语权和领导权，这是凝聚社会共识的有力保障。此外，我们还要立足现实，从人民的根本利益出发，在解决人们的现实问题中增强马克思主义的吸引力和说服力。一种思想、理论，抑或主义，要实现自身的引导功能，必须从人民的根本利益出发，并将实现和维护人民的利益作为行动的目标与准则，满足不同群体正当的、合理的利益诉求。诚如马克思所言："'思想'一旦离开'利益'，就一定会使自己出丑。"②因此，增强意识形态话语权，关键是要能够解决人们的现实问题。事实上，马克思主义的理论品质就在于想人民之所想，且始终要把为人民服务的理念作为宗旨。所以，新时代如何更好地发挥马克思主义的引导功能，还需要认真倾听人民的诉求并努力解决他们的问题，这样的价值引导才会得到广大人民群众的认同、理解和接受，从而真正实现引导的功能，进一步彰显马克思主义的魅力。

坚持马克思主义在高校意识形态领域的指导地位。习近平同志曾明确指出："马克思主义是我们立党立国的根本指导思想。背离或放弃马克思主义，我们党就会失去灵魂、迷失方向。在坚持马克思主义指导地位这一根本问题上，我们必须坚定不移，任何时候任何情况下都不能有丝毫动摇。"③该论断向我们表明，马克思主义是我们党的灵魂和指南针，是我们国家立党立国的核心思想，如果我们放弃或背离它，党就会失去方向、失去灵魂，变得迷茫。在坚守马克

---

① 习近平. 在第二届世界互联网大会开幕式上的讲话［N］. 人民日报，2015 - 12 - 17（1）.

② 中共中央马克思恩格斯列宁斯大林著作编译局. 马克思恩格斯全集：第 2 卷［M］. 北京：人民出版社，1956：103.

③ 中共中央文献研究室. 十八大以来重要文献选编（下）［M］. 北京：中央文献出版社，2018：346.

思主义这个原则问题上，我们一定要坚定信心，无论何时何地都不能动摇。对高校的意识形态工作而言，我们仍然要始终坚持马克思主义的主导地位，用马克思主义来筑牢高校师生员工的精神之基、补足师生员工的精神之"钙"。马克思主义是我国意识形态话语权建设的行动指南和理论基础，党和国家以根本性制度加以确立，为进一步推动我国的意识形态工作提供了制度保障。习近平总书记明确指出，我们要"巩固马克思主义在意识形态领域的指导地位，巩固全党全国人民团结奋斗的共同思想基础"①。马克思主义是科学的理论体系，马克思主义为我们提供了关于世界观、方法论和人类社会发展的深刻见解，是指导我们认识世界和改造世界的强大思想武器。巩固马克思主义在意识形态领域的指导地位，有利于我们在各个方面的发展中取得成功。比如，在统一思想、凝聚力量方面，全党全国人民团结奋斗的共同思想基础本身就是党和国家事业发展的关键。我们通过巩固马克思主义在高校意识形态领域的指导地位，同样可以统一高校师生员工的思想认识，凝聚起共同奋斗的精神力量，为高等教育事业的发展贡献力量。另外，在针对错误思想观念影响的情况下，我们可以从坚定马克思主义的立场、观点、方法对敌对势力或错误思想进行辩驳、批判，坚决维护马克思主义在意识形态领域的根本指导地位。因此，高校要做好意识形态工作，并能够切实提升其实效性，无论面对怎样的环境，要做好意识形态的工作就要学深、悟透、用好马克思主义这个最根本的看家本领。

毛泽东同志在回顾我国革命历程时，就曾深刻指出，我们赢得革命胜利的秘诀并非在于我们手中握有机枪，而是拥有马克思主义这一强大武器。② 马克思主义之所以能够指导中国，并引领中华民族找到了救亡图存的出路，主要在于马克思主义的科学性。马克思主义的科学性、与时俱进性，使得它能够随着时代的变化而不断创新发展，这在一定程度上使其能够始终满足社会发展的需要，并推动和引领着人类文明发展。马克思主义始终伫立时代潮头、历经风雨考验，并未随时光流逝而失去其生命力，相反它随着实践和时代的需要，其科学性和真理性得到了全面彰显和充分展示。马克思主义的科学性、真理性表明了它是能够解决中国现实问题的科学理论。那么对高校意识形态工作来说，在马克思主义科学理论的指导下它更能够得到很好的解决。

"马克思主义是我们党的根本指导思想，这就决定了马克思主义是社会主义

---

① 习近平. 习近平谈治国理政 [M]. 北京：外文出版社，2014：153.
② 毛泽东. 毛泽东选集：第四卷 [M]. 北京：人民出版社，1991：1469.

意识形态的旗帜。"① 马克思主义作为我们党的根本指导思想，其核心理念与价值观贯穿于党的全部理论和实践，它不仅为我国社会主义事业提供了深刻的理论基础，更在意识形态领域树立了一面鲜明的旗帜。这面旗帜鲜明地代表了无产阶级和广大人民利益的立场，彰显了社会主义事业的价值追求和目标。在我国，马克思主义成为指导思想，充分体现了党对人民地位的深刻认识和尊重。党始终坚持全心全意为人民服务，紧紧依靠人民推进各项事业，努力实现全体人民共同富裕。这种以人民为中心的发展思想，使得马克思主义成为社会主义意识形态的旗帜。此外，马克思主义具有强烈的实践品格，注重理论联系实际。在我国社会主义事业中，马克思主义不仅提供了科学的世界观和方法论，还为党在各个历史时期制定正确路线方针政策提供了有力的指导。马克思主义的实践品格使得社会主义意识形态更加坚定、更具针对性。马克思主义还具有与时俱进的理论品质，能够适应时代发展要求，不断丰富和发展。在我国，马克思主义不仅指导了革命、建设、改革各个阶段的成功实践，还能够根据新的历史条件和发展任务，不断深化、拓展和创新。可见，马克思主义作为我们党的根本指导思想，其在社会主义意识形态领域的旗帜地位是无可替代的。因此，在新时代中国特色社会主义伟大事业中，我们要继续高扬这面旗帜，不断发展好马克思主义。事实上，针对马克思主义的指导地位问题，江泽民同志就曾明确指出，"如果动摇和取消马克思主义，全党全国人民就会失去最根本的思想准则。如果在意识形态领域不能巩固马克思主义的指导地位，东一个主义，西一个主义，在指导思想上搞多元化，搞得五花八门，最终必然由思想混乱导致社会政治动荡"②。因此，坚持用马克思主义世界观和方法论来认识高校意识形态工作存在的现实问题，分析其面临的困境，把握其问题的原因，提出有针对性的策略，才能为增强高校意识形态话语权提供保障，才能切实解决好高校意识形态工作存在的各种错综复杂的现实问题和更好地推动高校意识形态工作高质量发展。当前，在复杂严峻的网络环境中开展意识形态话语权建设，有效解决意识形态领域面临的现实问题，战胜全面推进高校教育现代化高质量发展中所面临的意识形态风险，把握动态变化的环境，分清现实环境中存在的各种要素，自觉抵制各种错误思想意识，牢牢掌握意识形态发展的方向，就必须用马克思主义来规范和约束媒介领域中的思想行为，就必须确保马克思主义能够始终占

---

① 中共中央文献研究室．十六大以来重要文献选编（下）［M］．北京：中央文献出版社，2008：788.

② 江泽民．江泽民文选：第三卷［M］．北京：人民出版社，2006：228.

据主导地位。

"历史和现实告诉我们，坚持以马克思主义为指导，就是坚持真理、坚持科学、坚持最广大人民的利益，就是坚持中国人民自己选择的发展道路。"① 该论断表明，马克思主义是我们国家和人民在历史发展中自己挑选的指南针，它帮助我们辨识真理，遵循科学，并且始终关注人民的福祉。所以，马克思主义不仅是一种理论，更是我们国家发展道路的基础。因此，我们把马克思主义作为信念和原则，就在于它帮助我们追求真实，崇尚科学，保障人民利益，这就是我们国家自主选择的发展方向，这就是我们中国人自己走出的一条追求真理、科学和人民利益的道路。时代虽在变化，但历史事实已经表明只有坚持马克思主义的一元指导，才能推动社会主义伟大事业的磅礴发展。苏联和东欧之所以会剧变、解体，一个重要的因素就是抛弃了马克思主义指导，最终酿成了不可挽回的历史悲剧。坚持马克思主义在意识形态话语权建设中的主导地位，才能达到切实增强意识形态话语权的目的。

习近平同志指出："我国广大哲学社会科学工作者要自觉坚持以马克思主义为指导，自觉把中国特色社会主义理论体系贯穿研究和教学全过程，转化为清醒的理论自觉、坚定的政治信念、科学的思维方法。"② 该论断为哲学社会科学工作者自觉坚守马克思主义的指导地位，自觉把中国特色社会主义理论体系全面融入研究和教学活动中指明了方向，即在理论上保持清醒的认识、在政治上持有坚定的信念、在方法论上运用科学的思维方式。在这个过程中，哲学社会科学工作者不仅要深入理解和阐释马克思主义的基本原理和核心观点，还要关注中国特色社会主义的最新理论成果和实践经验，以此丰富和发展马克思主义理论；还应当积极回应时代和实践提出的问题，通过深入研究和创新性思考，在丰富我国的哲学社会科学的知识成果的同时，让研究成果更加贴近我们的实际情况，更好地为人民服务，帮助我们更好地理解和解决在实际生活中遇到的问题。

马克思主义就像一把钥匙，可以帮助我们打开理解中国特色社会主义的大门，让我们在学习和研究过程中更加清醒、坚定和有方法。因此，我们要主动地去使用这把钥匙，自觉地以马克思主义作为引领，把它融入我们的工作和研究中去，让我们的研究和教学更加贴近真理，更好地服务人民。坚持以马克思

---

① 中共中央宣传部理论局. 六个 "为什么"：对几个重大问题的回答 ［M］. 北京：学习出版社，2009：8.

② 习近平在哲学社会科学工作座谈会上的讲话 ［N］. 人民日报，2016-05-19（2）.

主义为指导，就是要坚定马克思主义的主导地位，就是要坚定理论自觉、理论自信，确保马克思主义的地位不动摇。具体来说，一方面，我们要坚持用马克思主义武装高校师生头脑、指导高校意识形态话语权的建设工作。与此同时，高校师生也要增强学习马克思主义的自觉性和主动性，并在学懂弄通的基础上坚定对马克思主义的信仰和信念，真正成为马克思主义的宣传者和拥护者；另一方面，要学好用好马克思主义，把马克思主义作为分析问题、解决问题的看家本领，不断提升运用马克思主义指导自身发展、解决现实问题的能力和水平。总而言之，我们要夯实马克思主义在高校意识形态话语权中的主导地位，坚持"在马言马"原则，扩大马克思主义的辐射场、增强马克思主义的影响力，使全媒体时代的高校成为传播正能量、弘扬主旋律的主阵地。

第五章

全媒体时代增强高校意识形态话语权的对策

　　高校作为意识形态争夺的重要阵地，高校意识形态话语权建设是有导向、有目标的思想政治工作。高校意识形态话语权与现代传播媒体的紧密相连，尤其是与全媒体的耦合，既需要我们充分利用好全媒体的传播优势，也需要我们规避全媒体给高校意识形态话语权带来的挑战。因此，实现两者的有机结合既是助力高校有效提升意识形态工作效能的途径，也是有效增强高校意识形态话语权的重要方式。

第一节　坚持党管意识形态工作的原则

　　党领导一切，坚持党对高校意识形态的全面领导，是增强高校意识形态话语权的根本保证。党的二十大报告指出："牢牢掌握党对意识形态工作领导权，全面落实意识形态工作责任制，巩固壮大奋进新时代的主流思想舆论。"①高校作为党的意识形态工作的前沿阵地，加强对主流意识形态的宣传教育和增强高校意识形态话语权是其本质要求。高校作为意识形态研究、学习、宣传的主阵地，高校党委作为高校意识形态话语权的领导主体要自觉肩负起增强其影响力、引导力、传播力与渗透力的职责与使命。

一、意识形态工作是党的一项极端重要的工作

　　习近平总书记指出："经济建设是党的中心工作，意识形态工作是党的一项

---

① 习近平. 高举中国特色社会主义伟大旗帜　为全面建设社会主义现代化国家而团结奋斗：在中国共产党第二十次全国代表大会上的报告 ［M］. 北京：人民出版社，2022：43.

极端重要的工作。"① 因为，意识形态"事关旗帜和道路，事关贯彻落实党的理论和路线方针政策，事关顺利推进党和国家各项事业，事关全党全国各族人民凝聚力和向心力，事关党和国家的前途命运"②。该论断深刻地表明了经济工作和意识形态工作的重要性。总体来看，经济建设作为党的中心工作，承载着国家繁荣富强的基石，关乎人民福祉和民族复兴。因此，在新时代背景下，我们要坚定不移地将经济建设摆在首位，牢固树立和贯彻落实新发展理念，深化供给侧结构性改革，推动高质量发展，努力实现第一个百年奋斗目标。而意识形态工作之所以是党的一项极端重要的工作，主要在于它关乎党的前途命运，关系国家的长治久安，涉及民族的凝聚力向心力。因此，加强意识形态工作，有助于巩固党的执政地位，增强"四个自信"，形成全体人民共同奋斗的强大精神力量。为实现这两项工作的有机统一，我们党紧密围绕全面建设社会主义现代化国家这个总目标，将经济建设与意识形态工作同部署、同落实。在推动经济发展的过程中，高度重视意识形态工作，强化意识形态工作责任制，确保党的路线方针政策得到全面贯彻。同时，以人民为中心，着眼于满足人民日益增长的美好生活需要，不断创新意识形态工作方法，增强意识形态工作的针对性和实效性。唯有如此，党才能更好地带领全国人民，谱写新时代中国特色社会主义的新篇章，为实现中华民族伟大复兴的中国梦而努力奋斗。

意识形态是政党的精神旗帜，是凝聚人心、整合力量的思想武器，对于建立和巩固国家政权具有重大意义。在当前社会转型、经济转轨加速期，以及社会矛盾凸显期，意识形态领域面临着复杂多变的斗争环境。因此，坚持党管意识形态工作的原则，首要是要从政治高度认识到这项工作的极端重要性。在全媒体时代，要牢牢守住主流意识形态阵地，而要牢牢守住我国的主流意识形态在现代传播领域的阵地，就要坚持党管媒体，确保宣传阵地不被敌对势力占领，坚持政治家办报、办刊、办台、办新闻网站，确保媒体始终成为党和人民的喉舌，以此实现弘扬主旋律、传播正能量之目的。

综上所述，意识形态工作对于国家事业发展、民族前途命运、社会安定和谐等方面都有着极为重要的作用。为此，在高校意识形态工作的实践活动中，一方面，要坚持党性和人民性相统一的原则。习近平总书记指出："党性和人民

---

① 习近平. 习近平谈治国理政 [M]. 北京：外文出版社，2014：153.
② 杜尚泽，鞠鹏，李涛，等. 习近平在党的新闻舆论工作座谈会上强调：坚持正确方向创新方法手段　提高新闻舆论传播力引导力 [N]. 人民日报，2016-02-20（1）.

性从来都是一致的、统一的。"① 我们要正确认识和处理好二者的内在关系，不可割裂对待。坚持党性就是要旗帜鲜明地表明政治立场，坚持正确的政治观念，永远坚守初心跟党走；坚持人民性就是要以人民大众利益为中心，密切关心群众，想群众之所想，急群众之所急。党的本质属性在于坚定不移地代表最广大人民的根本利益，维护人民群众的权益，确保党的路线、方针、政策与人民群众的愿望和要求始终保持高度一致。无论是过去、现在还是将来，党的一切工作都是为了实现好、维护好、发展好最广大人民的根本利益，确保党同人民群众的血肉联系。在任何时候、任何情况下，党都始终坚守人民立场，以人民为中心，倾听人民声音，汲取人民智慧，保障人民权益，促进人的全面发展，实现全体人民共同富裕，这是党的初心和使命，也是党的性质和宗旨的集中体现。因此，党性与人民性是密不可分的，是同心同德、协调一致的。

另一方面，要坚持正面宣传与舆论斗争相统一的原则。坚持正面宣传就是要把党和国家关于鼓舞士气、团结人心的理论体系、思想主张宣传出去，扩大主流意识形态对社会大众的影响力，使主旋律、正能量的声音更高昂、更响亮。坚持舆论斗争就是要敢于用真理同谬误做斗争，防止敌对势力的思想"毒瘤"四处蔓延，撕裂集体共识。因此，在新时代的舆论引导工作中，我们应当坚守正面宣传的核心地位，积极弘扬主旋律，壮大正能量，引导公众形成正确的价值观念。同时，我们也不应忽视舆论斗争的重要性，要敢于面对和回应社会上的错误观点和有害信息，通过科学、理性、有序的辩论和交锋，揭示事实真相，纠正错误认识，提升公众的辨识能力和免疫力，维护网络空间的清朗。在这个过程中，正面宣传和舆论斗争不是相互对立的，而是相辅相成的。正面宣传为舆论斗争提供价值导向和正确立场，而舆论斗争则通过辨明是非，巩固和提升正面宣传的效果。二者共同作用，共同构建健康向上、富有活力的社会主义舆论生态。具体来看，二者相辅相成的价值意义主要有以下几点：正面宣传具有价值导向性，正面宣传是传播社会主流意识形态，弘扬正能量，引导公众形成正确价值观念的重要手段，从而有助于构建和谐社会，增强社会凝聚力，促进社会稳定；塑造良好的国家形象，通过正面宣传，可以展示国家的成就、文化和制度的优势，塑造积极向上的国家形象，从而有助于增强国家的软实力，提升国际地位，同时也能增强国民的自豪感和归属感；应对错误信息和舆论干扰，在信息时代，错误信息和有害言论的传播速度极快，对公众的误导和影响不容忽视，因此积极进行有效的舆论斗争，有助于及时纠正错误信息，防止其对社

---

① 习近平. 习近平谈治国理政［M］. 北京：外文出版社，2014：154.

会造成不良影响；提升公众的辨识能力，通过舆论斗争，可以提高公众辨别真伪信息的能力，增强公众的媒介素养，从而有助于培养理性的公民，使他们能够在面对复杂多变的信息时，做出正确的判断和选择；维护网络安全和意识形态安全，网络空间是意识形态斗争的重要阵地，正面宣传和舆论斗争相结合，可以有效维护网络空间的清朗，防止错误思想和有害信息的传播，确保网络安全和意识形态安全；促进媒体的健康发展，正面宣传和舆论斗争可以促进媒体行业的健康发展，提升媒体从业人员的专业水平和社会责任感。媒体在传播正面信息的同时，也要敢于直面社会问题，发挥舆论监督的作用。由此可见，两者相辅相成，共同构建健康向上、富有活力的社会主义舆论生态。

二、落实意识形态工作责任制

高校意识形态工作责任制是指意识形态工作由专人负责，规定意识形态工作范围内的责任制度。就意识形态工作责任制而言，2015 年，中共中央发布关于《党委（党组）意识形态工作责任制实施办法》，在党的历史上首次以法规形式明确意识形态工作的责任，该办法旨在明确各个主体的责任和义务，确保意识形态工作遵循既定的体制机制，以制度化的方式，有效地落实意识形态工作的责任制。党的十九大报告进一步指出："落实意识形态工作责任制，加强阵地建设和管理，注意区分政治原则问题、思想认识问题、学术观点问题，旗帜鲜明反对和抵制各种错误观点。"[1] 党的二十大报告再次强调要"全面落实意识形态工作责任制"[2]。由此可见，党的十八大以来，以习近平总书记为代表的党中央把落实意识形态工作责任制作为推动意识形态工作顺利开展的重要保障，这是对历史和现实所做出的科学决策。高校意识形态工作责任制是关于高校相关责任主体落实意识形态工作的一项重要制度，通过落实意识形态工作责任制，规范和约束高校意识形态工作的主体行为，使其能够履行好高校意识形态工作主体的职责与任务；落实好高校的意识形态工作责任制，就是要做好高校意识形态工作的相关任务，承担好高校意识形态工作任务，履行好高校意识形态工作职责。

---

① 习近平 . 决胜全面建成小康社会　夺取新时代中国特色社会主义伟大胜利为实现中华民族伟大复兴的中国梦不懈奋斗：在中国共产党第十九次全国代表大会上的报告（2017年 10 月 18 日）［N］. 人民日报，2017-10-28（1）.

② 习近平 . 高举中国特色社会主义伟大旗帜　为全面建设社会主义现代化国家而团结奋斗：在中国共产党第二十次全国代表大会上的报告（2022 年 10 月 16 日）［N］. 人民日报，2022-10-26（1）.

高校意识形态工作责任制就是高校相关主体要自觉主动承担起意识形态责任，使高校意识形态工作不仅能够得到有效的开展，还能够取得更多更大的实效性。为此，高校要坚定不移地贯彻落实意识形态工作责任制，明确高校各级领导和部门的责任与义务，确保高校意识形态工作的有序开展。从上至下，形成一套完整的责任链条，使每一个环节都能紧密相连，共同推动意识形态工作向纵深发展。

首先，高校要制定明确的意识形态工作责任制实施细则，将责任分解到各个层级和部门，明确责任人，确保工作落到实处。而为了深入贯彻党的意识形态工作方针政策，高校要制定一套细致、明确的意识形态工作责任制实施细则，这些细则应当将责任明确地分解到各个层级和部门，确保每一个环节都有明确的责任人。这样就可以通过建立健全的责任制，推动意识形态工作在各个层级的有效落实。具体来说，要明确各级领导和部门的责任，即根据各级领导和部门的职能和任务，使其能够承担相应的意识形态工作责任，以此确保意识形态工作的整体推进；要明确每个责任人的具体职责，这包括对意识形态工作的研究和分析，制定相应的工作计划和措施，以及推动意识形态工作的具体实施，让每个责任人定期对工作进行总结和评估，以便及时发现问题，改进工作。总的来说，制定明确的意识形态工作责任制实施细则，将责任分解到各个层级和部门，明确责任人，确保工作落到实处，是我们党在新时代背景下，推动意识形态工作创新发展的重要举措。

其次，高校要强化意识形态工作责任制督查，对责任制落实情况进行定期和不定期的检查，发现问题及时整改，确保工作不断取得实效。为了确保高校意识形态工作责任制的有效执行，我们需要加强对其落实情况的督查，这包括建立一套定期与不定期相结合的检查机制，以便全面、准确地掌握责任制在各层级和各部门的执行状况：应当设立专门的督查机构或工作小组，负责对意识形态工作责任制的执行情况进行监督和检查，这个机构或小组应当具备独立性，能够客观、公正地评估责任制落实的情况；要制定一套详细的督查计划和标准，这些计划和标准应当包括督查的时间节点、内容、方法和评估指标等，以确保督查工作的规范性和有效性。同时，我们还需要对督查人员进行专业培训，提高他们的业务水平和督查能力；督查工作应当注重发现问题，及时反馈，并督促相关责任人进行整改，对于在督查中发现的问题，我们应当分析其原因，提出具体的整改措施，并跟踪整改进展，确保问题得到有效解决；要将督查结果与责任人的绩效考核相结合，对于在意识形态工作责任制落实方面表现优秀的人员，应当给予表彰和奖励，对于落实不力的人员，我们应当进行问责，并根据情况采取相应的纪律措施；应当定期对督查机制本身进行评估和优化，确保督查工作能够适应意识形态工作的新形势和新要求，通过这种方式，不断提高督查工作的质量和效率，从而更好地推动意识形态工作责任制的落实，确保意识形态工作不断取得实效；建立一套有效的考核机制，对意识形态工作的落实情况进行定期检查，这既包括对责任人的工作绩效进行评估，也包括对整个意识形态工作体系的运行效果进行评价，通过这种方式，确保意识形态工作真正落到实处，而不是停留在纸面上。通过以上措施，推动高校意识形态工作责任制落到实处，为我国经济社会发展提供有力的思想保证和精神动力。

再次，强化高校意识形态工作主体的责任意识。强化责任意识在本质上是一种精神层面的培养与塑造，这不仅要求在理论和实践层面不断地向责任主体传递和强化责任与担当的重要性，更是一种持续的、系统化的教育和引导，其核心目的就是要通过全方位、多角度的教育和实践，让责任主体的内心深处真正认识到责任的重要性，将责任感内化为自身的行为准则，进而在日常生活和工作中自觉地承担起应有的责任。因此，有学者就认为，"深化主体责任意识就是要持续地向责任主体灌注责任与担当意识，最终使这种意识深植于责任主体的灵魂中，烙印在责任主体的脑海里"①。为此，高校党委要自觉树立"抓意识形态工作是本职、不抓是失职、抓不好是渎职"② 的思想意识，具有坚定的政治立场、清醒的政治意识，做好意识形态工作，维护好高校的意识形态安全。

最后，坚持高校党委书记带头，发挥领导核心的作用与效能。在高等教育机构中，党委书记的角色至关重要，特别是在意识形态领域的工作中，作为高校意识形态工作的第一责任人，党委书记不仅要担任领导核心，还需身体力行，站在工作的最前沿。党委书记应该积极引领方向，确立正确的政治导向，确保高校的各项工作与主流意识形态保持一致；党委书记需全面负责意识形态工作的整体布局与实施，包括但不限于确定正确的学术研究方向，引导校园文化和社会科学研究的健康发展；管理各类宣传思想阵地，如学报、讲座、网络平台等，确保这些阵地的内容积极向上，符合社会主义教育方针；领导教师队伍和学生群体的思想政治教育，培养合格的社会主义建设者和接班人；党委书记还应当在工作部署上体现出前瞻性和实干性，制定切实可行的工作计划和应急预案，以应对可能出现的问题和挑战；在问责机制方面，党委书记要建立起一套

---

① 岳奎，李思学．习近平关于党委主体责任思想及其对全面从严治党的重大意义［J］．马克思主义研究，2017（4）：36-43.

② 徐守盛．切实担负起意识形态工作主体责任［N］．人民日报，2015-11-18（7）．

科学、合理、有效的责任体系，对意识形态工作中的失误或偏差进行及时纠正，并依据相关规定对责任人进行问责，从而保证高校意识形态工作的健康发展。总之，高校党委书记应发挥其领导核心作用，通过坚定的政治立场、务实的工作态度、有效的管理措施，为高校意识形态工作树立榜样，确保高等教育事业沿着正确的道路前进。

高校监督部门明确职责是确保高校监督部门履职尽责的重要一步，是提升高校意识形态工作效率的关键，是应对高校意识形态风险挑战的重要抓手。一要明确高校党委领导职责。高校党委作为意识形态建设的首要主体和负责人，要压实高校党委监督、指导高校网络意识形态工作的责任，健全意识形态工作的领导机制，落实意识形态工作的主体责任。二要强化内外协调联动。在校内方面，在党委统一领导下，要进一步明晰宣传部门、教务管理部门、网络技术部门、学工管理部门等的协同作用，建立多部门联动监管的工作机制，细分各单位、各部门的意识形态工作责任和义务；在校外方面，上级部门要做好统筹协调，科学划分学校、部门之间对意识形态工作的监督责任，使其互相制衡、互相监督、互相关联，形成网络意识形态风险联动防控合力。意识形态工作是高校党的一项铸魂育人的工作，关涉高校意识形态安全、青年大学生的价值取向和高校的发展方向。对此，高校党委要聚焦网络领地、拓宽育人空间，尤其是"各级党委要自觉承担起政治责任和领导责任。领导干部要增强同媒体打交道的能力"①。

三、提升意识形态工作本领

意识形态工作本领是一种综合性能力，它要求从事这项工作的人具备全面的理论素养、政治觉悟和文化修养，同时还要具备实践能力和创新精神，以适应新时代的发展要求。高校意识形态工作本领是一种文化塑造能力和方向引导能力，它要求通过教育、宣传、管理等手段，塑造积极向上、健康文明的校园文化和社会文化。在新时代的浪潮中，高等院校肩负着培养德才兼备人才的重任，高校为了确保培养出能够适应社会发展、具备坚强思想防线的新一代，高校必须着力提高在意识形态领域的引导能力和工作水平，必须深刻认识到意识形态工作的重要性，并不断提升在这一领域的本领和效能。

全媒体时代意识形态斗争的形势复杂，意识形态风险加剧，多因素叠加传

---

① 杜尚泽，鞠鹏，李涛，等．习近平在党的新闻舆论工作座谈会上强调：坚持正确方向创新方法手段　提高新闻舆论传播力引导力［N］．人民日版，2016-02-20（1）．

导，高校党员干部要主动提升本领，增强防御能力。高校党员干部作为高校意识形态工作的领导核心，要发挥好带头引领示范作用，要坚定政治立场，要具备敏锐的政治觉悟和高度的政治责任感，要具有防风险、除危机的本领，在纷繁复杂的意识形态领域中不为错误思想所扰，适应新形势的任务要求，解决能力不足和本领恐慌的现实问题，以确保意识形态工作的正确方向和政策导向。因此，有学者就曾明确指出，这"迫切需要各级领导干部着力提升把握意识形态发展基本规律能力，增强科学把握意识形态前沿问题的能力，拓展意识形态舆论引导的能力，提高驾驭复杂局势及增强统筹协调的能力"①。

高校党委要运用好"协同作战"术略，积极调动高校各方力量，齐心唱响主旋律大合唱，构建"大宣传"格局，就要积极提升意识形态工作本领，牢牢把握全媒体传播的主动权。高校党委组织成员"除政治上可靠外，总是需要在理论上、笔头上、口才上或其他专长上有'几把刷子'"②。该论断表明，高校党员干部具有坚定可靠的政治立场是基础，而要真正脱颖而出，不仅需要具备扎实的理论素养，还需在书面表达、口头阐述或其他专业技能方面展示出卓越的能力和独到的见解。为此，在理论上要有深厚的功底，这意味着要对所从事的领域有全面而深入的理解，不断学习最新的理论知识，形成系统化、结构化的知识体系，能够对各种现象和问题进行准确分析，提出合理的解决方案；在笔头上要有锐利的表现，这主要包括具备优秀的写作技巧，能够清晰、准确、有力地表达自己的思想和观点，无论是撰写报告、论文还是文章，都应做到文字精练、条理分明，使人读后能受到启发或得到教益；在口才上要具备雄辩的技巧，在公共演讲、辩论或日常交流中，通过语言的力量，有效传达自己的想法，以赢得听众的共鸣和支持。高校党委要顺应时势，直面思想宣传困窘，在增强理论素养、网络管理治理、方法手段创新等方面下苦功夫，切实增强意识形态工作的本领。此外，还要增强关联议程设置。全媒体时代增强高校意识形态话语权的议程设置可分为两种途径：一种是正向议程设置，主要是基于话语对象所进行的议程设置，高校党委作为核心话语主体要根据主流价值观的现实需要，把主流价值话语添加到公共议程之中，设置话语议题，引发话语对象关注、讨论和反思；另一种是反向议程设置，这是增强高校意识形态话语权的另一种形式。全媒体时代在全员参与的格局下，要注重网络公共空间的议题设置，

---

① 岳爱武，张曼玉．新时期领导干部意识形态能力建设的着力点：学习习近平总书记关于加强意识形态工作的重要论述［J］．南京政治学院学报，2016，32（4）：31-35.

② 中共中央文献研究室．习近平关于社会主义文化建设论述摘编［M］．北京：中央文献出版社，2017：32.

互联网技术赋权，话语对象自主设置议题。这些都需要话语主体提升话语议题的设置能力，用权威信息和主流价值再次讨论和再次认识话语议题。此外，高校党委要牢牢把握全媒体传播的主动权，诚如列宁所言："党的一切报刊，……必须服从党代表大会，服从相应的中央和地方党组织。"① 毛泽东指出："应该把报纸拿在自己手里，作为组织一切工作的一个武器，……组织群众和教育群众的一个武器。"② 习近平总书记在党的新闻舆论工作座谈会上强调："党和政府主办的媒体是党和政府的宣传阵地，必须姓党。……在思想上政治上行动上同党中央保持高度一致。"③

在全媒体时代，高校面对新时代复杂多变的社会环境、日新月异的科技发展和人民群众日益增长的美好生活需要，我们的意识形态工作面临着前所未有的挑战和要求。而为了在这样一个充满变数和不确定性的时代背景下，推动意识形态工作开创新局面，我们必须勇于面对和深刻认识自身存在的不足。基于此，有学者认为，"面对新形势、新挑战、新要求，要在新时代开创意识形态工作的新局面，就要求我们必须直面党内存在的本领恐慌、本领不足、能力不足等问题，大力加强以加强思想辨别力、理论创新力、共识凝聚力和话语支配力这四大能力为核心的意识形态能力建设"④。第一，我们必须克服"本领恐慌"的问题。随着全球化和信息化的深入发展，意识形态领域的斗争变得更加隐蔽和复杂，这对我们提出了更高的理论素养和专业知识要求。恐慌源于自身本领不足，将难以适应新时代的发展要求。因此，我们需要通过不断学习和实践，提高政治觉悟，增强理论武装，提升专业能力，确保在意识形态工作中能够准确把握时代脉搏，有效引领社会思潮。在理论武装方面，要将马克思主义的丰富内涵与时代特征相结合，系统化教学和研讨，使马克思主义意识形态在党员干部心中扎根，使其成为党员干部共同遵循的行为准则、精神支柱和行动指南。第二，我们要正视"本领不足"的问题。在新时代，意识形态工作不仅要处理传统的理论和实践问题，还要面对网络空间、国际交流等新领域。这些新领域对我们的工作方法、手段和技巧提出了新的挑战。因此，我们要不断探索和创新工作方法，善于运用新技术新手段，增强工作的时代感和有效性。再次，我

---

① 中共中央马克思恩格斯列宁斯大林著作编译局．列宁全集：第9卷 ［M］．北京：人民出版社，1959：152.

② 中共中央文献研究室．毛泽东文集：第三卷 ［M］．北京：人民出版社，1996：111.

③ 柴逸扉，潘旭涛．习近平的新闻舆论观 ［N］．人民日报（海外版），2016-02-25（5）.

④ 朱继东．新时代更要大力加强意识形态能力建设 ［J］．中共济南市委党校学报，2018（2）：1-7.

们要解决"能力不足"的问题。新时代意识形态工作要求我们不仅能够理论联系实际，还要能够准确把握和引导公众情绪，有效进行舆论引导。这就需要我们不断提高舆论引导能力，加强话语体系建设，提高与人民群众沟通的能力，确保意识形态工作能够深入人心、凝聚共识。最后，要强化高校师生的政治素养，这是提升意识形态工作本领的关键一环。高校需通过丰富多样的政治教育，铸牢师生的政治意识，确保在复杂多变的环境中，始终保持清醒的政治头脑和正确的政治方向，不断强化师生的政治意识和政治纪律，培养具有坚定理想信念、正确政治方向、深厚爱国主义情怀的社会主义事业建设者和接班人。

总之，在高校意识形态工作中，我们需要不断提高自己的斗争本领，像疾风知劲草一样，经得起考验，又要像烈火炼真金一样，经过磨难才能显现出真正的价值。这意味着我们要有坚定的信仰，始终保持清醒的头脑，不受外部环境的影响，坚守自己的原则和立场。同时，我们还要有敢于面对困难和挑战的勇气，不畏艰险，不怕失败，勇往直前。只有这样，我们才能在意识形态工作中取得胜利，为实现我们的目标和理想而努力奋斗。

第二节　提升高校思政课教师的综合素养

高校思政课教师的综合素养直接关涉高校意识形态教育话语内容的质量和品质。为此，我们要从提升理论素养、媒介素养、文化素养等方面为出发点，全面提升高校思政课教师的综合素养，壮大高校思政课教师队伍，使人才培养更加符合当今社会的时代要求，以此助力高校培养出既具备专业知识，又具有国际视野、创新思维和实践能力的复合型人才，为全面增强高校意识形态话语权提供持续的动力。

一、提升理论素养，扎实理论功底

习近平总书记强调："理论修养是领导干部综合素质的核心，理论上的成熟是政治上成熟的基础，政治上的坚定源于理论上的清醒。"① 作为高校思政课教师，提升其理论素养是增强其政治敏感性、扩展其思维视野的广度与深度的重要元素，对于提升高校思政课的教学质量和效能具有重要的现实意义。高校思

---

① 习近平. 在中央党校建校 90 周年庆祝大会暨 2023 年春季学期开学典礼上的讲话［J］. 求是，2023（7）：4-13.

政课教师的理论素养是其理解、应用和创新理论知识的能力素养，这种素养并非人天生就具备的，而是需要在学习、领会与实践的长期过程中逐渐积累和提升的。这一过程涉及三个不可或缺的环节：

首先，学习是理论素养培养的基础与前提。通过系统学习，人们能够接触和理解各种理论的基本概念、原理和方法，提升释疑解惑的能力，讲好讲深讲透讲活马克思主义中国化理论，这包括但不限于阅读书籍、观看教育视频、参加讲座和研讨会等多种形式，在这一阶段，重点是掌握理论的框架和核心思想；通过系统学习修炼内功，提升掌握与运用理论知识的本领。新时代的高校思政课教师肩负抵制错误思想，传播意识形态主旋律和正能量的重任，而提升理论素养的过程就是一个不断学习的过程，在理论知识的学习方面，要深根固本，持续加强对马克思主义原著的研究和学习，从学理逻辑提高主流意识形态话语阐释力，揭露西方"分化""西化"中国的逻辑基点和真实意图，这不仅是对理论的深化，更是对实践的指导，对于维护国家的主权和尊严，推动社会主义事业的发展具有深远的现实意义。

其次，领会是理论素养形成的关键。仅仅学习理论知识还不足以形成深刻的理解，需要通过思考、分析和批判性思维来消化吸收理论内容，这意味着要能够理解理论的历史背景、发展过程、内在逻辑以及与现实的联系。领会不仅是提升理论素养的关键，更是一个深入学习的过程，通过深入阅读、研究和反思，才能够将理论知识内化为自己的思想体系，形成独到的见解，并在实际工作和生活中做出理性的判断和决策。当然，这个过程不仅包括理解和记忆知识的过程，还需要对其进行批判性的思考和质疑。唯有领会了知识，才能真正理解和掌握知识，而不仅仅是停留在表面的记忆和重复。这样内化了的知识可以帮助我们在实际工作和生活中做出理性的判断和决策，也可以帮助我们在面对复杂和多变的情况时，做出更为准确和有效的决策。

最后，实践是理论素养得以巩固和提升的必要途径。理论源于实践而又高于实践。理论必须转化为行动，通过解决实际问题才能够更好地验证和丰富理论的内涵与本质。在实践中，人们能够发现理论的应用价值，同时也可能遇到理论的局限性，从而促进理论的不断完善和发展。实践不仅仅包括将理论应用于具体工作，还包括在日常生活中对理论原则的践行。通过实践可以把所掌握的理论知识应用到具体问题中去，以解决实际问题；在实践中，我们又会遇到新的问题和挑战，这要求我们不断回顾和深化理论，形成更加深刻的理论认识，并从实践逻辑提高主流意识形态话语感染力，用实践与理论相结合的优势回应学生关注的现实问题，有理有据地抵制各种错误思想观念。无论在高校意识形态教育的过程中，还是在日常的学习生活中，高校思政课教师作为高校意识形态话语宣传、引导的重要力量之一，要应势而动、顺势而为，从修炼内功、及时发声、敢于亮剑、主动抢占新阵地等方面着手，不断提升自身的理论素养。当前，囿于网络信息的开放性、共享性等特征，西方"新自由主义、历史虚无主义、泛娱乐主义、极端个人主义、普世价值论等错误思潮也通过各种形式争夺网络话语空间，争夺青年大学生"①。西方凭借其经济、科技、传播媒介的优势随意曲解、否定中国特色社会主义道路和制度，以期误导和动摇大众的价值观及社会主义理想信念，企图颠覆、瓦解马克思主义意识形态的合法性、合理性。因此，面对网络空间中各种"西方中心主义"观念，高校思政课教师要及时发声、主动亮剑，积极宣传党和政府的富民政策和社会主义制度取得的瞩目成就，以及社会主义核心价值观及中国梦等，积极营造和谐、风清气正的网络氛围，建设具有影响力、传播力、引导力、公信力的社会主义意识形态话语体系。

综上所述，学习、领会和实践这三个环节不是孤立的，而是相互联系、相互促进的。理论的学习为领会和实践提供素材和工具，领会加深对理论的理解并指导实践，而实践则检验和发展理论，反过来又促进深入学习。只有三者有机结合、共同作用，才能在动态的过程中不断养成和提升理论素养，使之成为个人综合素质的重要组成部分。在当前社会主义现代化建设的新时代背景下，提高全民族的理论素养，对于推动社会进步、促进人的全面发展和增强高校意识形态话语权具有重要的现实意义。

二、提升文化素养，增强文化辨识力

文化素养是对人们的文化知识、文化行为、价值观念等的总体概述，是个人在文化方面的知识、修养和素质，包括对文化传统、文化价值观念、文化艺术的了解和欣赏的能力，它体现了个人的思想、品行、知识、理念等的状况。高校思政课教师的文化素养是关于思政课教师的人文精神素养、专业学科文化知识素养、教育文化知识素养等，这些文化素养反映了高校思政课教师的人格魅力、精神气质与个性品质等。提升高校思政课教师的文化素养对于讲好、讲深、讲透和讲活思政课内容，增强高校意识形态话语权等有着极其重要的现实意义。

---

① 李娟．试论新媒体语境下思想政治教育话语建设面临的挑战及对策［J］．思想理论教育导刊，2021（3）：130-133.

　　新时代提升高校思政课教师的文化素养，对于加强思政课建设、弘扬民族精神、增强民族认同感等具有极其重要的现实意义，如提升高校思政课教师的文化素养有助于弘扬民族精神，民族精神是一个国家的灵魂，是中华民族的独特精神品质，而优秀传统文化本身就是民族精神的重要源泉，高校思政课教师唯有具有较高的文化素养，才能够更加深入地挖掘中华民族优秀传统文化，并将其融入教育教学之中，使高校学生能够更好地了解中华民族的优秀传统文化，进而真正达到弘扬民族精神的目的；提升高校思政课教师的文化素养有助于提升民族认同感，高校思政课教师通过生动的教育教学方式，引导学生树立正确的民族观和国家观，使学生深刻认识到中华民族的伟大历史成就和民族精神，在此过程中增强民族自豪感和自信心，以此达到切实提升民族认同感的目的。此外，提升高校思政课教师的文化素养对于讲好优秀传统文化具有极其重要的价值，高校思政课教师作为传播优秀传统文化的重要成员之一，具备高水平的文化素养是讲好优秀传统文化的重要保障。第一，高校思政课教师的文化素养有助于深入理解和传承优秀传统文化。中华优秀传统文化博大精深，包含着丰富的哲学思想、道德观念和人文精神，基于此，高校思政课教师只有具备较高的文化素养才能深入挖掘和领会传统文化的内涵，将其精髓融入教学之中，使学生更好地理解和接受。第二，高校思政课教师的文化素养是提升教育教学质量的关键，具备较高文化素养的思政课教师，能够运用丰富的文化素材和生动的事例进行教学，激发大学生的学习兴趣和思考能力，与此同时，拥有较高文化素养的思政课教师能够更好地引导大学生开展课堂讨论和实践活动，提高思政课的针对性和实效性。第三，高校思政课教师的文化素养有助于大学生的全面发展，中华民族的优秀传统文化不仅是中华民族的智慧结晶，还拥有丰富的人文内涵。因此，高校思政课教师只有拥有较高的文化素养，才能够引导大学生接触、欣赏和理解优秀传统文化，从而丰富大学生的精神世界，提高他们的人文素养，促进其全面发展。

　　高校思政课教师的文化素养，在一定程度上决定着高校意识形态话语权的影响力和主导力。因此，我们通过提升高校思政课教师的文化素养，是增强高校意识形态话语权的一项有力武器。在全媒体时代，全面提升高校思政课教师的文化素养，主要是提升高校思政课教师的历史文化素养、网络虚拟文化素养。因为，在全媒体领域，历史虚无主义文化、网络虚拟文化在高校和全媒体领域的传播与渗透尤为强烈、深重，而高校意识形态话语权之所以受到历史虚无主义文化、网络虚拟文化的影响，其中一个重要因素就是高校思政课教师对历史知识、网络虚拟文化了解甚少，抑或是处于一知半解等状况。随着西方意识形态渗透的强化趋势从未松懈，宗教极端主义、民族分裂主义、价值强权主义等思想以更加隐蔽、间接的方式在互联网横行，各种"文化节""毒教材""电影大片""娱乐节目"等形式裹挟着西方话语悄无声息地在高校大肆传播与渗透。因此，我们通过丰富高校思政课教师的历史知识、网络虚拟文化知识，开阔他们的文化视野，深化他们对历史事实的认识与理解，提升他们对网络虚拟文化的认识水平，提升他们的文化素养，有助于他们认清历史虚无主义和网络虚拟文化编造谎言、歪曲历史、亵渎英雄的真实目的。具体来说，提升文化素养，还要以中华优秀传统文化作为根基，构建中外人文交流平台，吸收人类文明优秀成果，促进中华文化与世界文化的交流互鉴，扩大高校思政课教师的文化视野。运用信息技术传播中华优秀传统文化，创新中华优秀传统文化的现代表达方式，并不断加强文化创意人才培养和文化科技创新，不断赋予中华文化新内涵。还要注重因材施教和个性化培养，利用数字化手段拓展教与学的时间空间维度等，激发学习潜能、开拓思维视野、强化创新实践能力，充分开发人的智力潜能的同时还能将人的智力潜能转化为现实生产力；通过构建开放的国际化课程体系、组织多样的国际交流项目、引进国外先进教育理念、加强外语能力和跨文化交流能力培养等方式，拓宽高校思政课教师的国际视野，培养掌握国际知识、具备国际交流能力、适应经济全球化要求的国际化人才；通过构建灵活的课程体系、引进优秀的师资队伍、加强科研与教学的紧密结合、鼓励原始创新等方式，前沿知识快速进入课堂，并以科研成果反哺教学实践，从而为各领域提供持续更新的文化知识支撑。总之，在全媒体时代，如果高校思政课教师不了解本民族的历史文化、不了解现代网络虚拟文化的危害性，那么他们很难胜任意识形态这项重要的工作，这对高校思想政治教育来说无疑是致命的缺陷。可见，文化素养对于提升高校意识形态工作的质量非常重要。因此，为了防止历史虚无主义占领高校意识形态这个主阵地和全媒体这个主场域，必须丰富高校思政课教师的历史文化知识、网络虚拟文化知识，在历史文化知识方面尤其要丰富他们在中国共产党党史方面的知识。因为，中国共产党党史是一部实现救亡图存、民族复兴的历史，只有他们深入了解了中国共产党的丰功伟绩，才能真正领会到中国今天的成就是多么来之不易，才能激发他们捍卫党的尊严、遵循党的领导的意识。

三、提升媒介素养，增强胜任力

马歇尔·麦克卢汉（Marshall McLuhan）曾提出，媒介是人类感官的延伸，会影响人类的认知与思考的习惯，会影响人们的交往形式与交往范围，甚至影响着社会形态。① 新时代的全媒体传播已经经历了一场革命性的蜕变，如传播途径与传播方式，以及传播行为本身等都在数字科技的推动下焕发出全新的生命力。基于全媒体时代这个大背景，必须提升高校思政课教师的媒介素养，方能增强其胜任力，这种胜任力是高校思政课教师讲好思政课的基本能力。而提升高校思政课教师的媒介素养，就是要以提升高校思政课教师的媒体技能为发力点、以增强网络沟通能力为着力点、以提高媒介道德和职业使命感为根本目标。具体来说，就是要通过提升高校思政课教师的技术素养以增强其信息技术的操作能力，通过提升高校思政课教师的信息素养以增强其网络信息的把关能力，通过提升高校思政课教师对媒介信息的分析、理解、选择与批判的能力，把媒介信息自觉应用于提升教学质量方面，以此达到引领大学生独立思考、批判吸收、自觉鉴别媒介信息内容的目的。

　　媒介素养是高校思政课教师贯彻落实"立德树人"根本任务的保障。媒介不仅是信息传递的桥梁，更是新时代大学生思想交流、知识获取的宝贵平台，它承载着智慧的火种，照亮了求知之路。高校思政课教师只有拥有较高的媒介素养，才会具备正确的媒介伦理与价值观，这是引导大学生摆脱媒介文化的价值扭曲和技术至上主义束缚的基本要求，是共同塑造媒介技术的价值规范与伦理道德的重要保障，是媒介技术更好地服务于高校意识形态教育的重要条件。高校思政课教师的媒介素养，既是一种价值理性的体现，也是实践理性的工具，它在规范教师职业道德素养和专业道德素养的同时，成为教师履行立德树人使命、引领道德价值的思想盾牌。在这样的素养滋养下，高校思政课教师得以以高尚的品格和专业的精神，为大学生树立榜样，为社会培育出德才兼备的明日之星。因此，在全媒体时代的浪潮中，高校思政课教师必须锤炼自身的媒介素养，精通于整合和巧妙运用媒介资源的艺术，以便更好地引领大学生在激流勇进中稳固前行，使大学生能够更加敏锐地识别和抵御那些可能扭曲事实、误导大学生的观点和信息，从而在维护个人思想独立性的同时，也为大学生的健康成长贡献一份力量。

　　首先，提高高校思政课教师的媒介技术素养，增强信息技术的操作能力。一要加强教育，通过开展网络信息技术的宣传与教育，加强高校思政课教师了解网络信息技术的原理，把握各个传播平台的特点和功能，熟悉网络语言与网络文化，掌握传播规律和运营技术，熟练操作方式。二要增强网络沟通和处理

---

　　① 麦克卢汉. 理解媒介：论人的延伸 ［M］. 何道宽，译. 南京：译林出版社，2011：60-63.

的能力，提高高校思政课教师的网络信息技术水平，旨在增强其网络沟通能力，为舆论场域的净化、舆论风波的平息、主流媒体的运营提供技术保障，为高校意识形态话语权的建设提供技术支撑。三要增强实际操作能力，高校思政课教师要自觉通过信息技术加强对网络传播媒介的管控、对网络舆论加以引导、对突发舆论情况加以控制，规范网络秩序，为增强主流媒体的运营能力提供技术层面的支撑，增强信息技术方面的胜任力。

其次，提高高校思政课教师的信息素养，增强网络信息的把关能力。提升高校思政课教师的信息素养，加强对于网络信息的理解能力、辨别能力、评判能力是增强意识形态话语主体的胜任力的关键，提高高校思政课教师网络信息的把关能力势在必行。为此，第一，要提升高校思政课教师信息搜索、捕捉、过滤、筛选的能力，提高对网络信息进行归类、分析、评判、传递的能力，培养话语主体对发布、转发、评论的内容进行溯源和审查的习惯，加强甄别信息的真伪度、准确性、意识形态属性的能力，增强信息意识和信息敏感度，实现信息的自我把关。第二，要提高高校思政课教师对信息的批判意识，批判性地分析网络信息资源，提升信息资源整理能力，努力将信息资源与生活实际相联系，增强网络信息资源的有效整合和综合应用能力。第三，高校思政课教师要顺应时代潮流，积极拥抱媒介信息技术的知识更新就应当深刻认识到媒介技术对于知识的生产、传播以及德育工作的深刻变革和挑战。因此，高校思政课教师应主动投身于媒介信息技术的知识海洋，汲取相关的理论与知识，以此转变自己的思维方式，树立起一种科学的媒介素养观念，通过这样的自我提升，使其能够更加积极地应对媒介技术对高等教育教学与育人工作提出的新要求，从而更加优雅地适应这个时代的变革潮流。

最后，增强高校思政课教师的胜任力。在众多媒介载体交织的海量信息话语中，高校思政课教师所拥有的媒介信息辨别力、分析应用能力以及规范传输能力，成为全媒体时代进行课程教学和实践活动、实现"三全"育人理念以及引领价值观塑造的关键所在。这种能力是高校思政课教师在信息海洋中引领大学生航向知识灯塔的指南针，是培育新时代人才的坚实基石。在信息爆炸的时代大背景下，提升高校思政课教师对媒介信息的鉴别力显得尤为重要，这意味着高校思政课教师不仅需要培养对媒介信息进行深入理解和评估的能力，还应当加强对其背后价值观和意识形态的洞察力。因此，高校思政课教师为了在这个信息爆炸的时代中坚守教育的使命，就必须构筑一个坚实的媒介知识框架，提升其对媒介信息的鉴别能力与价值认知力。如此，高校思政课教师才能够对繁杂的信息流进行精细的甄别和筛选，形成理性的对话和深刻的思考，并做出客观、准确的判断。在这个过程中，高校思政课教师也才能够有效引领大学生辨识信息的真伪，有效引导他们建立正确的价值观和认知体系，使他们在多元文化的冲击下，仍能保持清晰的思维和坚定的立场，通过这样的教育实践，培养出既具有独立思考能力，又能够积极应对时代挑战的下一代。

总而言之，高校思政课教师要自觉提升媒介素养，及时捕捉新的信息，从不同视角解读信息，根据信息内容广泛策划、编辑、反馈业务信息，重塑信息内容，提升媒介素养，注重主流意识形态话语的传播渠道，消除其传播的时空隔阂。当前，网络提供了丰富多样的信息和通信方式，但高校思政课教师仍需警惕，不要过度沉溺于个人喜好的信息领域，而忽略了更为广阔和多元的世界。高校思政课教师在享受网络带来的便捷与个性化的同时，还应当积极寻求打破"信息茧房"的途径，还要有意识地关注和接触不同领域和立场的资讯，增加与不同背景人士的交流，培养批判性思维和形成开放的心态。

第三节　优化高校意识形态教育话语内容

话语内容是意识形态话语权建设的重要内核，高校掌握意识形态话语权的关键是要保持话语内容因时而新、因事而新、因势而新。高校意识形态话语权提升要更多地对这些"原矿"进行挖掘萃取、提炼加工、转化运用，生产贴近时代、贴近实际、贴近学生的话语内容，助力高校意识形态教育话语更接地气、更受青睐，以此提升高校意识形态教育话语的供给质量，切实增强高校意识形态话语权的引领力。

一、生产"贴近时代"的话语内容

在全媒体时代，高校要生产贴近时代的意识形态话语内容就是要不断增强意识形态话语内容的时代性。一方面，要推动高校意识形态话语内容与社会发展和时代变迁相适应，促进时代精神与主流意识形态相结合、与人民群众的现实利益诉求相结合，坚持理论与实际相结合，紧跟时代热点、紧随时代发展，反映时代变化，不断增强理论时代感，优化和创新意识形态理论等方式来生产出"贴近时代"的教育话语内容。另一方面，要推动高校意识形态话语内容与网络社会发展相适应，将反映网络社会的发展趋势、符合主流意识形态的网络语言与思想提炼成网络意识形态内容建设的组成部分，将网络文化与主流意识形态相结合，使意识形态话语内容反映网络时代社会的发展与变化，与网络环境相适配。

网络媒介信息内容有一定的生命周期，越新颖、越及时的信息越受关注、越有吸引力。随着网络信息技术飞速发展，媒介信息的动态性、实时更新特征不断向外域传递着更多便捷、最前沿的信息，国内外发展大事、突发事件、热点问题会及时在网络媒体上迅速传播开来，谁最先掌握、引导时代的前沿信息，谁就优先掌握意识形态话语权。在世界百年未有之大变局的大环境、大语境下，国家之间的较量不仅仅是经济、军事、科技硬实力的较量，也是文化软实力的斗争。高校作为推动科技进步、引领时代发展的文化场，要立足国际视野、把握时代际遇，利用好网络现代信息传播技术，加快传播和生产贴近时代的话语内容。

首先，聚焦国际形势变化，收集、整合反映世界热点、重点特征的数据信息，从中提炼新鲜话语，让意识形态话语内容体现时代性，反映时代之需。具体来说，从国际大环境来看，高校意识形态教育主体要注重话语内容的时代性，及时反映时代的需求和变化，就需要紧密关注国际形势的动态变化，积极收集和整合全球范围内的数据信息。当然，这些信息应当涵盖政治、经济、科技、文化等多个领域，特别关注那些反映世界热点问题和重点特征的关键数据，通过对这些数据的深入分析和研究，以此提炼出具有时代性的新鲜话语，使其成为我国高校意识形态话语体系的重要组成部分。基于此，高校意识形态教育主体不仅要关注国际形势的表面变化，还要深入挖掘其变化背后的本质规律，在正确解读国际热点问题的同时，以便积极引领大学生正确看待国际热点问题。

其次，立足新时代所取得的伟大业绩，"主动讲好中国共产党治国理政的故事、中国人民奋斗圆梦的故事、中国坚持和平发展合作共赢的故事"[①]，用新时代的成绩数据、经典故事、典型案例来阐释、解码社会主义为什么"好"、马克思主义为什么"行"、中国共产党为什么"能"的内在奥秘，使现实话语优势与教材话语内容相互嵌入、融通，以此达到增强意识形态教育实效性的目的。具体来说，在全媒体时代背景下，高校意识形态教育主体应当以新时代的伟大成就为基础，用丰富多样的教学资源和手段，深入阐释和解读社会主义制度的优越性、马克思主义理论的科学性和中国共产党的领导能力，通过这种方式，培养了一代又一代具有坚定理想信念和强烈社会责任感的社会主义建设者和接班人。而为了实现这一教育目标，高校意识形态教育主体在授课时不仅要讲授理论知识，还要结合实际案例和数据进行解读，使学生能够将理论与实践相结

---

① 习近平．习近平谈治国理政：第三卷［M］．北京：外文出版社，2020：314.

合，从而更好地理解和掌握相关知识点；高校意识形态教育主体还可以通过引入各种教学方法和手段，如案例教学、讨论教学、实践教学等，激发大学生的学习兴趣和参与热情，增强意识形态教育的效果；高校意识形态教育主体还应当注重培养学生的批判性思维和创新意识，使他们能够在面对复杂多变的社会现实时，能够独立思考、理性分析，从而更好地坚持和发展社会主义道路，为我国的未来发展贡献力量。

最后，促进媒介信息内容的"量"向媒介信息内容的"质"转化。在全媒体时代，媒介信息的内容呈现方式正在经历从单纯追求信息量的堆积，转向更加注重信息内容的品质，这种转变是适应新时代发展，提升意识形态话语权的必然选择。比如，"网络热词"作为时代发展的缩影和反映，人们对该现象的过度关注就是从"量"到"质"转化的缩影，它的出现和使用，往往代表了公众的关注点和思想潮流。因此，在全媒体时代高校意识形态教育主体应该大胆借鉴和吸收这些科学、健康、流行的网络语言、图像、视频等数据资源，用以阐述和传达更加深刻的道理和理念。通过这种方式，高校意识形态教育话语内容更加贴近时代，也更加生动和有吸引力。同时，这也有助于扩大高校意识形态的影响力，使之更加广泛地传播和深入人心。

二、生产"贴近实际"的话语内容

在全媒体时代，以网络为依托的媒介领域，其信息内容不是无根的自我塑造，而是社会现实的储存反映，高校师生在各类传播媒体平台上发表的言论、传播的视频、发送的表情包都是对现实生活的回应与诉说，高校要积极采集和分析高校师生不同类型的数据信息，探寻高校师生尤其是青年大学生喜欢的兴趣点和接受形式，主动把意识形态话语内容的生产与他们的学习生活连接起来，以此达到意识形态的教育话语更加贴近实际的目的。

首先，把理论话语生活化。在传统意识形态教育的实践过程中，传统意识形态教育主要以文献解读、理论灌输、文件宣讲、政策宣传、标语提示等为主，话语内容较为抽象晦涩、枯燥乏味，理论教育与现实生活存在着关联性不强的特点。因此，在全媒体时代，随着现代传播媒介中信息内容的多样性发展使得现实生活中每天发生的点点滴滴以不同信息内容的形式记录沉淀，沉浸式网络虚拟世界的生活方式日渐消解着纯理性的意识形态理论话语，网络化、生活化的话语宣传备受个性化、自主化十足的"00后"大学生的青睐。对此，把高校意识形态教育的理论话语转化成现实的生活化语言，意味着需要将意识形态教育中的理论概念、观点和思想以更为生动、具体、贴近实际的方式呈现给高校青年大学生，使他们能够更好地理解和吸收，并在日常生活和学习中得以运用和体现。具体而言，一方面，高校意识形态教育话语内容要积极回应大学生的现实关切，借助现代传媒媒介"让马克思讲中国话，让大专家讲家常话"①。"让马克思讲中国话"意味着要将马克思主义的基本原理与中国的历史、文化、社会现实相结合，用中国人熟悉的话语体系来阐述马克思主义的理论，使之更加符合中国的思维习惯和表达方式，使之更加具有中国特色，在推动马克思主义传播和普及的同时，帮助大学生更好地理解其深刻的内涵和时代价值；"让大专家讲家常话"则强调在专家学者传授知识时，应该尽量避免使用过于专业和复杂的术语，而是要用简单、直白、生活中常见的语言来表达专业的观点和理论，使得专业知识不再显得高不可攀，且能够被更多非专业的大学生所理解和欣赏，从而提高大学生对知识的兴趣和理解。另一方面，高校意识形态教育主体要努力挖掘现实生活中具有典型代表的鲜活事例、感人故事来阐述马克思主义、社会主义的行与好，把意识形态的唯理性话语向生活性的话语转化。这一过程需要意识形态教育主体具备较高的理论素养、实践经验和教学技巧，能够深入浅出、灵活运用各种教学方法和手段，将抽象的理论概念与大学生的实际生活、热点事件、典型案例等紧密结合，让大学生在轻松愉快的氛围中感受理论的魅力，理解理论的价值，并能够主动运用理论分析和解决实际问题。同时，也需要学校和社会的共同努力，营造良好的氛围，为大学生提供丰富的实践平台，让他们在实践中感受理论的力量，提升思想素质和政治能力。

其次，把抽象观点通俗化。通俗化不是低俗化、媚俗化，一味取悦大众欢喜大谈"趣味性"内容，大量使用网络潮流话语，而是揭开强大的理论逻辑结构、转变程序性的宏大叙事，用通俗易懂的民间话语、生活话语来解构枯燥乏味、难以理解的抽象理论。具体来说，通俗化是一种将复杂、抽象的观点或理论用简单、易懂的语言表达出来的过程，其核心在于提升信息的可接受度和理解度，而不应等同于低俗化或媚俗化。因此，通俗化并不意味着要牺牲深度或严谨性，也不是简单追求娱乐性，更不是盲目追逐网络潮流，而是既能够把那些原本高不可攀的理论变得平易近人，也能够确保不失其学术价值和专业性，让更多的青年大学生能够接触、理解和欣赏理论的精髓与奥秘。众所周知，高校马克思主义意识形态理论本身理论性、逻辑性强，大学生不易接收和理解，高校意识形态教育话语应把反映实际生活和当代特征用语嵌入进去，"实现学术

---

① 中共中央文献研究室．习近平关于社会主义文化建设论述摘编［M］．北京：中央文献出版社，2017：100．

话语、官方话语与民间话语互联互通"①，让意识形态抽象理论"化繁为简"、通俗易懂。

最后，要结合中华优秀传统文化，吸收国内外先进的思想观念和优秀的文化成果，保持理论的先进性。中华优秀传统文化作为中华民族优秀文化的瑰宝，蕴含着极其丰富的育人价值与功能，而为了更好地结合中华优秀传统文化，需要深入挖掘和传承中华民族五千年文明史中的宝贵遗产。正如习近平总书记所言："中国文化源远流长，中华文明博大精深。只有全面深入了解中华文明的历史，才能更有效地推动中华优秀传统文化创造性转化、创新性发展，更有力地推进中国特色社会主义文化建设，建设中华民族现代文明。""中华优秀传统文化有很多重要元素，共同塑造出中华文明的突出特性。"② 该论断已深刻表明，中华优秀传统文化是中华文明的文化根脉，博大精深，要发挥它的光芒首先就是要传承好。同时，也应该积极吸收国外先进的思想观念和优秀的文化成果，以海纳百川的胸怀，汲取世界各国的智慧，在保持理论的先进性的同时，我们应该注重本土化、时代化的探索，将外来文化与中华优秀传统文化相结合，使之相互融合、相得益彰。具体来说，需要在学术研究、教育普及、文化创作等方面，既要坚持中华文化的立场，又要充分借鉴世界各国的优秀文化成果；在理论创新和实践探索中，不断提高高校意识形态教育的理论水平和实践能力，积极关注青年大学生的精神文化需求，用具有时代特色和民族特色的优秀文化产品，满足他们对美好生活的向往。

三、生产"贴近学生"的话语内容

高校意识形态教育本身就是我国高等教育的重要组成部分，其目的就是要培养合格的社会主义建设者和接班人。在这个过程中，高校意识形态教育主体需要关注青年大学生的需求，生产贴近他们的话语内容，以提高意识形态教育的针对性和有效性。全媒体时代，高校要不断贴近青年大学生实际诉求，坚持以人民为中心，紧贴青年大学生实际生活的状况，反映大学生的现实诉求，回应青年大学生思想迷惑和价值困惑的现实问题。马克思指出："人们奋斗所争取

---

① 姜黎黎. 马克思主义意识形态话语权建设面临的形势及其路径［J］. 中学政治教学参考，2019（12）：26-28.

② 习近平在文化传承发展座谈会上强调：担负起新的文化使命　努力建设中华民族现代文明［N］. 光明日报，2023-06-03（1）.

的一切，都同他们的利益有关。"① 高校意识形态教育话语能否得到青年大学生的接纳与认可，关键在于其是否关注到学生的情感变化和利益诉求，生产有"温度"、能"共鸣"、可"认同"的话语内容。因此，优化高校主流意识形态话语内容，就是要确保理论内容既要有"深度"，又要有"温度"，进一步增强高校意识形态话语的亲和力、感染力，以此达到切实增强高校意识形态话语权的目的。

首先，要关心青年大学生日常生活，生产有"温度"的话语内容。网络信息时代，现代信息内容成为日常生活的一面"镜子"，通过各项碎片化信息的完整拼接与聚合分析，大学生日常行为、问题与需求将会原本暴露。因此，高校意识形态话语内容创新不可脱离学生生活闭门创造，要依据大数据收集的信息内容这面镜子照出的结果及时调整、更新，生产出能够体现关心学生、爱护学生、鼓舞学生的话语内容，形成学生爱听、愿听、乐听的"理性话语"，使意识形态话语既保持学理深度也不失生活温度、既有深邃的思想也有接地气的魅力，从而促进主流意识形态话语内容温润人心。

其次，要关注青年大学生内心世界，生产能"共鸣"的话语内容。任何理论只有入脑入心，实现"想讲的"与"想听的"内在统一才能引起"共鸣"。网络信息化时代，学生在学习、生活及人际交往等场景中的一切皆可量化，借助现代信息技术的智能算法可以精准分析、全面感知学生的心理动态和喜好，洞察学生内心发展规律。这不仅为高校意识形态教育"投其所好"、精准匹配提供有利条件，也为高校"依数定策"，构建分众化、差异化能引起情感共鸣的意识形态话语内容奠定基础。

再次，要遵从青年大学生的逻辑思维，生产可"认同"的话语内容。有"温度"能"共鸣"的话语是增强学生对社会主义意识形态认同的基础。习近平强调："人心是最大的政治，共识是奋进的动力。"② 人心，作为社会中最基本的元素，凝聚着每一个个体的情感、信仰和价值观。在政治领域，人心向背往往决定了政策的推行和实施效果。共识则是人们在共同目标、价值观和信仰的基础上形成的共同认识，它是推动社会不断向前发展的重要动力。因此，只有充分调动人民的积极性、主动性、创造性，凝聚起全体人民的智慧和力量，才能不断推动我国发展进步。为此，要倾听民意，了解人民的需求和期望，使

---

① 中共中央马克思恩格斯列宁斯大林著作编译局. 马克思恩格斯全集：第 1 卷 [M]. 北京：人民出版社，1956：82.

② 习近平. 习近平谈治国理政：第三卷 [M]. 北京：外文出版社，2020：326.

政策更加贴近民生，为民众谋福祉；强化认同感，通过弘扬民族优秀文化、倡导社会主义核心价值观，增强人民的自豪感和归属感；促进沟通交流，搭建平台，让不同阶层、不同群体之间的声音得到充分传播和交流，以增进共识；积极宣传引导，充分发挥媒体作用，传播正能量，引导公众树立正确的世界观、人生观和价值观；团结协作，鼓励社会各界携手合作，形成合力，共同为实现国家富强、民族振兴和人民幸福的伟大目标而努力。而作为高校意识形态的教育，高校在意识形态的教育过程中要遵循学生"由浅入深、由易到难、由具体到抽象"的认知逻辑，从历史、域外、实践多视角认真总结、整理、提炼学生关心的重大战略问题、民生现实利益问题、国际热点问题等，及时从海量数据信息中寻找学生"共性"话语，尽可能改变意识形态话语宣传、传播范式使其适应学生身心发展规律。

最后，高校意识形态教育主体应当深入研究和理解青年大学生的兴趣所在和实际需求，以便更好地将意识形态教育融入青年大学生的学习生活中。这意味着意识形态教育主体要跨越代沟，真正了解当代大学生的思想观念、价值取向、生活方式以及他们所面临的挑战和机遇。具体措施如下：其一，教育主体要关注青年大学生的专业学习，挖掘专业知识中蕴含的意识形态元素，使意识形态教育与青年大学生的专业学习、未来发展等方面相结合，让青年大学生认识到意识形态教育的重要性。例如，在理工科教学中，可以强调科学精神、创新意识和团队合作的重要性，这些都是意识形态在专业领域的体现。其二，教育者需要关注学生的未来发展，把意识形态教育与职业素养、职业道德等话题相结合，让青年大学生认识到，无论将来从事何种职业，都应当具备良好的职业道德和社会责任感，以此帮助青年大学生建立起正确的职业规划和人生观。其三，意识形态教育主体应当利用学生感兴趣的渠道和平台进行教育。例如，通过社交媒体、网络论坛、博客等新媒体形式，发布和传播积极向上的内容，引导青年大学生正确使用网络资源，培养他们的网络素养和信息鉴别能力。其四，意识形态教育主体可以通过组织丰富多彩的活动，如辩论赛、研讨会、主题讲座等，激发学生的兴趣，引导他们在实践中学习和体验意识形态教育的内容，以此增强青年大学生的参与感，并切实帮助他们将理论知识与实际生活相结合，提高意识形态教育的实效性。

四、创新话语内容的表达方式

创新话语内容的表达方式，旨在适应时代发展的需求，增强沟通效果。在全媒体时代，创新话语内容的表达方式已成为沟通者必备的技能。高校如果仅仅局限于传统的表达方式，无法满足当代青年大学生日益丰富多样的沟通需求。因此，我们有必要对话语内容进行改革创新，使其更具吸引力、感染力和影响力。事实上，高校意识形态话语表达的效果是高校意识形态话语具有感召力、吸引力和引领力的关键，是高校掌握网络意识形态话语权的重要因素。

首先，高校要将传统意识形态教育和宣传工作中生硬、宏大叙事的话语表达和深奥枯燥、晦涩难懂的学术话语转化为接地气、有温度的话语表达和受众听得懂、愿意听、喜欢听的大众话语，推动大众话语和学术话语有机结合，实现话语表达方式的灵活转换。具体来说，在高校的教学过程中，教师可以运用具体的案例进行讲解，这既可以使大学生更深入地理解和接受意识形态话语内容，也可以使大学生更加直观地认识到意识形态话语内容在现实生活中的重要性，从而提高他们对这些理念的兴趣。通过案例分析，可以增强大学生对意识形态话语内容的理解，具体案例可以帮助大学生将抽象的意识形态话语内容具象化，让他们在实际情境中感受和理解这些理念的内涵；培养大学生的分析能力，通过分析案例，大学生可以学会如何运用意识形态话语内容来分析和解构现实问题，提高他们的思维能力和分析能力；强化大学生的实践能力，教师可以组织大学生参与讨论、撰写评论、策划活动等，让大学生在实践中运用意识形态话语内容，进一步将其内化为自己的行为准则；促进师生互动，通过分析案例，教师可以与大学生展开深入的讨论，促进师生之间的互动，提高教学质量。为了实现这一目标，教师可以收集和整理一些与意识形态话语内容相关的典型案例，如时事热点、历史事件、社会现象等。在教学过程中，教师可以结合教材内容，适时引入这些案例，引导大学生进行思考和讨论。同时，鼓励大学生自主寻找和分析案例，以此锻炼他们的独立思考能力。通过以上方法，高校教学中将意识形态话语内容与具体案例相结合，使大学生能够更加生动、深入地理解和接受这些理念，为培养具有正确价值观和行为准则的社会主义建设者奠定基础。

其次，高校要关注话语语境的变化，紧跟时代发展的步伐。在不同的场合和背景下，人们关注的焦点和接受程度各有不同。创新话语内容的表达方式，就是要灵活调整表达策略，使沟通更加贴近实际，更好地传达信息；我们要注重个性化表达，每一个个体都具有独特的性格、兴趣和需求，因此在沟通中要充分展现个性，尊重对方的个性化需求；要注重理性话语与感性话语的结合，高校主流意识形态话语传播过程既是传递信息的认知过程，更是情理交融的感染过程，在这一过程中，要关注好情感因素，因为在沟通中，情感的传递和共鸣至关重要，所以我们要学会运用温暖、真挚的语言，触动人心，引发共鸣，在这个过程中也要注意情感表达的适度，避免过度煽情或冷漠，以达到更好的沟通效果；还要将学术话语、政治话语与大众话语、网络话语相结合，进而晓之以理动之以情，实现理性认知和感性情感上的统一。与此同时，高校网络意识形态话语应当结合青年大学生的实际生活、尊重大学生的认知规律和思维方式，将抽象性、严肃性、宏大的话语转化为形象性、生动性的通俗话语，既要强调政治性、理论性、系统性，又要注重亲和力，实现理性话语与感性话语的有机结合。只有将有深度的思想和有温度的情感相融合，才能彰显话语魅力，才能增强高校网络意识形态话语感召力、吸引力。

最后，运用新媒体和互联网技术，丰富话语表达手段。在全媒体时代，创新高校意识形态话语内容的表达方式至关重要，因为媒体环境的变化极大地影响了年轻人的信息接收和处理方式，尤其随着现代传播技术的发展，新媒体平台日益普及，这为创新话语表达方式提供了更多的可能性。我们可以运用图片、音频、视频等多种形式，将话语内容融入其中，使沟通更加生动有趣。在全媒体时代，高校意识形态话语主体如何用好网络直播、虚拟现实等技术手段，为话语内容营造近乎逼真的教育场景；通过虚拟现实、网络信息技术等手段吸引话语对象，为话语对象打造风清气正的媒介环境，让话语对象身临其境沉浸式体验话语内容，接受话语价值，参与话语生产，使话语对象参与话语讨论，这是增强大学生参与意识的重要方式。因此，在高校意识形态教育过程中，要善于运用现代传播技术，如短视频、直播、漫画等形式，使高校意识形态话语内容更具吸引力和感染力，这种方式能够更好地适应青年大学生的信息接收习惯，提高意识形态话语内容的传播效果；多媒体融合，要利用视频、音频、图像和文字等多种媒介形式，制作高质量的纪录片、微电影、动画短片，以及开发互动式网页和应用程序，创作丰富多样的意识形态教育内容，以吸引大学生的注意力；在社交媒体平台上，通过话题讨论、在线问答、投票调查等形式，引导大学生参与意识形态话题的讨论，充分利用大学生的网络社交习惯，提高话语内容的互动性和参与度；故事化表达，通过讲述故事来传递意识形态理念，这种方式能够更好地吸引大学生的情感共鸣，可以创作一系列富有教育意义的故事，包括小说、漫画、动画等，让大学生在阅读和观看的过程中接受教育；利用网络直播平台，邀请专家学者、优秀校友等，就热点话题进行讨论，实时回答大学生的提问，这种互动性强的表达方式能够提高大学生的参与度和兴趣。

总而言之，在全媒体时代，我们要增强高校意识形态的话语权，一个重要的指标就是要从优化高校的意识形态话语入手，通过优化高校意识形态话语来增强高校的意识形态话语的吸引力，进而达到切实增强的目的。"高校主流意识形态话语吸引力是指主流意识形态话语以其独特的话语内容和话语表达，引起或激发大学生的心理认同，并最终'进得去'大学生头脑。"① 而要让大学生对主流意识形态产生认同，并最终能在他们心中留下深刻印象，就是要让他们觉得这种意识形态的说法很有道理，并且愿意接受和践行，这才是真正达到了对我国主流意识形态认同的目的。为此，高校应从多方面去努力，以此来不断增强意识形态话语的吸引力、感染力，以便真正达到牢牢掌握高校意识形态话语权之目的。

第四节　加大对网络环境的监管力度

加强对高校网络环境的监督管理，是打造优良传播环境的重要举措。在全媒体时代，信息内容的传播在跨越了时空隔阂的同时，社会信息传播过程的不确定性、信息质量的不稳定性与信息内容的偶然性等因素，为全媒体空间净化信息内容带来了挑战，尤其带来了网络现代传播媒体领域中各种意识形态的风险与挑战。为此，需要从多维度加强党对高校网络意识形态工作的监督、管理和掌控，积极引领高校意识形态的发展方向，确保现代传播媒体空间的信息内容的知识性与价值性的辩证统一，促进网络信息内容在生产领域的积极性和正确性。

一、加强对网络平台的监管力度

在全媒体时代，面对网络领域中存在着调侃、恶搞、戏谑主流意识形态的问题，我们必须采取严肃的态度，加强对网络平台内容的监督管理，这意味着我们要主动加强对网络平台内容的审查和监管，确保网络传播平台的信息是健康的、积极的和正确的，使其信息内容更加符合社会主义主流意识形态的价值要求，为构建和谐社会与推动社会主义现代化建设提供有力的思想保证和文化支撑。

在全媒体时代，我们要净化网络环境的前提就是要加强对网络平台的监管，确保网络信息的真实性、准确性和权威性。为此，我们要对网络意识形态工作进行科学管理和有效分工，分别设立线上线下监督小组，明确各小组的监督重

---

① 王永友，阳作林，耿春晓. 高校主流意识形态话语式微的表现、成因及应对［J］. 高校辅导员，2018（5）：13-17.

点和责任，做好监督工作的统筹和规划，构建线上线下监督联动，形成高校意识形态工作合力，以此加大监督力度。线上方面要加强对高校网络平台运营状况的监督和管理，明确网络平台的运营内容和主体责任，设立信息监测与评估系统，全面加强对网络平台的内容和传播行为的审查和监督，对于发布不实言论、违法信息或出现侵权行为、违法行为的网络平台主体依法进行追责，对于发布不良信息造成不良后果影响较小的网络平台主体及时进行信息撤回和行为管控，对于性质恶劣、影响较大的网络平台主体，相关部门实施限制使用权限，甚至关闭平台和封闭账号等，力促网络平台规范网络行为和保持正常运营。线下方面要完善和创新监督方式，充分利用大众监督，加大监督范围和力度，压实网络平台责任，推进线上线下协同管网。

"网上网下要同心聚力、齐抓共管，形成共同防范社会风险、共同构筑同心圆的良好局面。"① 在当今信息化迅猛发展的时代，网络与现实社会已经紧密相连，形成了一个相互交织、相互影响的整体。为了有效防范和应对各种社会风险，我们必须在网上和网下两个层面上同心协力、共同管理。这不仅仅是一种简单的合作，更是一种全方位、多层次、宽领域的深度融合。"网上网下要同心聚力、齐抓共管"本身就强调了网络空间与现实社会在维护稳定、防范风险时的相互依存性；"同心聚力"意味着不论是在虚拟的网络世界还是在现实的社会生活中，我们都应该凝魂聚气、齐心协力，形成一个强大的合力；"齐抓共管"则进一步指出，在防范社会风险的战役中，没有人可以置身事外，每个人都应该是参与者、行动者，而不仅仅是观望者；"共同防范社会风险"表示无论是政府、企业还是每一个公民，都应当积极参与到风险识别、评估、应对和处理的各个环节中，形成一个全方位、多层次的防范体系；"共同构筑同心圆"则象征着在网络与现实两大领域中，通过携手合作，形成了一个目标一致、行动协调的紧密联合体，这个"同心圆"既坚固又紧密，有力地保护着社会的和谐稳定。总的来说，该论断强调了全社会应该在网络与现实两个战场上，齐心协力、携手并进，共同打造一个安全、稳定的社会环境，为构建和谐社会奠定坚实的基础。

总而言之，我们要主动适应全媒体发展的内在要求，提高网络舆论驾驭能力，牢牢掌握线上线下意识形态话语领导权。

---

① 中共中央党史和文献研究院．习近平关于总体国家安全观论述摘编［M］．北京：中央文献出版社，2018：178.

二、建立网络舆情预警机制

网络舆情与现实社会息息相关，这使发生于虚拟世界的网络舆情，也有可能给现实社会带来潜在风险。因此，我们需要关注网络舆情，着力构建网络舆情监测预警机制，对于有效把握网络舆情发展态势、防范潜在社会风险具有积极的现实意义。网络舆情监测预警机制是指通过监测、分析、评估网络上的信息流动和公众情感倾向，及时发现可能引发社会不稳定、影响社会公共秩序的网络舆论动态，从而采取相应的措施进行干预和引导的一种机制。网络舆情监测预警机制是一种综合性的社会治理工具，属于社会治理的范畴，它通过技术和人的结合，对网络舆情热度、强度的搜索、统计与分析，把握网络舆情的发展态势与变化规律，实现对网络舆论的有效预防和对网络舆论风险的有效管理，以此达到维护社会稳定和促进网络空间和谐发展的目的。其特点主要表现为以下几点：实时监控，通过技术手段和人工审核相结合的方式，如搜索引擎、社交媒体分析 API 等，对网络上的新闻、论坛、博客、微博、社交媒体等各种渠道的信息进行实时抓取和收集，实时监测网络上的信息，即时发现可能引发舆论关注的热点事件和敏感话题；数据分析，通过对收集到的数据进行情感分析、主题模型、文本挖掘等方法，挖掘其中的情感倾向、观点分布、传播路径等特点，提取关键信息，识别舆论热点，分析舆论的倾向性和影响力，评估事件的舆论影响力和发展趋势；预警信号，根据监测和分析结果，设定一定的阈值或标准，当网络舆论的某些指标达到预定的预警线时，及时发布预警信息，提醒相关部门和公众关注可能的舆论风险；应对策略，根据预警信息，制定相应的应对策略和措施，包括但不限于舆论引导、信息发布、危机公关等，以减轻舆论对社会的负面影响；持续监控和反馈，预警机制不是一次性的，而是一个持续的过程。在采取响应措施后，还需要持续监控舆论的发展，评估响应效果，并及时调整策略。总之，网络舆情预警机制是一种预防和应对网络舆论风险的制度安排，旨在保护公众利益、维护社会稳定和促进网络空间的和谐发展。在我国，建立健全网络舆情预警机制是实现网络空间治理体系和治理能力现代化的重要举措。

网络舆情预警机制是对网络舆情进行监测和评析的重要方式，是降低高校网络意识形态安全风险，并对网络舆情和突发事件进行有效预测的重要保障。因为，有效的舆情监测预警机制能将负面舆情控制在一定范围内，这自然能够最大限度地降低高校意识形态安全的风险。具体而言，网络舆情监测预警机制是维护网络安全、稳定和社会秩序的重要手段，也是正确引导网络舆论、构建清朗网络空间的重要措施，网络舆情监测预警机制通常要经过信息监测—舆情预警—研判分析—有效应对四个环节：信息监测，这是网络舆情监测预警机制的第一步，主要通过技术手段对互联网上的海量信息进行实时抓取和监测，监测内容不仅包括新闻、论坛、博客等传统网络媒体，还包括微博、微信、短视频等新兴社交媒体平台，通过全面收集网络信息，为后续的舆情预警和研判分析提供数据支持；舆情预警，在信息监测的基础上，通过大数据技术和人工智能算法对收集到的信息进行分析和处理，挖掘出潜在的舆情风险，当监测到负面舆情或异常信息时，及时发出预警信号，以便相关部门和企业采取应对措施；研判分析，在接到舆情预警后，需要对预警信息进行深入的研判分析，以便了解舆情的发展态势、影响范围和潜在风险，研判分析环节主要包括数据分析、趋势预测、原因解读等，旨在为有效应对提供科学依据；有效应对，有效应对包括发布权威信息、加强舆论引导、纠正错误言论、处理违规行为等，这主要是根据研判分析的结果，相关部门和企业需要采取针对性的措施，对负面舆情进行引导、化解和处理。网络舆情监测预警机制的四个环节相互关联、相互支持，形成一个完整的舆情应对体系，通过这一机制，可以有效防范和化解网络意识形态风险，维护好网络意识形态的安全。

对高校来说，在实践操作过程中，通过建立健全网络舆情监测预警机制，要对一些敏感词、敏感区设置舆情警戒线，运用网络技术进行资料采集、分类整理、全面分析，全方位地了解大学生的思想动态，对网络舆情信息进行分类整理和解读，预判出潜在的网络意识形态风险和隐患，制定相应的应急预案和采取相应的应急措施；当遇到重大舆情时联合相关宣传部门、网信部门合力协作，对重大网络舆情风险评估和预警工作进行沟通、协调、跟踪，尽可能降低和排除意识形态安全隐患，引导网络舆情发展方向，抑制即将发生的网络舆情。除此之外，建立防御效果评价机制，细化相应的评价指标和防御能力等级，总结和反思监测预警机制与防御效果的不足并加以完善，以此增强高校对网络舆情的控制力、引领力和防御力。

三、加大网络意识形态的治理力度

习近平总书记指出："很多人特别是年轻人基本不看主流媒体，大部分信息都从网上获取。必须正视这个事实，加大力量投入，尽快掌握这个舆论战场上的主动权，不能被边缘化了。"① 众所周知，当前社会信息传播格局发生了深刻变化，特别是年轻一代，他们更多地倾向于通过互联网这一渠道来获取信息，而非传统的主流媒体。这一现象的出现是我们必须认真对待和思考的。因此，我们要加大投入，提升我们在网络舆论战场上的影响力和话语权，确保我们不在这场信息战中处于下风。正如习近平总书记所言："我们要本着对社会负责、对人民负责的态度，依法加强网络空间治理，加强网络内容建设，做强网上正面宣传，培育积极健康、向上向善的网络文化，用社会主义核心价值观和人类优秀文明成果滋养人心、滋养社会，做到正能量充沛、主旋律高昂，为广大网民特别是青少年营造一个风清气正的网络空间。"② 该论断为我们加强网络文化建设，进一步推动网络意识形态治理指明了方向。信息化时代，网络空间已经成为意识形态话语权较量的"生发地""角逐场"，净化网络空间，维护好网络安全，是推动网络意识形态治理的重要条件。因此，在以网络为依托的全媒体时代，我们需深刻认识到网络空间治理的重要性，以对社会负责、对人民负责的坚定立场，依法依规，持续深化网络空间的治理工作，这不仅是对网络环境的优化，更是对社会主流意识形态的践行和维护。

首先，要强化网络阵地意识。强化网络阵地意识，是当前网络安全和发展的一项重要任务。这项任务关系到国家安全、社会稳定和公民个人信息的安全。从高校意识形态的角度来看，网络阵地是各种价值理念、文化观念相互博弈的主阵地、主战场，我们通过强化网络阵地意识，不仅可以进一步提升维护网络意识形态安全的意识，还有助于树立"人在哪儿，宣传思想工作的重点就在哪儿"③ 的阵地意识。为此，高校要做好网络意识形态宣传工作，坚守好现代网络信息传播的主阵地，尤其要积极主动地抢占网络空间的微阵地。在微媒体已成为高校青年大学生日常学习生活的重要组成部分的情况下，要做好高校的意识形态工作，高校就必须拓展网络微媒体新空间。从意识形态在微媒体领域的活跃程度来看，微媒体世界已经成为各个意识形态争夺的重要场域，并通过"微视频""微信""微博""微电影"等为代表的微媒体正快速以"短、平、快"的基调影响当代大学生的生活方式和社会关系。因此，高校作为意识形态教育的主要阵地不应在微媒平台缺位、失声、失语，应主动介入"微"阵地，充分利用高校官方微媒体了解青年大学生的心声，掌握舆情民意，及时回应大

---

① 中共中央文献研究室.习近平关于社会主义文化建设论述摘编［M］.北京：中央文献出版社，2017：29.

② 习近平.习近平谈治国理政：第二卷［M］.北京：外文出版社，2017：337.

③ 习近平.习近平谈治国理政：第三卷［M］.北京：外文出版社，2020：318.

学生的关切，疏导负面言论，增强高校意识形态话语权的引导力。

习近平总书记指出："根据形势发展需要，我看要把网上舆论工作作为宣传思想工作的重中之重来抓。宣传思想工作是做人的工作，人在哪儿重点就应该在哪儿。"① 该论断表明，把网上舆论工作作为宣传思想工作的重中之重，是我们适应新时代、回应新挑战的必然选择。事实已经表明，随着社会形态和科技的快速发展，我们可以明显看到，网上舆论工作在宣传思想工作中的地位日益凸显。因此，把网上舆论工作视为宣传思想工作的重中之重，是形势发展所需，也是必然选择。宣传思想工作本质上是一项以人为本的工作，其核心目标是引导人们形成正确的世界观、价值观和人生观。而在今天，人们获取信息、交流思想、表达观点的主要平台已经从传统媒体转向了互联网。换句话说，人们的精神世界正在互联网上迅速扩展，我们的宣传思想工作也必须紧跟这一趋势，将重点放在网络舆论工作上。因为，网络舆论可以影响人们的认知、情感和行为，是塑造社会心态的重要力量。因此，高校做好校园网络的舆论工作，既可以引导校园舆论走向，促进校园和谐稳定，也可以回应青年大学生对社会热点问题的关注，以便更好地引领青年大学生成长成才。为此，高校要注重校园网络舆论工作的发展方向，要弘扬正能量，要倡导社会主义核心价值观，要抵制不良信息，要关注师生员工的现实需求，更好地为师生员工做好舆论引导服务工作；高校要加强网络舆论工作的队伍建设，培养一支政治坚定、业务精湛、道德优良的网络舆论工作队伍，这是确保网络舆论工作取得成效的关键。

其次，要增强对网络舆论的引导力。网络舆论关系到意识形态的重心和走向，事关人心发展、价值游离。在全媒体时代，高校使用的数字化媒体主要包括校园网、一卡通、微信公众号、慕课、学习通、腾讯会议、微信、微博、微视频等，这些载体操作简单、覆盖面广、使用活跃，但也是各种社会思想、利益诉求交锋博弈的新场地。例如，近年来一些重大热点、焦点事件在网络媒体上频频"发酵"，一些反马克思主义者、历史虚无主义者等借机炮制话语，攻击诋毁中国，借助互联网媒体平台制造舆论、混淆视听，传播不利于和谐发展的负面言论。因而，新时代高校应顺势而为，积极主动向数字媒体平台输送正能量、有价值的话语，构筑起主流意识形态传播的新空间，强化马克思主义、中国特色社会主义、社会主义核心价值观话语在常规载体中的传播力和影响力。用社会主义主流意识形态充实高校网络空间、占领高校网络阵地。为此，在高校网络环境中，要构建传播社会主义主流意识形态的网络平台，打造网络精品

---

① 习近平关于社会主义精神文明建设论述摘编 [M]．北京：中央文献出版社，2022：66.

课程，加强对高校网络意见领袖的引领，让高校网络空间成为传播主旋律、弘扬正能量的主阵地，让大学生在潜移默化中受到主流意识形态的熏陶与影响。同时，高校要真实、正确地进行网络思想宣传，把握好意识形态话语传播的"时、度、效"，就要做好高校的网络舆论工作，科学设置高校的网络舆论话题，为高校的大学生网民营造风清气正、温润人心的网络舆论环境。

在互联网这个舆论场上，正确的舆论导向和价值传播显得尤为重要。高校要积极利用现代信息技术，创新传播方式，让主流价值观的声音在校园网络上响亮起来。这不仅需要我们提高内容质量，还需要我们紧跟时代步伐，了解青年大学生的信息需求和传播习惯，以更加贴近他们的方式传递正能量。同时，高校还应加强对校园网络媒体的引导和管理，确保校园网络空间的清朗，让青年大学生能够在健康、积极、向上的网络环境中获取信息、交流思想、开展工作。这样，高校才能在网络舆论战场上取得主动，引导高校网络舆论朝着积极健康的方向发展。

再次，要依法治理网络信息。一方面应依法规范网络信息媒体运营和网民的语言行为，当好信息"把关人"，"抓紧制定立法规划，完善互联网信息内容管理"① 等法律法规，让互联网成为反映民意、纠正错误思想、传播正能量的主要渠道。另一方面要提升网络信息质量，创作更多的优质内容，高质量的信息是意识形态话语权强盛之本，要坚持内容为王，努力生产有益于社会主义发展的话语体系。

要建立健全相关法律法规。在全媒体时代，信息传播的方式和渠道发生了巨大变化，这对现有的法律法规体系提出了新的挑战。为了应对这些挑战，完善法律法规体系至关重要。第一，应当制定全媒体监管相关法律法规，明确全媒体的定义，涵盖传统媒体和新兴媒体，以及线上线下各种渠道的信息传播方式。同时，需要分配监管职责，确保各级政府及相关部门在全媒体监管中的职责明确，形成协同监管的格局，提高监管效率。第二，应制定内容标准，加强对全媒体内容的审查，以确保传播内容的合法性和积极性。这包括制定全媒体内容标准，涵盖新闻、信息、娱乐、广告等各个领域的内容要求，规范全媒体传播秩序。同时，需要加强对全媒体内容的审查，防止不良信息的传播，维护社会稳定，保护公众的身心健康。此外，为了鼓励创新和保护创新成果，应制定知识产权法律法规，明确知识产权的范围，包括专利、商标、著作权等，并规定侵权行为的界定和惩处措施。通过加大对侵权行为的惩处力度，如提高罚

---

① 习近平．习近平谈治国理政：第一卷［M］．北京：外文出版社，2014：198.

款额度、设立惩罚性赔偿等，可以有效震慑潜在的侵权者，维护原创者的合法权益。第三，制定实施细则，明确监管职责、程序和要求，确保法律法规的可操作性和执行力。通过制定实施细则，可以具体明确各级政府部门、监管机构及其工作人员在执行法律法规过程中的职责和权限，防止出现监管空白和重复监管。同时，规定监管程序，设定监管要求，引导企业自律，规范经营行为。通过这些措施，可以维护社会公平正义，促进经济社会的健康发展。

要强化执法力度。为了维护全媒体领域的秩序和意识形态安全，强化执法力度是关键。第一，需要加大执法力度，对全媒体领域的违法违规行为进行严肃查处。这包括对虚假新闻、侵权行为、传播不良信息等违法违规行为进行严厉打击，以维护全媒体领域的健康发展。对于涉及意识形态安全的重大问题，要迅速响应，依法严肃处理，确保不会对国家和社会稳定产生负面影响。第二，建立联合执法机制，加强各职能部门之间的沟通与协作。这种跨部门的联合执法机制可以集中各方的资源和力量，形成监管合力，共同维护全媒体领域的安全稳定。对于跨部门、跨领域的违法违规问题，通过联合执法行动，可以更加高效地解决问题，确保全媒体领域的秩序和意识形态安全。通过这些措施，可以有效地强化执法力度，维护全媒体领域的稳定和发展。

在加强网络信息内容的建设方面，我们要积极推动高质量内容的创作与传播，确保网络信息的真实性、准确性、正面性；我们要强化正面宣传，唱响时代主旋律，弘扬社会主义先进文化，为构建和谐社会贡献力量；我们应注重利用网络平台，普及科学知识，推广先进技术，提升国民素质，丰富人民的精神世界。此外，网络空间不是法外之地，我们要倡导文明上网、理性发声，抵制和打击网络谣言、低俗信息等负面内容，确保网络环境的清朗。在网络文化建设中，我们必须做到正能量充沛、主旋律高昂，并通过正面引导，激发网络空间正能量，让积极向上的声音成为网络的主旋律；我们要利用各种媒体资源，创新宣传方式，用喜闻乐见的形式，让社会主义核心价值观深入人心，为人们提供丰富的精神食粮。

最后，要主动掌握网络核心技术及其运行规律。网络作为信息传播的重要渠道，对于意识形态安全具有极其重要的影响。因此，高校要增强其意识形态的话语权和维护好自身的意识形态安全，就需要把网络这个核心技术掌握在自己的手中。因为，掌握网络核心技术有利于高校在意识形态工作中发挥主动性，掌握核心技术可以使高校在网络意识形态斗争中占据有利地位，更加有效地传播主流价值观，塑造良好的网络舆论环境。当然，这并不意味着高校要完全封闭，而是要在开放包容的基础上，加强网络安全技术研究和应用，确保网络空间的意识形态安全。习近平总书记就曾明确指出，网络方面不掌握核心技术，就等于永远给别人留一个自由进入自家的后门或钥匙，"谁进来了不知道、是敌是友不知道、干了什么不知道"①。因此，"网络技术这种核心力量必须掌握在我们自己手中，才能牢牢掌握意识形态工作主动权"②。尤其是在全媒体时代，随着信息技术的日新月异，高校网络空间已然成为意识形态斗争的重要场域。高校作为人才培养和科学研究的重要基地，不仅承载着知识的传授，还承担着大学生价值观的塑造和意识形态的教育任务。因此，在当前的国际环境中，掌握网络核心技术及其运行规律对于维护我国高校意识形态安全、确保我国文化教育领域的发展方向至关重要。第一，网络核心技术是全媒体时代意识形态工作的物质基础。随着5G、人工智能、大数据、云计算等技术的迅速发展，信息的传播速度大大加快，形式更加多样，范围更加广泛。高校要有效地进行意识形态教育，就需要掌握这些技术，利用它们为意识形态工作服务，提升教育的针对性和有效性。第二，网络核心技术是全媒体时代意识形态工作的战略资源。在网络空间中，谁掌握了核心技术，谁就能控制信息传播的渠道和节奏，从而在意识形态领域发挥更大的影响力。高校作为我国高层次人才聚集地，有责任在网络核心技术研发和应用上发挥重要作用，为维护我国意识形态安全贡献力量。第三，网络核心技术是全媒体时代意识形态工作的关键保障。在网络空间，信息安全面临着各种威胁，如网络攻击、数据泄露等。因此，高校只有掌握了网络核心技术，才能有效防范这些威胁，才能确保高校意识形态工作得到更为有效的开展，也才能进一步维护好高校意识形态的安全。第四，高校在提高自身网络技术水平的过程中，要熟悉网络信息的传播规律，追踪大学生的网络行为轨迹，了解大学生的网络行为，增强分析和研判网络信息对大学生的影响趋势，以此建设健康的网络内容，积极引领大学生形成正确的价值观。

第五节　发挥全媒体的传播优势

随着大数据、互联网、人工智能的发展，现代科技技术与现代传播媒体的有机融合，推动了现代传播媒体的转型升级。全媒体作为现代传播媒体的主要

① 习近平. 在网络安全和信息化工作座谈会上的讲话 [M]. 北京：人民出版社，2016：17.

② 任丽梅. 文化技术视阈下加强意识形态建设的新思考 [J]. 学术论坛，2018，41（6）：79-84.

形态，它不仅已经成为影响人们学习、生活、工作的重要载体，还成为意识形态话语传播和增强意识形态话语权的重要载体。习近平总书记就曾明确指出："要运用新媒体新技术使工作活起来，推动思想政治工作传统优势同信息技术高度融合，增强时代感和吸引力。"① 因此，高校意识形态工作与新媒体技术的深度融合，一方面可以增强高校意识形态工作的时代感、吸引力和趣味性；另一方面还能够更好地抓住信息化浪潮的机遇及其面临的严峻挑战，并在不断创新和进取的过程中，达到切实提升高校意识形态工作实效性之目的。所以，在全媒体时代，高校要发挥好现代传播媒体的优势，加大对全媒体的推广与使用，以此实现全面增强高校意识形态话语权之目的。

一、发挥全媒体的算法推荐功能优势

算法推荐是基于用户行为、属性、关系的遗留数据，依数据挖掘出用户潜在的偏好与需求，在信息传播场域进行个性化推荐的一种信息自动化智能分发技术。随着大数据、物联网、区块链、人工智能等技术耦合、深入推进，算法推荐技术正弥散在各类互联网资讯平台，以独特的技术范式重塑现代信息传播环境。算法推荐作为一种新兴的传播机制，会影响意识形态的传播，如它内在地决定了传播规则的制定者、内容的选择者、信息的推送对象以及所关注的问题领域。在这种机制下，意识形态传播主体的思想观念和价值理念的传播，依赖于算法权力的合理运用和规范管理。在算法推荐技术的支持下，现代传播领域不再仅仅依赖于传统的传播模式，而是立足于用户的需求，通过不断优化信息推送模式，提升用户体验，实现意识形态理论化话语的系统化和精准化传播。显然，这种传播方式充分利用了媒体融合发展的优势，将意识形态的话语融入多元化的传播渠道和平台中，提供更加贴合受众思维方式和接受习惯的信息内容。因此，在全媒体时代，思想理论的传播不再是单一的、扁平化的，而是变得更为立体化和精准化。

在全媒体时代，算法推荐是一种技术能力，即"随着大数据技术的发展，机器学习能力不断提升，通过计算系统实现对数据的精准收集和处理，进而开展信息匹配的技术能力"②。大数据技术、人工智能技术为全媒体的算法推荐提

---

① 习近平在全国高校思想政治工作会议上强调　把思想政治工作贯穿教育教学全过程　开创我国高等教育事业发展新局面［N］. 光明日报，2016-12-09（1）.

② 陈联俊. 算法技术的新挑战与网络思想政治教育的新举措［J］. 思想理论教育导刊，2021（4）：126-130.

供了技术支撑，使全媒体具有了算法推荐和机器学习的能力，这种能力使全媒体传播的信息内容能够满足不同用户的个性化需求，为用户提供了更为精准的信息。算法推荐技术不仅可以高效地生产信息和分发信息，还能够根据受众的反馈和互动数据，不断优化和调整传播策略，使主流价值得到更广泛、更深入的传播和认同。具体来说，算法推荐系统通过分析用户的行为数据、偏好设置、搜索历史等，可以有效预测用户可能感兴趣的内容，并据此向用户推荐信息、商品或服务。机器学习是实现算法推荐系统的核心技术，它使得系统能够自动从数据中学习并改进其推荐策略，通过不断学习用户反馈和行为，这些系统可以越来越准确地预测用户的喜好。由此可见，全媒体的智能化传播技术能够为用户提供更加个性化的体验，这不仅提高了用户满意度和效率，还能够更有效地传达给目标受众，实现更好的市场效果。从技术角度来看，全媒体的算法推荐功能确实可以为用户提供更为精准的信息，通过分析用户的历史行为、兴趣爱好、地理位置等因素，算法可以推断出用户可能感兴趣的内容，并将这些内容推荐给用户。

在全媒体时代，随着人工智能技术在现代传播领域的广泛运用，意识形态的传播已经不再局限于传统的主导式、集中化的传播模式，而是向着更为互动和个性化的方向发展，尤其是智能化传播。全媒体的这种智能化传播是随着信息科技尤其是人工智能技术的飞速发展而产生的一种新型传播方式。在全媒体时代，信息的生产、加工、传播和接收都呈现出智能化特征，这不仅改变了信息传播的效率和范围，而且对社会的信息结构和人们的生活方式产生了深刻影响。而全媒体的算法推荐功能就是智能化传播的一种有效方式，这种传播方式使得设计者能够依靠这一技术实现对兴趣用户的精准"投食"，主动达成内容的个性化定制，自动实现"按需服务"，从而在不同圈层传递思想观念、引导价值取向。在这个过程中，通过数据的深度挖掘和智能分析，可以精确识别不同群体的信息偏好，实现传播内容的个性化推荐和精准推送，从而使得思想理论和各种社会舆论得以高效传播与正确引导。这种传播方式的优势在于，它能够充分考虑到每位用户的个体差异和兴趣点，通过算法推荐，将最相关的信息传递给用户，极大地提高了信息的传播效率和用户的接受程度。一方面，从工具属性来看，算法推荐作为一种自动化工具为高校精准传播意识形态话语提供了技术支撑。人工智能技术可以协助媒体机构进行内容的创作和编辑，以及跨语言的翻译和传播工作，使意识形态传播跨越文化和语言的障碍，触及更广泛的受众。因此，高校要发挥好智能化传播的优势，通过聚合师生员工分散在不同领域的数据，可有效分类主题、细分受众，精准提炼师生员工的兴趣偏好，了解他们的最新思想行为动态和现实需要，进而科学判断高校意识形态发展趋势和工作重点，主动把主旋律、正能量的信息资源实时投放给师生用户，以实现传播对象的针对性、传播效果的最大化。另一方面，从价值属性看，算法推荐不纯粹是一种技术，更是一种价值表达，自身存在着意识形态的属性。因为，基于数据和算法支持的精准传播，可以有效地分析反馈信息，实时调整传播策略，可以对舆论进行积极引导，促进社会共识的形成。在"算法"的设计逻辑上如何推荐、推荐的对象、推荐什么内容都受技术研发者或使用者主观思想和价值观的操纵，控制着一定的利益分配、价值导向。习近平总书记强调，"探索将人工智能运用在新闻采集、生产、分发、接收、反馈中，用主流价值导向驾驭'算法'，全面提高舆论引导能力"①。在当今信息爆炸的时代，人工智能技术在新闻产业的运用已经成为一种趋势，我们可以从新闻采集、生产、分发、接收、反馈等多个环节探索其应用。通过运用人工智能技术，我们可以更好地引导社会舆论，传递主流价值观，提高舆论引导能力。具体来说，在新闻采集方面，利用人工智能技术，可以自动抓取热点话题、关键词等信息，辅助记者进行新闻线索的挖掘和筛选。同时，人工智能可以对大量数据进行高效分析，帮助记者发现潜在的新闻价值，提高新闻报道的针对性并加深深度。在新闻生产方面，人工智能可以在新闻撰写、编辑、校对等方面发挥作用。例如，自动化地生成新闻稿、提高文本编辑的速度和准确性等。此外，通过人工智能对多媒体素材的处理，可以实现新闻报道的快速制作与发布。在新闻分发方面，借助人工智能算法，可以实现新闻的精准推送，将符合受众兴趣和需求的内容推送给他们。这有助于提高新闻传播的效果，扩大主流价值观的影响力。在新闻接收方面，人工智能可以帮助用户筛选出高质量的新闻内容，去除虚假、低俗等信息。此外，智能推荐系统可以根据用户的行为和兴趣偏好，为用户推荐具有针对性的新闻，提高用户体验。在新闻反馈方面，人工智能可以对用户评论、点赞、分享等行为进行数据分析，实时掌握新闻传播的效果。据此，我们可以调整新闻报道策略，以更好地传递主流价值观。由此可见，将人工智能技术应用于新闻产业，可以提高舆论引导能力，传递主流价值观。因此，高校作为高新技术研发的重要基地之一，既要加强技术研究、保持技术"嗅觉"、积极拥抱新技术，也要积极强化和引导算法技术的正向运用，主动规避算法的"黑箱操作""认知窄化""信息茧房"等负面效应，让"算法"承载更多的主流意识形态信息，使其在高校意识形态话语权提升中发挥最大价值。

---

① 习近平.习近平谈治国理政：第三卷［M］.北京：外文出版社，2020：318.

在网络信息环境中，算法推荐技术的作用不仅限于提供个性化的内容推荐，它还承担着维护意识形态安全的重要职责，通过高效的大数据分析能力和精细的算法模型，算法推荐能够筛选和识别出潜在的意识形态安全风险，形成一道坚固的媒介屏障，保护意识形态话语权的稳定；通过构建网络信息加工处理的"气泡"，有选择地过滤和处理网络信息，有效地识别和隔离那些可能对意识形态安全构成威胁的内容；通过风险的防范、筛查和监测，算法推荐能够及时发现并智能化处理意识形态安全问题，从而维护网络空间的清朗。在当前网络舆论多元、网络舆情复杂的背景下，强化算法权力的合理运用、深化算法伦理的规范、落实算法责任的管理，是充分利用算法技术优势、精准识别和应对意识形态安全问题和风险的必然要求。

二、发挥全媒体的数据可视化功能优势

在全媒体时代，数据可视化作为一种新兴的传播方式，数据可视化是将数据转化为图形或图像的过程，以便更直观、更易于理解地传达信息。因此，高校运用好全媒体的数据可视化功能，可以增强意识形态话语的吸引力。全媒体的数据可视化功能是指在多种媒体平台上，利用图表、图像、动画等形式，把复杂的数据信息通过视觉元素进行转换和表达，以增强信息的传播效果、提升用户体验和决策效率的能力，这种功能可以帮助人们更直观、更有效地理解和处理复杂的数据信息。数据可视化特指一种数据转化显示技术，是"数字化"时代帮助人们观察、理解复杂数据的重要途径。中国传媒大学何光威教授认为，"大数据可视化技术主要是通过计算机图形图像手段展现数据的基本特征和隐含规律，辅助人们更好地认识和理解数据，进而支持从庞杂混乱的数据中获得需要的领域信息和知识"[1]，以此来实现原始数据的价值。因此，在数据从 GB（103^3MB）—TB（103^3GB）—PB（103^3TB）级快速增长、数据类去"中心化""结构化"形势下，把大数据可视化技术应用于高校意识形态宣传可有助于直接营造出形式生动、场景亲和等类型的传播场域，数据可视化在全媒体领域的应用对于提升意识形态话语的传播质量和增强意识形态话语权具有重要意义。

首先，数据可视化技术能够生成形式生动的图像传播。数据可视化技术是将数据转换为视觉元素（如图表、图形、地图等）的过程，以帮助青年大学生理解主流意识形态背后的信息和模式。在传播方面，形式生动的数据可视化图像具有以下五方面的优势：一是能够提升对高校意识形态的理解效率，相关研

---

① 何光威. 大数据可视化［M］. 北京：电子工业出版社，2018：1.

究表明，人脑对图像的处理速度远快于文字和数字，生动形象的可视化图表能更快地帮助观众捕捉到关键信息；二是能够增强记忆，富有视觉冲击力的图像更容易被记住，这意味着通过数据可视化传播主流意识形态的相关信息，更容易在传播受众中留下深刻的印象；三是能够激发学习兴趣、增强学习主动性与求知欲，好的数据可视化作品往往能激发传播受众的好奇心，促使他们主动探索主流意识形态话语背后的故事；四是能够强调重点，通过色彩、大小、位置等视觉元素的巧妙运用，数据可视化可以突出重点信息，引导传播受众关注最重要的主流意识形态话语；五是能够形成多样化表达模式，数据可视化技术支持多种形式的表达，如条形图、折线图、饼图、热力图、3D 模型等，能够满足不同场景和需求。由此可见，数据可视化技术在图像传播中发挥着至关重要的作用，它不仅能够提升信息的传播效果，还能够增强高校主流意识形态的说服力和影响力。况且，现代信息研究表明，"人每天所接受的信息中约83%通过视觉获得"①。由此可见，视觉化的传播形式更受人们的喜爱，普遍成为人们了解世界、获取新知的方式，如快手、抖音、B 站、微视频等社交媒介普及就是其深刻体现。高校意识形态理论本身具有抽象性、唯理性、权威性等特征，过往意识形态宣传依赖于课堂灌输、文件宣讲、理论说教等，形式比较"僵硬"、被动、无趣，而新技术赋能下抽象的意识形态理论借助数据可视化可转化为直观的图形或图像，并构成集文字、音频、图表、图片、视频等为一体的多觉共生传播样态，从而增强意识形态理论宣传的生动性、直观性、透彻性，拉近与青年大学生的距离，以此达到进一步增强意识形态话语的吸引力、说服力之目的，从而最终达到切实增强意识形态话语权的效果。

其次，数据可视化技术能够构建更加亲和的教育场景。在全媒体数据可视化功能的支持下，信息的交互性和共享性得到了极大的增强，一种更加互动和双向的交流方式得以建立。这种模式不仅使意识形态教育者与青年大学生之间的对话变得更加平等和亲切，而且还更加符合现代大学生的需求，因为它不仅提供了丰富多样的信息，还鼓励青年大学生积极参与和表达自己的观点。众所周知，随着全媒体应用的普及，现代大学生习惯了信息的快速流动和多元来源，他们希望能够与教育者和其他学生进行真正的互动和交流。因此，他们更倾向于接受那些能够提供丰富信息、鼓励积极参与和促进真实对话的教育方式。所以，当全媒体的数据可视化功能为现代大学生的意识形态教育提供了一种更加互动、共享和平等的方式之时，这种方式不仅能够更好地满足大学生的信息需

---

① 转引自沈恩亚. 大数据可视化技术及应用 [J]. 科技导报，2020，38（3）：68-83.

求，还能够促进他们的思考和参与，从而也能够更好地实现意识形态教育的目标。

再次，数据可视化技术能够优化信息传递，提高信息传递效率。数据可视化能够将复杂、抽象的数据转换为具体、直观的图像，有效降低主流意识形态话语信息传递过程中的失真和误解；数据可视化技术能够把复杂的数据以图表、图像等形式展示出来，更是与美学、传播学等学科齐头并进，把复杂数据信息以更适宜的图景传递给用户实现有效沟通，并在整体构建过程中形成声音高低适中、颜色适合大众审美、视觉感知立体真实的传播场景。此外，数据可视化技术还可以将数据与实际场景相结合，以形象、直观的方式呈现数据背后的价值和意义，使得信息更加直观、易懂。显然，这既有助于提高信息传递的效率，也能够让用户快速地了解和掌握所需要的信息，从而达到进一步提高数据信息的说服力，真正让用户更容易接受和信任数据所传递的信息内容。

最后，在 AR、VR 等虚拟技术的创新引入下，意识形态传播数据可视化不仅更有代入感、亲近感，还可以使主流意识形态话语能够以故事化的方式呈现，即可以通过讲述与数据相关的故事，引领大学生更好地理解和记忆抽象的意识形态概念。例如，在阐释改革开放以来我国经济发展取得的成就方面，就可以通过一张图表展示我国改革开放以来的经济发展数据，并结合具体的人物故事来说明这种发展如何影响了普通人的生活；在弘扬主旋律与传播正能量方面，可以通过马克思经典故事、红色历史故事、爱国主义故事等情景的虚拟呈现，可为青年大学生带来穿越时空"身体在场"感知，营造一种沉浸式、体验感的传播环境，以此加深对主流意识形态话语的情感体验。为此，高校可以利用数据可视化手段，把我国在科技、经济、文化等领域的发展成就，让师生更直观地感受在党的领导下国家取得的辉煌成果，并将社会主义核心价值观、党的历史、中国特色社会主义理论体系等抽象概念具象化，使之更具吸引力和感染力；高校要注重互动性，鼓励师生参与评论、转发、点赞，增强意识形态传播的活跃度；高校应深入研究数据可视化在意识形态领域的应用规律，构建具有中国特色、高校特点的意识形态话语体系，这包括总结党的意识形态工作规律，提炼高校意识形态工作的成功经验，以及创新意识形态传播方式等；高校要加强数据分析与挖掘，利用大数据、人工智能等技术手段，对师生意识形态需求进行深入分析和挖掘，为高校意识形态工作提供有力支持。通过以上措施，高校可以充分发挥全媒体数据可视化功能，增强意识形态话语权，培养具有正确价值观的社会主义建设者和接班人。

三、有效运用媒体融合的技术优势

在全媒体时代，现代传播媒体技术与意识形态是一个不可分割的整体，要牢牢把握高校意识形态的话语权就需要现代传播媒体的支撑。因此，在新时期，高校要有效地开展意识形态工作，提升意识形态工作的效能，就应当要主动适应新时代信息技术的发展要求，善于使用现代传播媒体的平台，积极发挥现代传播媒体的技术优势，不断创新宣传手段和方式，通过多元化的传播渠道和形式，提高现代传播媒体宣传的到达率和影响力。然而，现实的情况是我国在根服务器、数据安全、舆情监控、防火墙建设等网络核心技术领域落后于西方发达国家，习近平总书记就曾明确指出："互联网核心技术是我们最大的'命门'，核心技术受制于人是我们最大的隐患。"① 互联网核心技术，作为网络意识形态的基石，其掌握和运用程度直接关系到国家网络意识形态安全的命脉。如果我们在这个关键领域缺乏核心技术的自主研发和创新能力，就意味着我们在互联网领域的话语权和主动权将受到严重制约，这种受制于人的局面将是我们在网络时代面临的最大隐患。因此，我们必须下大气力进行核心技术的研究与开发，确保在互联网这一重要领域中，能够自立自强，确保国家的长远发展和人民的根本利益。对高校意识形态话语权而言，高校要勇于担负起核心技术自主创新的使命和责任，顺应网民、市场、国家的需要加大数字媒体技术投入力度，强化科研攻关、成果转化，筑牢高校主流意识形态话语传播安全屏障。同时，我们也要做好对新兴媒体的使用与管理，加强党对媒体的管理原则，警惕西方以技术、资本的绝对优势在网络媒体操纵意识形态话语，努力让更多的数字媒体平台更好地为高校意识形态话语权的提升服务。

现代传播媒体已经成为意识形态话语传播的重要载体，谁对现代传播媒体拥有绝对的主导权，谁就拥有了意识形态的话语权。习近平总书记指出："我们要运用信息革命成果，加快构建融为一体、合而为一的全媒体传播格局。"② 在全媒体时代，信息革命带来了巨大的变革力量，全媒体作为引领社会舆论的重要力量，我们要充分利用信息革命成果，加快构建全媒体传播格局，以便更好地传递主流价值观，满足人民群众多样化的信息需求。为此，其一，要整合多元化的现代传播媒体，构建全媒体传播格局要求我们将传统媒体与新兴媒体有机结合，实现信息传播的多元化，包括报纸、电视、广播等传统媒体要与互联

---

① 习近平在网络安全和信息化工作座谈会议上的讲话［EB/OL］. 新华社，2016-04-25.

② 习近平. 习近平谈治国理政：第三卷［M］. 北京：外文出版社，2020：318.

网、社交媒体、移动应用等新兴媒体融合发展，打破媒体壁垒，实现资源共享，形成覆盖广泛、立体化的传播网络。

高校要积极推动新旧媒体一体化融合发展，实现新旧媒体的优势互补与有机融合，主动推动其在内容传播、信息获取、平台经营管理等方面的深度融合，告别传统媒体"一对一"或"一对多"的单一传播形式，构筑起"多对多"的无界面传播，让意识形态话语传得开、有人信，等等。在全媒体时代，我们要借助人工智能、大数据等现代先进技术，加大对网络主流意识形态的采集、生产和分发的力度，积极提升主流意识形态传播的速度和效果，确保主流意识形态话语能够得到迅速传递，要加快主流媒体的转型升级，充分发挥主流媒体的"喉舌"作用，让主流媒体承载马克思主义、社会主义等话语体系传播，主导社会舆论，规避不良信息在网络场域的散布，使主流媒体更具"传播力、引导力、影响力、公信力"①，推动主流媒体不断提高信息传播的质量，使其所传递的信息内容更具有准确性、时效性、权威性。另外，主流媒体要强化舆论引导，充分发挥引导舆论的作用，积极传播党的理论创新成果，阐释党的路线方针政策，回应社会关切，引导社会群体正确理解党和政府的决策部署。通过主流媒体，让主流意识形态话语能够"全员、全过程、全方位"育人，切实达到全面增强高校意识形态话语权之目的。

第六节　坚定大学生的理想信念，维护高校
意识形态安全

理想信念是精神之基、思想之魂，坚定大学生的理想信念，引领大学生树立正确的价值观，有助于大学生的成长成才，对于维护高校的意识形态安全也具有重要的现实意义。

理想信念是人们精神世界的重要支撑，其本质在于对真理的追求、对美好生活的向往以及对社会责任和历史使命的担当；理想信念是人们思想观念的核心组成部分，是指导人们行动和决策的灵魂，是面对困难和挑战时保持坚定信心和勇气的源泉。大学生作为国家未来的栋梁，坚定的理想信念是他们积极投身于学习、工作和生活的精神动力，是他们在面临人生抉择时坚持正确道路的精神支柱，是他们在复杂多变的社会环境中保持清醒的头脑，始终坚持社会主

---

① 习近平. 加快推动媒体融合发展 构建全媒体传播格局 [J]. 求是，2019（6）：4-8.

义核心价值观，为实现中华民族伟大复兴的中国梦而努力奋斗。因此，坚定大学生的理想信念，意味着要使大学生深刻认识到中国特色社会主义的伟大事业，坚定对中国共产党领导、社会主义制度的信仰，坚信自己在这个伟大事业中能够发挥积极作用。当然，在这个过程中高校要积极引领大学生树立正确的世界观、人生观和价值观，引导他们在成长过程中不断丰富自己的精神世界，增强辨别是非、抵御错误思想的能力，使他们成为实现中华民族伟大复兴中国梦的中坚力量。坚定大学生的理想信念，高校还需要从坚定大学生的文化自信、警惕意识形态陷阱、掌握意识形态话语权等方面着力，以此达到切实维护好高校的文化性、政治性和总体的意识形态安全。

一、提升大学生的辨识力，坚定大学生的理想信念

大学生的辨识力是指大学生能够分辨不同信息的价值和真实性，以及在复杂的环境中做出正确判断的能力。理想信念影响着人们的价值判断与社会活动，对大学生这一特殊群体来说，坚定的理想信念，才能使大学生在成长过程中坚定正确的世界观、人生观和价值观，形成独立思考的能力，保持积极向上的精神风貌，以及形成良好的道德品质，从而为他们的成长成才奠定坚实的基础。卡尔·西奥多·雅斯贝尔斯（Karl Theodor Jaspers）曾说："真正的权威来自内在的精神力量，一旦这种内在的精神力量消失，外在权威也随之消失。"[①] 马克思主义、社会主义、共产主义理想信念是大学生的精神之"钙"，是筑牢高校意识形态话语的精神之基，是大学生成长成才的方向标和精神引擎。作为有一定理论基础和价值判断力的大学生，高校要积极引领他们多学多悟、真懂真信，使其自觉做社会主义的信仰者、传播者和实践者，防止落入敌对势力巧妙设计的意识形态圈套。

坚定大学生理想信念的前提是要提升大学生的辨识力。当代大学生被称为"网络土著"，兼具信息生产者与制造者双重身份，可自由地在网络媒体获取信息、发表言论，使其在网络舆论场拥有一定的话语权。因而在"两制"意识形态较量中大学生要保持意识形态敏感度，自觉提高信息分辨能力，坚定理想信念，对于维护高校意识形态安全和增强高校意识形态话语权等都具有重要的现实意义。为此，我们要提高大学生的信息分辨力。而要提高青年大学生网络信息辨识力的前提和基础就是要提升大学生的网络信息素养，这种素养不仅涵盖

---

① 雅斯贝尔斯. 什么是教育 [M]. 邹进，译. 北京：生活·读书·新知三联书店，1991：70.

了信息辨别的能力，还涉及在网络环境中保持高度自我保护的意识。具体而言，提升网络信息素养包括教育大学生如何高效地检索、评估和应用网络信息，以及如何识别和防范网络中的虚假、有害信息。通过这种教育，大学生能够更加成熟地使用网络资源，对于各种信息能够进行理性的分析和判断，从而更好地保护自己的合法权益，避免受到不良信息的侵害。在这个过程中，高等教育机构和相关教育部门应承担起责任，通过开设相关课程、举办讲座和实践活动，为青年大学生提供系统的培训和指导，使他们能够在复杂多变的网络环境中保持清醒的头脑，帮助他们树立正确、积极的网络价值观，为他们的未来发展打下坚实的基础。

当代国际意识形态话语权之间的斗争形势超过以往，呈现出更加复杂、多变的态势，如网络舆论场域众声喧哗，且夹带着各种思想观念的信息内容泥沙俱下，西方"人权至上论""中国威胁论""普世价值论"等错误观念频频在网络媒体"发酵"，各种上纲上线和"泛政治化"的网络评论也层出不穷，大学生对此要提高警惕、理性分析、自觉抵制，避免被西方过度包装的意识形态内容所蒙蔽，被西方话语所带偏。此外，大学生作为"网络原住民"，既要顺应新的话语斗争形势，坚决抵制西方话语霸权大行其道，也要增强社会主义意识形态敏锐性，明晰网络场域话语内容的价值实质，以免沉迷于网络虚拟世界而不能自拔。

高校要积极利用习近平同志关于青年工作的重要理论引领大学生坚定理想信念。习近平同志高度重视青年的价值取向问题，并明确指出"青年的价值取向决定了未来整个社会的价值取向，而青年又处在价值观形成和确立的时期，抓好这一时期的价值观养成十分重要"[①]。因此，增强大学生的自控力，既关涉着大学生的成长成才，也关涉着国家的未来、民族的希望。而坚定的理想信念是大学生具有强大自控力的基石，是大学生坚定政治立场、抵御社会思潮误导的决定性要素。习近平总书记指出："当代青年面对着深刻变化的社会、丰富多样的生活、形形色色的思潮，更需要在理想信念上进行有力引导。"[②] 因为，理想信念坚定，精神上就不会缺"钙"，奋斗就有方向、事业就有动力、思想就不会偏离、立场就不会动摇，即会形成强大的自控力。那么大学生应该树立什么样的理想信念呢？关于这个问题，习近平总书记在纪念五四运动 100 周年大会

---

① 习近平. 习近平谈治国理政：第一卷 [M]. 北京：外文出版社，2018：172.
② 中共中央文献研究室. 习近平关于青少年和共青团工作论述摘编 [M]. 北京：中共中央文献出版社，2017：23.

上的讲话中已明确指出，"新时代中国青年要树立对马克思主义的信仰、对中国特色社会主义的信念、对中华民族伟大复兴中国梦的信心"①。

为此，首先，高校积极引领大学生坚定马克思主义信仰。马克思主义理论是人民的理论、实践的理论、开放的理论，它吸收了人类文明的成果，揭示了人类社会发展的规律，推动了时代、实践和认识的发展，成为引领人类社会进步的科学指南。我们要广泛动员大学生主动学习马克思主义理论，引领大学生深刻领悟马克思主义理论精髓，并在学深悟透中促进大学生坚定马克思主义信仰。具体来说，我们不仅要推动大学生能够自觉运用马克思主义的立场、观点和方法来批判和分析各种思想文化，还要让大学生成为最忠实的马克思主义信仰者和实践者。

其次，高校要积极引领大学生坚定中国特色社会主义信念。"中国特色社会主义是我们党带领人民历经千辛万苦找到的实现中国梦的正确道路，也是广大青年应该牢固确立的人生信念。"② 认识中国、了解世界是坚定中国特色社会主义信念的前提，是坚定"四个自信"的基础，正如习近平总书记所言，要增强"中国特色社会主义道路自信、理论自信、制度自信"就要"引导人们全面客观认识当代中国、看待外部世界"③。因此，要坚定"四个自信"，就要积极引导青年大学生全面、客观地认识当代中国的发展状况，以及正确地看待全球范围内的各种现象和问题，这是引导青年大学生更好地坚持和发展中国特色社会主义的现实需要，是实现中华民族伟大复兴中国梦的重要保障。为此，我们要引领大学生坚定对中国特色社会主义的信念，就要从中国现代化发展的历史进程与现实世界发展概况的纵横比较中，引领大学生理解和认清中国特色社会主义。具体来说：在纵向比较中，引领大学生认识改革开放以来我们从一个生产落后、物质贫乏的国家发展成一个科学技术位居世界前列、已全面建成小康社会国家的变化历程；在横向比较中，引领大学生把握中国特色社会主义的强大生命力及其为解决世界重大问题所提供的中国智慧和中国方案，以此推动大学生全面理解只有中国特色社会主义才能发展中国，促进大学生深刻认清我们选择中国特色社会主义的必要性和必然性，以此来进一步坚定大学生对中国特色社会主义的信念。

最后，高校要积极引领大学生坚定中华民族伟大复兴中国梦的信心。"中国

① 习近平．习近平谈治国理政：第三卷［M］．北京：外文出版社，2020：334．
② 习近平．在同各界优秀青年代表座谈时的讲话［N］．光明日报，2013-05-05（2）．
③ 中共中央文献研究室．习近平关于全面深化改革论述摘编［M］．北京：中央文献出版社，2014：86．

梦是历史的、现实的，也是未来的；是国家的、民族的，也是每一个中国人的；是我们的，更是青年一代的。中华民族伟大复兴终将在广大青年的接力奋斗中变为现实。"①

中国梦是凝聚全国各族人民共同奋斗方向的强大理念，它代表了中华民族对于繁荣富强、民族振兴的深刻期望，这个梦想不仅是国家层面的追求，也是每一位中华儿女，尤其是年轻一代应该坚定持有的崇高理想。青年大学生是国家的未来和民族的希望，他们肩负着实现中国梦的历史使命，既要积极地引领他们树立远大志向，也要引领他们为实现国家的全面发展和民族的伟大复兴而努力奋斗，让青年大学生能够为实现中国梦贡献自己的智慧和力量，共同书写中华民族发展的壮丽篇章。这是习近平总书记基于国内外复杂的社会环境、现代化建设的根本任务和青年大学生的成长成才的现实需要，提出中华民族伟大复兴中国梦是青年的远大理想。追梦是圆梦的动力、圆梦是追梦的目的，实现中国梦是一场接力赛，大学生是中华民族伟大复兴中国梦的建设者，我们要在实现中华民族伟大复兴的赛道上激励大学生用艰苦朴素、勤劳勇敢、奋勇争先的优秀品质实现理想，引领大学生用争做时代先锋的理念书写无愧于时代的精彩人生，进一步坚定中华民族伟大复兴中国梦必将在广大青年的接力奋斗中变为现实的信心②。

二、坚定大学生的文化自信，维护高校文化性意识形态安全

文化具有意识形态属性，文化性意识形态安全就是文化安全。西方敌对势力与反华势力，从文化性意识形态的视角对西方制度文化、道路文化的推崇备至，实质是要维护西方文化的中心地位。为此，我们要维护好我国的文化性意识形态安全，我们就要坚定大学生的文化自信。"文化自信，是更基础、更广泛、更深厚的自信，是更基本、更深沉、更持久的力量。"③ 文化自信是一个多维度、多层次的概念，它不仅是一个国家或民族内在价值的表现，也是社会稳定、经济发展、国际交流、教育传承和个人心理健康的重要基础；文化自信的广泛性体现在它对一个国家、一个民族的全面、全过程的影响，它是全面建设社会主义现代化国家、实现中华民族伟大复兴的重要力量，它不仅涉及文化领

---

① 习近平在同各界优秀青年代表座谈时强调　在实现中国梦的生动实践中放飞青春梦想　在为人民利益的不懈奋斗中书写人生华章［N］. 光明日报，2013-05-05（1）.

② 十八大以来重要文献选编（上）［M］. 北京：中央文献出版社，2014：277.

③ 习近平. 习近平谈治国理政：第二卷［M］. 北京：外文出版社，2017：349.

域，还涉及经济、政治、社会、科技等各个方面；文化自信的深厚性体现在对历史文化、民族文化、时代文化的深入挖掘、传承和发展，对本国、本民族文化历史、文化传统、文化价值的深刻理解和认同，为国家和民族的发展提供源源不断的文化滋养；文化自信的深沉性在于它是国家和民族发展的基石，具有更为深沉的力量，能够在困难和挑战面前保持坚定的信念，保持国家和民族的生机和活力；文化自信的持久性体现在它能够跨越时间和空间，为国家和民族的发展提供长期的精神支撑。坚定的文化自信能够在多元复杂的文化环境中坚定立场、明确方向、抵制诱惑，这不仅是维护意识形态安全的内在要求，还是全面建设社会主义现代化国家、实现中华民族伟大复兴的重要保障。

我们要加大对青年大学生的教育，抵制错误思想文化对青年大学生的消极影响。邓小平同志曾明确指出："十年最大的失误是教育，这里我主要是讲思想政治教育，不单纯是对学校、青年学生，是泛指对人民的教育。"①

因此，新时代加强对青年大学生的意识形态教育对于增强意识形态话语权同样具有非常重要的意义。

首先，青年大学生是我国的未来和希望，他们是国家发展和社会进步的中坚力量，加强青年大学生的意识形态教育，有助于增强民族凝聚力；青年大学生正处于价值观形成的关键期，他们的思想观念和价值取向直接影响到我国未来社会的走向，通过强化教育，我们可以把社会主义主流意识形态融入他们的思想行为中，使他们成为坚定信仰、积极践行社会主义主流意识形态的楷模；加强青年大学生的意识形态教育有助于构建全员、全过程、全方位的意识形态工作体系，即将意识形态工作与教育、文化、科技等各个领域相结合，形成全社会共同参与的意识形态工作格局。

其次，我们要积极引领大学生认清错误思想的精神实质，坚定中国特色社会主义道路文化、制度文化的自信。这两个方面的文化自信是坚定社会主义信念的精神之基，是铸牢共同理想的价值之魂，是巩固主流意识形态在价值引领、目标导向、理论建构等方面的重要保障。如果没有这两个方面的文化自信，那么坚定走中国式现代化道路和坚持中国特色社会主义制度就会失去精神动力。

再次，要推动中国特色社会主义文化的繁荣发展。某一文化自信的程度取决于文化的生命力，而某一文化的生命力又取决于某一文化能否繁荣发展。当然，文化的繁荣发展必须围绕我国主流意识形态来发展，改革开放以来，我国文化繁荣发展的事实证明，如果文化发展偏离了我国主流意识形态的方向，不

---

① 邓小平. 邓小平文选：第三卷［M］. 北京：人民出版社，1993：306.

仅文化发展会失去方向和动力，而且意识形态的安全也必将丧失屏障和防护网。

最后，在社会实践中彰显文化优势。文化自信源于文化优势，文化优势既形成于社会实践，又反作用于社会实践。对中国特色社会主义文化来说，它形成于中国式现代化道路的伟大实践，在创造人类文明新形态的伟大成就中彰显了自身的优势，成为坚定我国制度文化自信、道路文化自信的底气。具体来说，中国式现代化道路所创造的人类文明新形态，不仅验证了党的理论、方针、政策的科学性、前瞻性和长远性，而且还证明了中国特色社会主义文化的先进性和优越性。

三、提升大学生的政治警惕性，维护高校政治性意识形态安全

提升大学生的政治警惕性，就是要增强大学生的政治警惕意识，防范西方意识形态陷阱，这是维护高校政治性意识形态安全的内在要求。"政治性意识形态安全"是政治安全的重要内容，属于政治安全范畴。"政治安全主要是指一个国家由政权、政治制度和意识形态等要素组成的政治体系，相对处于没有危险和不受威胁的状态，以及面对风险和挑战时能够及时有效防范、应对，从而确保国家良好政治秩序的能力。"① 政治性意识形态安全作为政治安全体系中的一个重要元素，是政权安全、制度安全的保障。

一方面，我们要引导大学生认清西方反华势力与敌对势力扛着"自由""民主""人权"等大旗，并大张旗鼓地宣称西方自由民主制度是人类意识形态的终点、现代化就是西方化、马克思主义过时论等错误论调的真正用意及其内在的逻辑误区，警惕、抵制西方实施"和平演变"与"颜色革命"之图谋，抹灭西化、分化中国的野心和挫败其妄图拔根去魂之目的。

另一方面，对于我们自身存在的问题，不要回避，要主动澄清、解释其存在问题的原因，消除大学生的疑虑。尤其是新时代背景下，我们不仅要解释好我国当前存在的主要矛盾，还要积极引导大学生理性看待我国当前存在的主要问题，"避免一些具体问题演变成政治问题、局部问题演变成全局性事件，避免出现大的意识形态事件和舆论漩涡"②。

四、掌握高校意识形态话语权，维护总体意识形态安全

总体意识形态安全是总体国家安全的重要内容之一，是总体国家安全状态

---

① 全国干部培训教材编审指导委员会. 全面践行总体国家安全观［M］. 北京：人民出版社，党建读物出版社，2019：70.

② 中共中央文献研究室. 习近平关于社会主义文化建设论述摘编［M］. 北京：中央文献出版社，2017：53.

下国家主流意识形态的相对稳定与安全，其内容涉及阶级意识形态、网络舆论、价值观、政权安全、文化安全等领域，是意识形态领域中的大安全。因此，维护总体意识形态安全不能仅着眼于某一具体领域、某一具体问题的意识形态安全，而要从全局、系统、整体、长远的角度去"维护整个意识形态系统的安全，甚至是整个国家安全"①。从话语这个角度来说，就要构建具有中国特色的话语体系、参与国际议题的话语设置、推动主流意识形态话语大众化等，牢牢掌握意识形态话语权。

首先，构建具有中国特色的话语体系。"话语是权力，人通过话语赋予自己权力。"② 话语权既包括有能耐、有地位、有实力的隐性话语权，又包括有思想、有理论、做传播的显现话语权。而牢牢掌握意识形态话语权的首要前提是要构建属于中国特色的话语体系。话语体系是对知识体系和思想体系的概括，话语体系的实现过程就是转化为话语权的过程。没有话语体系支撑的话语表达，是一种碎片化的话语声音，这种话语表达难以形成真正的话语权。因此，我们要构建的话语体系是具有中国气派、中国风格的话语叙事体系，是能够全面、深刻、系统、客观地诠释我国的发展理念、理想抱负、价值观念等方面的话语内容，是能够更好地表达中国价值、传播中国声音、塑造中国形象、彰显中国智慧等融通中外的概念表述，这既是我们能够真正掌握话语权的保障，也是防止用西方话语来解读中国现实和避免陷入西方话语陷阱的内在要求。

其次，积极参与国际事务，注重设置话语议题。设置话语议题是引领社会舆论、掌握话语权的关键。当前，随着中国崛起，西方敌对势力对中国极尽污蔑、诋毁之言语已不攻自破，但在世界议题主要由西方设置、国际规则主要由西方书写、国际秩序主要由西方主导的旧格局下，我们要掌握话语权就要扎实理论功底、增强思想厚度，大力推动新型智库建设，为积极参与国际事务、设置国际议题贡献力量，防止我们的话语失灵，以扭转"西强我弱"的话语格局。

最后，推动我国主流意识形态话语大众化。推动马克思主义意识形态话语大众化，并用贴近现实、贴近生活的话语来明义析理，形成理论深刻、说理透彻的话语内容。具体来说，我们要针对不同受众群体、运用不同话语表达方式，阐释我国的价值理念，诠释人类文明的多样性、而不是单一性，以此引领人们不要盲目崇拜西方文化。

---

① 唐爱军. 论新时代意识形态安全 [J]. 马克思主义研究，2022 (6)：125-135, 156.
② 李慎明. 厘清国际关系理论中几个流行话语的本质内涵 [J]. 毛泽东邓小平理论研究，2011 (5)：73-76, 85.

结　语

　　意识形态在根本上是关于价值观念的体系，它是对社会成员行为规范和道德准则的抽象表达，这种意识形式不是孤立存在的，它源自并影响着社会存在的各个方面。作为一种深层次的社会思想体系，意识形态不仅仅是社会成员个体的价值观念和信仰体系，更是一个社会集体智慧和精神力量的体现，它在社会生活中发挥着规范行为、引导理想、整合资源和促进发展等多重作用，是社会运行和发展不可或缺的组成部分。曾有学者明确指出，"意识形态本质上是一种价值观，是一种规范、高级的社会意识形式，并且立足于社会存在。因此，意识形态所显示出来的作用更多来自意识的功能和精神的力量，来自这种社会主导价值观对社会成员的精神信仰、理想追求等方面的作用"①。意识形态话语权作为意识形态在实际运行中的重要呈现方式之一，它不仅深刻影响和塑造着人们的思想观念和价值取向，还对人们的思维方式、价值取向、利益诉求有着较为显著的影响力和控制力，它还是国家文化软实力的重要体现。

　　全媒体属于现代传播领域的范畴，它与意识形态结合在一起就具有了精神价值的属性。全媒体时代信息生产、传播与消费，在一定程度上加重了意识形态的问题，使意识形态变得更加复杂，这对增强高校意识形态话语权来说是一项重大课题。全媒体与高校意识形态话语权的问题，主要是关于全媒体与高校意识形态话语权的耦合过程中，给高校意识形态话语权带来的机遇与挑战的问题。在机遇方面，全媒体作为现代传播载体，它拥有诸多传播媒体所不具备的传播优势，这种优势是增强高校意识形态话语权的时代机遇，如在高校意识形态话语表达方式的层面，在新发展阶段，高校可以通过把握媒体融合发展的机遇，借助媒体融合发展优势，发挥智能传播媒介精准推送的功能，可以让话语表达形式呈现出更加生动、形象的画面，使其越来越具有吸引力。全媒体的智能算法推荐优势对高校意识形态话语主体而言，可以借助智能算法干预技术功

---

① 　王岩．我国意识形态建设的使命与方略［N］．光明日报，2011-04-18（11）.

能，根据不同话语对象的兴趣爱好、性格差异等，运用智能算法技术有针对性地推荐不同话语信息内容，以满足不同话语主体的内在需要，达到切实把技术优势转化成增强高校意识形态话语权的现实成效之目的。在挑战方面，各种非主流意识形态会借助全媒体这个现代传播载体，通过竭力夺得话语先机、占领话语高地的行为，使高校意识形态话语权面临着较为严峻的困境，这种困境主要表现为随意性的话语表达、戏谑化的话语阐释、海量化的话语碎片、虚拟化的话语呈现、隐匿性的话语渗透等，给增强高校意识形态话语权带来了挑战。因此，我们要占领高校意识形态的主阵地，维护高校意识形态安全，就要深入开展调查研究，全面系统深刻地把握高校意识形态话语权所面临的现实问题，明确大学生对高校主流意识形态话语认同度偏低的内在因素，发挥高校意识形态工作队伍的作用，积极引领大学生树立正确的价值观，发挥现代传播媒体的优势功能，精准推送主流意识形态的话语信息等形式。

全媒体空间与高校场域都是各种思想文化的聚集地与传播场，尤其是虚拟网络空间已经成为各种社会思潮和价值观较量的新领地、新场域。从当前高校青年大学生的活动场域来看，他们习惯于在网络社交媒体中表达观点、传递诉求、发泄情绪等。这也意味着随着现代网络信息技术的高速发展和高校青年大学生活动场域的新变化，高校的意识形态工作重心也需要在时空上发生相应的变化。因此，本书以全媒体为背景，探讨高校意识形态话语权的时代境遇，其中重点研讨高校意识形态话语权面临的困境，把握其存在的重要成因，以构建有效的应对策略。这对于维护高校意识形态安全，提升高校师生员工的政治认同，增强家国情怀，凝聚精神力量，汇聚共同价值，规范思想行为，传播好和阐释好主流价值理念，在复杂的思想领域发出理性之声，传播社会正能量和提升校园舆论质量等，有着重要的意义。

"媒体融合发展是一篇大文章。"① 我们要积极运用信息革命成果，推动媒体融合向纵深发展，"是要做大做强主流舆论，巩固全党全国人民团结奋斗的共同思想基础，为实现'两个一百年'奋斗目标，实现中华民族伟大复兴的中国梦提供强大精神力量和舆论支持"②。高校作为我国人才培养和科学研究的重要基地，应积极拥抱信息革命成果，主动推动媒体融合向纵深发展，这有助于进一步壮大主流舆论的影响力，有助于巩固高校师生员工团结奋斗的共同思想基础，为推动中华民族伟大复兴的中国梦提供坚实的精神动力和舆论支持。因此，

① 习近平．习近平谈治国理政：第三卷［M］．北京：外文出版社，2020：320．
② 习近平．习近平谈治国理政：第三卷［M］．北京：外文出版社，2020：316．

高校要充分发挥其在传播先进文化、弘扬民族精神、引领社会风气等方面的积极作用，通过深度校园媒体融合，将传统媒体与新兴媒体的优势相结合，打造一批具有高度传播力、引导力、影响力和公信力的优秀媒体产品，以此来宣传党的主张，传递党的声音，为全面建设社会主义现代化国家营造良好的舆论氛围；高校要积极创新舆论引导方式，善于运用新媒体、新技术，拓宽传播渠道，提升传播效果；高校要紧密结合师生员工的实际需求和兴趣点，生产出更多有深度、有温度、有品质的媒体内容，传播正能量，推动社会主义核心价值观深入人心；高校要加强媒体融合人才的培养，提高人才培养质量，通过设置相关专业、课程和实践平台，培养一批具备创新精神、专业素养和实战能力的媒体融合人才，为我国媒体事业发展提供强大的人才支撑；高校在增强意识形态话语权的过程中要注重意识形态教育话语的亲和力和感染力，坚持真理性和科学性，提升舆论引导能力，为意识形态建设提供保障，为高校提供价值引领和规范指导，营造良好的意识形态环境，助力防范意识形态陷阱；要构建意识形态监测系统，及时发现和化解意识形态安全隐患；要发挥全媒体的功能和优势，"讲好中国故事，传播好中国声音"，以真实、正向的话语弘扬主旋律、传播正能量，在内汇聚民族大团结的精神力量，向外展示一个不争霸、爱和平、谋大同的中国形象；高校还需要积极组织开展各种各样的主题教育活动，并通过各种活动传播积极的精神力量，营造健康的校园精神文化环境，拓展大学生的精神世界、丰富大学生的精神生活，让主流意识形态顺利转化成大学生的思想意识。

构建全媒体传播格局，"扩大主流价值影响力版图"，"形成网上网下同心圆，使全体人民在理想信念、价值理念、道德观念上紧紧团结在一起"[1]。这对高校而言，要构建全媒体传播格局，就必须致力于"扩大主流价值的影响力版图"，同时注重"形成网上网下同心圆"，从而让师生员工"在理想信念、价值理念和道德观念上紧密团结在一起"，共同构建和谐校园文化、共同推动高校主流意识形态建设。而所谓要"扩大主流价值影响力版图"，事实上就是要在传播内容上坚持马克思主义的指导地位，秉持社会主义核心价值观，积极宣传党的路线、方针、政策；高校还要深入挖掘红色文化、中华优秀传统文化等资源，用富有时代精神和民族特色的文化产品，激发师生员工的爱国情怀，增强民族自豪感。所谓要"形成网上网下同心圆"，就是在传播手段上进行创新，充分利用好互联网技术和平台，将主流价值传播到校园网络的每一个角落。同时，还要注重线下传播，通过举办各种活动，让师生员工在日常生活中感受到主流价

① 习近平. 加快推动媒体融合发展 构建全媒体传播格局［J］. 前线，2019（4）：4-7.

值的魅力。所谓"在理想信念、价值理念和道德观念上紧紧团结在一起"，就是要构建全媒体传播格局的根本目标，即通过传播主流价值，引导师生员工，尤其是青年大学生树立正确的世界观、人生观和价值观，增强"四个自信"，坚定"五个认同"，为实现中华民族伟大复兴的中国梦而努力奋斗。

构建意识形态话语体系，增强意识形态话语实践力。话语体系是一个社群在追求特定目标，如政治、经济、科技、艺术等方面的综合体系，这个体系不仅包含了社群在话语实践中所依赖的由概念、价值、观念、符号和知识等元素共同构成的精神系统，也包括了由组织、机制、体制、程序、设备和技术等共同构成的物质系统。在话语体系中，精神系统是核心，它不仅为社群提供了一个共同的认识框架和交流基础，还决定着社群的价值观念和行为准则；物质系统则是精神系统的具体体现和实施载体，包括组织架构、制度安排、程序设计、技术支持等，它们确保了话语实践的顺利进行。话语体系的存在具有重要的现实意义，它有助于提升社群的凝聚力和向心力，使成员在共同的目标和价值观念下团结一致；它能够促进社群内部的信息交流和知识传播，提高成员之间的沟通效率；它还对社群的外部交往产生影响，塑造了社群的形象和声誉，从而影响了社群与其他社群或个体的交往成效。在高校，我们需要根据社会主义核心价值观，构建具有中国特色的话语体系，以更好地展示我国高校的精神风貌和文化底蕴。同时，我们还要加强高校意识形态话语体系的创新和发展，使之适应时代发展的需求，为我国的政治、经济、科技、艺术等领域的繁荣做出贡献。在这个过程中，我们应当充分挖掘和传承中华优秀文化，将其融入现代话语体系中，使之成为高校意识形态话语体系的重要组成部分。话语实践是一种社会互动的形式，它总是在不同的主体之间进行交流和交往的过程中得到体现。这种实践不仅包括口头语言的交流，也包括书面语言、肢体语言以及各种符号和图像的传递。在当今这个传媒技术高度发达的信息化时代，话语体系已经与传播行为及媒介紧密相连，形成了一个复杂的社会话语网络。这就意味着话语实践不再局限于面对面交流，而是可以通过各种电子设备和网络平台进行远程沟通。这种变化极大地丰富了话语体系的内涵，使得话语实践可以跨越时空的限制，连接全球不同角落的人们。在这个基础上，话语体系与传播行为及媒介的关系变得更加紧密。传播行为不再仅仅是信息的简单传递，更是涉及信息的生产、编辑、选择、分发和消费等多个环节。媒介也不再是单一的信息传递渠道，而是成为塑造公众意识、影响社会舆论、促进文化交流的重要力量。此外，话语体系与传播行为及媒介的紧密结合，也意味着话语权力的重新分配。

高校意识形态话语权要得到切实的提升与强化，需要遵循现代传播媒介的内在规律和现代信息技术的运行机制。在技术层面，智能化传播媒介对增强高校意识形态话语权的作用主要体现在改变意识形态话语的表达方式及其组织模式和动力机制等方面。在全媒体时代，现代传播媒体的开放性、便捷性，使得传播主体呈现多元主体共同参与传播的事实。由于不同传播主体的价值立场、兴趣爱好、知识结构等方面的不同，这意味着媒介空间传播的信息内容并不都是社会主义的主流价值观，并非都符合社会主义主流文化的价值要求。事实上，只有那些坚持社会主义价值立场、始终弘扬主旋律和传播正能量的信息生产主体，才能在全媒体领域为高校师生员工提供更为有效的话语资源。为此，高校意识形态工作主体要善于运用全媒体来增强意识形态话语权，尤其是随着全媒体传播手段的多样性，不仅需要高校意识形态工作主体掌握全媒体的传播技术，还需要高校意识形态工作主体采取差异化的意识形态表达，以适应全媒体技术的发展要求。

总之，"意识形态工作是为国家立心、为民族立魂的工作"①。高校意识形态话语权作为我国高校意识形态话语权的重要一股，对于塑造国家形象、汇聚民族大团结的精神力量、引领大学生树立正确价值观等方面有着极其重要的现实意义。因此，当我们在探讨全媒体与高校意识形态话语权的关系问题时，要从多方面、多领域、多学科去探究这一重要课题。这就意味着我们要彻底搞清楚、弄明白该领域的相关问题，这需要我们进一步探讨全媒体时代高校意识形态的传播规律和特点，分析信息爆炸、舆论多元、价值冲突等给高校意识形态话语权带来的挑战；需要进一步构建全媒体立体多样的现代传播体系，实现精准化供给，增强主流意识形态的凝聚力和引领力；需要进一步研究全媒体时代的网络空间治理和法治保障，探索建立健全相关网络法律法规，依法向网络违法犯罪行为"亮剑"，维护网络安全和社会稳定；需要进一步研究全媒体时代的国际传播和文化交流，探索创新对外话语表达方式，讲好本国故事，传播本国价值观，树立良好的国际形象，提升本国话语的国际影响力，以此达到切实增强高校意识形态话语权的凝聚力、向心力和引导力之目的。

综上，本书对该领域的研究还有诸多不完善的地方，欢迎各位专家学者批评指正！

---

① 习近平．高举中国特色社会主义伟大旗帜　为全面建设社会主义现代化国家而团结奋斗：在中国共产党第二十次全国代表大会上的报告［M］．北京：人民出版社，2022：43.

参考文献

一、中文文献

（一）著作

[1] 中共中央马克思恩格斯列宁斯大林著作编译局. 马克思恩格斯文集：第1—10卷 [M]. 北京：人民出版社，2009.

[2] 中共中央马克思恩格斯列宁斯大林著作编译局. 列宁选集：第1—4卷 [M]. 北京：人民出版社，1995.

[3] 中共中央文献研究室. 毛泽东文集：第一卷 [M]. 北京：人民出版社，2003.

[4] 中共中央文献研究室. 毛泽东文集：第二卷 [M]. 北京：人民出版社，2003.

[5] 中共中央文献研究室. 毛泽东文集：第三卷 [M]. 北京：人民出版社，2003.

[6] 中共中央文献研究室. 毛泽东文集：第四卷 [M]. 北京：人民出版社，2003.

[7] 中共中央文献研究室. 毛泽东文集：第五卷 [M]. 北京：人民出版社，2003.

[8] 中共中央文献研究室. 毛泽东文集：第六卷 [M]. 北京：人民出版社，2003.

[9] 中共中央文献研究室. 毛泽东文集：第七卷 [M]. 北京：人民出版社，2003.

[10] 中共中央文献研究室. 毛泽东文集：第八卷 [M]. 北京：人民出版社，2003.

[11] 中共中央文献研究室. 邓小平文选：第一卷 [M]. 北京：人民出版社，1994.

［12］中共中央文献研究室．邓小平文选：第二卷［M］．北京：人民出版社，1994.

［13］邓小平．邓小平文选：第三卷［M］．北京：人民出版社，1993.

［14］江泽民．江泽民文选：第一卷［M］．北京：人民出版社，2006.

［15］江泽民．江泽民文选：第二卷［M］．北京：人民出版社，2006.

［16］江泽民．江泽民文选：第三卷［M］．北京：人民出版社，2006.

［17］胡锦涛．胡锦涛文选：第一卷［M］．北京：人民出版社，2016.

［18］胡锦涛．胡锦涛文选：第二卷［M］．北京：人民出版社，2016.

［19］胡锦涛．胡锦涛文选：第三卷［M］．北京：人民出版社，2016.

［20］习近平．习近平谈治国理政：第一卷［M］．北京：外文出版社，2018.

［21］习近平．习近平谈治国理政：第二卷［M］．北京：外文出版社，2017.

［22］习近平．习近平谈治国理政：第三卷［M］．北京：外文出版社，2020.

［23］习近平．习近平谈治国理政：第四卷［M］．北京：外文出版社，2022.

［24］中共中央文献研究室．十八大以来重要文献选编（上）［M］．北京：中央文献出版社，2014.

［25］中共中央文献研究室．十八大以来重要文献选编（中）［M］．北京：中央文献出版社，2016.

［26］中共中央文献研究室．十八大以来重要文献选编（下）［M］．北京：中央文献出版社，2018.

［27］中共中央文献研究室．十九大以来重要文献选编（上）［M］．北京：中央文献出版社，2019.

［28］中共中央文献研究室．十九大以来重要文献选编（中）［M］．北京：中央文献出版社，2021.

［29］中共中央文献研究室．十九大以来重要文献选编（下）［M］．北京：中央文献出版社，2023.

［30］波兹曼．娱乐至死［M］．章艳，译．桂林：广西师范大学出版社，2004.

［31］曹清燕．价值多元背景下大学生价值观引导研究［M］．北京：人民出版社，2021.

［32］查德威克．互联网政治学：国家、公民与新传播技术［M］．任孟山，译．北京：华夏出版社，2010.

［33］陈万柏，张耀灿．思想政治教育学原理［M］．北京：高等教育出版社，2015.

［34］董扣艳．全媒体时代思想政治教育过程论［M］．杭州：浙江大学出

版社，2022.

[35] 福柯. 话语的秩序 [M]. 肖涛，译. 北京：中央编译出版社，2001.

[36] 福柯. 权力的眼睛 [M]. 严锋，译. 上海：上海人民出版社，1997.

[37] 福柯. 知识考古学 [M]. 谢强，马月，译. 上海：上海三联书店，1998.

[38] 戈尔巴乔夫. 改革与新思维 [M]. 苏群，译. 北京：新华出版社，1987.

[39] 格兰琴，谭竞辉. 文化价值观与国富国穷 [M]. 北京：新华出版社，2022.

[40] 葛兰西. 狱中札记 [M]. 葆煦，译. 北京：人民出版社，1983.

[41] 葛丽莎. 全媒体环境下的受众新闻信息行为研究 [M]. 上海：上海交通大学出版社，2019.

[42] 宫承波. 新媒体概论 [M]. 北京：中国广播电视出版社，2007.

[43] 何光威. 大数据可视化 [M]. 北京：电子工业出版社，2018.

[44] 亨廷顿，哈里森. 文化的重要作用：价值观如何影响人类进步 [M]. 程克雄，译. 北京：新华出版社，2018.

[45] 黄东霞. 网络意识形态话语权研究 [M]. 北京：中国社会科学出版社，2020.

[46] 蒋宏，徐剑. 新媒体导论 [M]. 上海：上海交通大学出版社，2006.

[47] 卡斯特. 认同的力量 [M]. 夏铸九，黄丽玲，译. 北京：社会科学文献出版社，2003.

[48] 李江静. 网络空间意识形态话语权提升研究 [M]. 北京：人民出版社，2023.

[49] 李仁涵，黄庆桥. 人工智能与价值观 [M]. 上海：上海交通大学出版社，2021.

[50] 李忠军. 意识形态安全与大学生政治价值观研究 [M]. 长春：东北师范大学出版社，2015.

[51] 马尔库塞. 单向度的人：发达工业社会意识形态研究 [M]. 刘继，译. 上海：上海译文出版社，2008.

[52] 曼海姆. 意识形态与乌托邦 [M]. 黎鸣，译. 北京：商务印书馆，2000.

[53] 孟庆顺. 全球化时代世界意识形态流派述评 [M]. 北京：人民出版社，2010.

[54] 邓正来，米勒，波格丹诺. 布莱克维尔政治学百科全书 [M]. 北京：中国政法大学出版社，1992.

[55] 尼葛洛庞帝. 数字化生存 [M]. 胡泳，译. 海口：海南出版社，1997.

［56］聂立清．我国当代主流意识形态认同研究［M］．北京：人民出版社，2010.

［57］瑞泽尔．后现代社会理论［M］．北京：华夏出版社，2003.

［58］赛佛林，坦卡德．传播理论：起源、方法与应用［M］．郭镇之，等译．北京：中国传媒大学出版社，2006.

［59］赛义德．赛义德自选集［M］．韩少波，等译．北京：中国社会科学出版社，1999.

［60］申文杰．马克思主义意识形态话语权理论阐释与实践探索［M］．北京：人民出版社，2017.

［61］汤荣光．普世价值论辩缘起与走向［M］．北京：中央编译出版社，2014.

［62］唐登然．高校意识形态话语权建设研究［M］．北京：中国社会科学出版社，2020.

［63］陶丹，张浩达．新媒体与网络广告［M］．北京：科学出版社，2001.

［64］托夫勒．权力的转移［M］．吴迎春，傅凌，译．北京：中信出版社，2006.

［65］万美容．青年学概论［M］．北京：中国人民大学出版社，2016.

［66］王珂．历史与发展：全过程人民民主的逻辑理路与国际话语权构建［M］．上海：上海人民出版社，2023.

［67］王永贵．经济全球化与我国社会主流意识形态建设研究［M］．北京：人民出版社，2010.

［68］王永进．高校意识形态工作话语权研究［M］．上海：上海交通大学出版社，2017.

［69］王智平，李建民．大学文化论［M］．北京：中国社会科学出版社，2009.

［70］徐志远．现代思想政治教育学范畴研究［M］．北京：人民出版社，2009.

［71］许宝强，袁伟．语言与翻译的政治［M］．北京：中央编译出版社，2001.

［72］许哲．自媒体话语权研究［M］．北京：知识产权出版社，2018.

［73］雅斯贝尔斯．什么是教育［M］．邹进，译．北京：生活·读书·新知三联书店，1991.

［74］杨立英，曾盛聪．全球化、网络化境遇与社会主义意识形态建设研究［M］．北京：人民出版社，2006.

［75］杨昕．中国共产党意识形态话语权研究［M］．北京：社会科学文献出版社，2015.

[76] 俞吾金. 意识形态论 [M]. 北京：人民出版社，2009.

[77] 詹姆士. 实用主义 [M]. 陈羽纶，孙瑞禾，译. 北京：商务印书馆，1979.

[78] 张爱武. 马克思主义国际话语权演进的历史考察及基本经验 [M]. 北京：社会科学文献出版社，2023.

[79] 张军成. 价值观的力量：大学生社会主义核心价值观教育研究 [M]. 北京：光明日报出版社，2016.

[80] 张小平. 社会主义核心价值观 [M]. 北京：人民出版社，2021.

[81] 张耀灿，郑永廷，吴潜涛，等. 现代思想政治教育学 [M]. 北京：人民出版社，2006.

[82] 张耀灿. 中国共产党思想政治教育史论 [M]. 北京：高等教育出版社，2006.

[83] 周敏，王蕊. 全媒体时代下的国际视野与数字变革 [M]. 北京：中国国际广播出版社，2023.

[84] 朱孔军. 高校意识形态工作研究 [M]. 广州：中山大学出版社，2015.

[85] 朱文婷. 当代中国主流意识形态话语权范式借鉴与自主构建研究 [M]. 武汉：华中科技大学出版社，2019.

[86] 朱兆中. 当代中国的价值追求 [M]. 上海：上海人民出版社，2012.

[87] 朱兆中. 中国社会主义意识形态建设纵论 [M]. 上海：上海人民出版社，2003.

[88] 左凤荣. 世界大变局与中国的国际话语权 [M]. 北京：商务印书馆，2020.

（二）期刊报纸及其他

[1] 白洁. 全媒体时代思想政治理论课教学理念的守正创新 [J]. 思想教育研究，2020（4）.

[2] 曹建文. 话语权视域下维护意识形态安全的"三重逻辑"[J]. 马克思主义研究，2019（6）.

[3] 陈志勇. 自媒体环境下高校社会主义意识形态话语体系建构 [J]. 思想理论教育导刊，2019（12）.

[4] 崔聪. "资本化"思维方式对青年价值观的消极影响及其应对 [J]. 当代青年研究，2020（1）.

[5] 崔士鑫. 建设"全媒体"，推动媒体融合向纵深发展：深入学习习近平总书记"1·25"重要讲话精神 [J]. 传媒，2019（3）.

[6] 戴正聪. 媒体融合时代传统报纸的发展模式创新分析 [J]. 新闻研究导刊, 2023, 14 (10).

[7] 冯刚, 梁超锋. 新时代高校意识形态安全体系构建的基本原则和重点 [J]. 思想理论教育导刊, 2020 (2).

[8] 冯刚, 徐先艳. 时代新人的生成逻辑、基本特征和培育路径 [J]. 教学与研究, 2022 (4).

[9] 葛彦东. 掌握意识形态话语权初探 [J]. 思想理论教育导刊, 2015 (1).

[10] 何小勇. 媒体融合背景下主流意识形态话语权的提升 [J]. 东岳论丛, 2018, 39 (8).

[11] 侯惠勤. 意识形态话语权初探 [J]. 马克思主义研究, 2014 (12).

[12] 侯惠勤. 意识形态话语权建设方法论研究 [J]. 中共贵州省委党校学报, 2016 (2).

[13] 侯丽羽, 张耀灿. 论思想政治教育话语的三种基本形态 [J]. 马克思主义研究, 2018 (12).

[14] 胡刚. 当代中国马克思主义意识形态话语权的审视与建构 [J]. 社会主义研究, 2016 (5).

[15] 黄君录. 新媒体时代高校主流意识形态话语权的建构 [J]. 学校党建与思想教育, 2016 (11).

[16] 姜黎黎. 马克思主义意识形态话语权建设面临的形势及其路径 [J]. 中学政治教学参考, 2019 (4).

[17] 蒋桂芳. 关于网络意识形态建设的思考 [J]. 思想理论教育导刊, 2019 (1).

[18] 揭晓, 王永贵. 论社会主义意识形态话语权提升的基本逻辑 [J]. 思想教育研究, 2019 (8).

[19] 李宏伟. 意识形态话语权的四个基点 [J]. 理论月刊, 2016 (1).

[20] 李金城. 媒介素养测量量表的编制与科学检验 [J]. 电化教育研究, 2017 (5).

[21] 李娟. 试论新媒体语境下思想政治教育话语建设面临的挑战及对策 [J]. 思想理论教育导刊, 2021 (3).

[22] 李丽, 童静静. 数字时代的网络公共空间: 泛娱乐化危机及其教育治理 [J]. 教育学术月刊, 2023 (8).

[23] 李慎明. 当代中国特色社会主义面临的机遇与挑战 [J]. 毛泽东思想研究, 2014 (3).

[24] 李晓广，朱楷文．新时期精神扶贫内涵阐释、现实困境与实践进路 [J]．山东农业大学学报（社会科学版），2019，21（4）．

[25] 林辉．新时代大学生网络话语权的引导化育探析 [J]．思想理论教育导刊，2019（2）．

[26] 刘畅．以传统文化复兴工程为契机巩固高校意识形态话语权 [J]．学校党建与思想教育，2017（18）．

[27] 刘德寰，朱琦．颠覆与重塑：下一代人工智能的传播学意义 [J]．新闻爱好者，2023（9）．

[28] 刘迪．高校意识形态话语权机制：基本内涵、构成要素及运行价值 [J]．思想理论教育导刊，2018（12）．

[29] 刘经纬，董前程．对完善高校意识形态工作话语体系、掌握话语权的探讨 [J]．思想教育研究，2015（9）．

[30] 刘康．"去中心化——再中心化"传播环境下主流意识形态话语权面临的双重困境及建构路径 [J]．中国青年研究，2019（5）．

[31] 刘康．形散神不散：碎片化传播环境下如何维护马克思主义的整体性 [J]．宁夏社会科学，2018（2）．

[32] 刘书林．坚持社会主义办学方向办好人民满意的教育：学习习近平总书记在全国教育大会上的重要讲话 [J]．思想理论教育导刊，2018（11）．

[33] 刘正斌，赵碧波．保持党的先进性必须大力抵御西方意识形态渗透 [J]．南京政治学院学报，2001（5）．

[34] 刘忠厚．信息网络时代社会主义意识形态建设新探 [J] 理论学刊，2009（2）．

[35] 孟威．改进对外传播构建"中国话语体系" [J]．新闻战线，2014（7）．

[36] 聂智，邓验．自媒体领域主流意识形态话语权的构成要素及衡量维度 [J]．湖南师范大学社会科学学报，2016，45（5）．

[37] 沈阳．"四全"媒体的新内涵与技术新要求 [J]．青年记者，2019（7）．

[38] 宋建武．全媒体传播体系的内涵与媒体融合趋势 [J]．青年记者，2020（27）．

[39] 宋建武．智能推送为何陷入"内容下降的螺旋"：智能推送技术的认识误区 [J]．人民论坛，2018（17）．

[40] 王家传．塞义德后殖民理论对福柯和德里达理论的借鉴 [J]．厦门大学学报（哲学社会科学版），2001（3）．

[41] 王永友，阳作林，耿春晓．高校主流意识形态话语式微的表现、成因

及应对 [J]. 高校辅导员, 2018 (5).

[42] 王玉鹏. 媒介帝国主义与资本主义意识形态话语权批判 [J]. 马克思主义研究, 2020 (5).

[43] 文大山. 挑战与回应: 新媒体时代的意识形态话语权 [J]. 中国社会科学院研究生院学报, 2016 (3).

[44] 武雅君, 范益民. 融媒体时代主流意识形态话语权的建构 [J]. 新闻爱好者, 2020 (4).

[45] 肖峻峰. 论媒体的交互性 [J]. 中国出版, 2001 (8).

[46] 肖永平, 蔡俊. 强化网络安全观掌握治理主动权 [J]. 红旗文稿, 2016 (11).

[47] 邢长敏. 论新媒体定义的重构 [J]. 新闻爱好者, 2009 (20).

[48] 阳作林, 张波. 高校主流意识形态话语困境及其破解 [J]. 学校党建与思想教育, 2018 (13).

[49] 杨华. 强化高校意识形态话语权论析 [J]. 学校党建与思想教育, 2018 (8).

[50] 杨丽, 郭清. 新时代高校意识形态话语权: 特征、问题及应对 [J]. 黑龙江高教研究, 2021, 39 (1).

[51] 姚君喜, 刘春娟. "全媒体"概念辨析 [J]. 当代传播, 2010 (6).

[52] 于鹏, 邱燕妮. 全媒体时代公共危机舆情传播路径与演化机理研究 [J]. 中国行政管理, 2019 (8).

[53] 曾长秋, 曹挹芬. 网络环境下维护社会主义意识形态话语权的新特点 [J]. 学习论坛, 2015 (6).

[54] 詹志华, 黎林娟. 新媒体视域下高校意识形态话语权建设 [J]. 学校党建与思想教育, 2020 (22).

[55] 张国祚. 关于"话语权"的几点思考 [J]. 求是, 2009 (9).

[56] 张骥, 申文杰. 马克思主义意识形态话语权在我国思想宣传领域面临的挑战与实现方式探究 [J]. 当代世界与社会主义, 2011 (1).

[57] 张林. 自媒体空间中国主导意识形态话语权建构的正当性澄明: 以"网络意识形态终结论"批判为视角 [J]. 湖北社会科学, 2019 (11).

[58] 张三元. 话语、话语权与话语体系的思辨: 兼论中国价值跨文化传播话语体系的构建 [J]. 江汉论坛, 2023 (9).

[59] 张欣宇, 周荣庭. 全媒体观念的产生、概念与特征 [J]. 出版发行研究, 2021 (4).

［60］张有奎. 资本逻辑与虚无主义的批判［J］. 哲学动态，2011（8）.

［61］张芝萍. 全媒体视角下高校突发事件的应对与引导［J］. 中国高等教育，2015（12）.

［62］郑永廷，林伯海. 坚持高校意识形态工作的领导权与话语权［J］. 思想理论教育，2015（4）.

［63］柯士雨. 让思政理论"看得见、摸得着、用得上"——贵州师范大学探索构建立体化思政教育模式［N］. 中国教师报，2023-06-14（9）.

［64］石中英. 贯彻党的教育方针要在全面上下功夫［N］. 中国教育报，2018-09-25（2）.

［65］汪勇，柴颖. 贵州师范大学：传承红色文化 创新思政课教学［N］. 光明日报，2023-06-19（9）.

［66］谢新洲. 推动媒体融合向纵深发展［N］. 人民日报，2019-03-26（9）.

［67］张岂之. 努力提炼中华优秀传统文化的精神标识——构建中国特色哲学社会科学［N］. 人民日报，2019-02-18（9）.

二、英文文献

（一）著作

［1］ROSENBLUM L D. See What I'm Saying：The Extraordinary Powers of Our Five Senses［M］. London：W. W. Norton & Company，2010.

［2］GEUSS R. The Idea of a Critical Theory［M］. Cambridge University Press，1981.

（二）期刊

［1］THOMAN E. Skills & Strategies for Media Education［J］. Toronto：Media Literacy Resource Guide，1989.

［2］MOORE N. Developing the Use of a Neglected Resources：the Growth of Information Management［J］. Journal of Information Science，1989，15（2）.

附录 A　全媒体时代高校意识形态话语权的调查问卷

亲爱的同学：

感谢您能抽出时间参与此次调查！为了更好地了解高校意识形态话语权的现状，我们特别组织了这次调查，希望能够得到大家的支持与合作，本问卷采用匿名形式，被调查者相关信息绝不对外公开；本问卷中的问题无对错之分，所采集的数据仅供学术研究之用，请您以最真实的感受，如实填写。非常感谢您的帮助！

问卷填写说明：

凡问卷没有特别注明的选项皆为单选。

Ⅰ 基本信息

1. 您的性别是？（　　　）

A. 男　　　　　B. 女

2. 您所在的年级是？（　　　）

A. 大一　　　　B. 大二　　　　C. 大三　　　　D. 大四（含大五）

3. 您的政治面貌是？（　　　）

A、中共党员（含预备党员）　　　B. 共青团员　　　C. 其他

Ⅱ 主体部分

1. 您对以下传播媒体的信任情况。

选项	完全信任	比较信任	一般	有点不信任	完全不信任
社会主流媒体					
草根大众媒体					
社会精英媒体					

2. 您对高校意识形态话语主体的信任度。

选项	完全信任	比较信任	一般	有点不信任	完全不信任
高校党委					
高校行政管理部门					
思政课教师					
辅导员					
学生意见领袖					

3. 您对网络虚拟空间戏说历史、戏谑英雄的态度？

A. 完全不赞同　　　　B. 有点不赞同　　　　C. 一般

D. 比较赞同　　　　E. 完全赞同

4. 在网络空间，您对以下不同类型信息的关注频率？

选项	经常关注	偶尔关注	一般	基本不关注	完全不关注
娱乐性					
新奇性					
理论性					
思想性					
政治性					

5. 您会自觉主动接受高校所倡导的价值观吗？

A. 非常愿意　　　　B. 比较愿意　　　　C. 一般

D. 有点不愿意　　　　E. 非常不愿意

6. 您对全媒体领域话语信息碎片化传播的态度。

A. 完全赞同　　　　B. 比较赞同　　　　C. 一般

D. 有点不赞同　　　　E. 完全不赞同

7. 您在网络媒体中浏览信息的习惯。

A. 仅浏览标题信息来了解信息的大概内容

B. 系统地浏览信息，把握信息涵盖的具体内容

C. 选择性深读或浅读相关信息，了解最想知悉的内容

8. 您受到某些错误价值观影响的原因。（多选）

A. 对错误观念的认识不深刻、不全面、不系统

B. 觉得它符合自己的价值追求

C. 我的同学和朋友中有人认同

9. 您对为了获得流量，在网络虚拟世界随意制造谣言的态度。

A. 完全赞同　　　B. 比较赞同　　　C. 一般

D. 有点不赞同　　E. 完全不赞同

10. 您在择业时考虑的因素有哪些？（多选）

A. 工资待遇

B. 社会贡献

C. 社会地位

D. 单位性质

E. 专业对口

F. 个人发展空间

G. 生活环境（区域位置、交通便利）

H. 其他

11. 您在网络虚拟社会交往活动中，为了发泄心中的不满和获得更多的关注度，是否存在编造谎言、虚构事实的情况？

A. 经常存在　　　B. 偶尔存在　　　C. 不存在

12. 您对西方文化的态度？

A. 非常喜欢　　　B. 比较喜欢　　　C. 一般

D. 有点不喜欢　　E. 非常不喜欢

13. 您去过西方国家吗？

A. 去过　　　B. 没有去过

14. 您了解西方的文化吗？

A. 听家人、朋友、老师等提到过，了解一些

B. 在书籍、影视、网络文化中看到过相关介绍，比较熟悉

C. 非常熟悉

D. 不熟悉，不了解

15. 您对高校思想政治理论课教学内容的态度？

A. 教学内容非常丰富、深刻，对自己的发展具有引领作用

B. 教学内容僵化，现实性、针对性、创新性不强

C. 一般

附录 B 全媒体时代高校意识形态话语权的访谈提纲

亲爱的老师：

您好！

感谢您能抽出时间参与此次访谈！为了更好地了解高校意识形态话语权的现状，我们特别组织了这次访谈，希望能够得到您的支持与合作，本次访谈采用匿名形式，受访者相关信息绝不对外公开；本次访谈无对错之分，所采集的数据仅供学术研究之用，请您以最真实的感受，如实回答。非常感谢您的帮助！

1. 您对现代信息传播技术的熟悉程度？

2. 您对现代传播技术的熟悉程度及利用现代传播媒体宣传高校意识形态话语的频率？

3. 您对过滤高校网络信息内容面临困境的看法？

4. 您对全媒体领域话语信息的碎片化传播与戏谑化内容的看法？

5. 您利用现代传播媒体宣传高校意识形态话语的频率？

6. 您主要讲授的思想政治理论课的课程？

7. 您对马克思主义经典著作的熟悉程度？

8. 您对马克思主义发展史的熟悉程度，尤其是对欧洲马克思主义、苏联马克思主义和中国化马克思主义的熟悉程度？

9. 您会自觉主动地把中华优秀传统文化融入思政课吗？

10. 您对高校大学生价值取向功利化的看法？

11. 贵校是否有专门作为宣传主流意识形态的网站及其实践基地？

12. 您在思政课教学中会考虑学生的学科背景、兴趣爱好吗？

后　记

　　时光荏苒，岁月如梭。不觉然已在贵州师范大学工作6年有余，在繁忙的时光岁月中，我不断思考高校意识形态教育与高校意识形态话语权的相关问题。作为高校思政课教师，我深知高校是培养社会主义建设者和接班人的重要基地，高校思政课是高校意识形态教育的主渠道和主阵地，而高校思政课教师则是提升高校意识形态教育实效性和增强高校意识形态话语权的关键元素。因此，如何在高校思政课教学中有效地进行意识形态教育，提升意识形态话语权，成为我重要关注的研究方向和研究领域。功夫不负有心人，通过长期的知识积淀与不断思考探索，我围绕高校意识形态相关领域，在报纸杂志公开发表了多篇学术论文，获批一项省级哲学社会科学课题，而本书就是在这些前期研究成果的基础上形成的。因此，这部《高校意识形态话语权建设研究——基于全媒体的视角》的著作是我多年来围绕意识形态相关领域的思考与总结的结果。

　　科研工作，常常被形容为一场孤独而漫长的旅程。它要求我们深入未知，探索那些隐藏在现实背后的规律和真理。在这个过程中，我面临着无尽的艰难与困苦，但同时也孕育着快乐与成长。这种快乐，不在于短暂的成就和赞誉，而在于对知识的探索和追求。当我突破自己的认知边界，当我发现那些隐藏在现实背后的真相与规律，当我能够用辛勤耕耘的研究成果去探索现实所面临的问题、分析现实问题的成因和构建解决问题的策略时，那种成就感和喜悦是无以言表的。这种快乐，是一种深层次的满足感，是对自己努力和坚持的最好回报。如今，当我完成这部专著时，心中充满了诚挚的感激之情。在此，我想对所有关心、支持并参与这部著作的良师益友表示衷心的感谢。首先，要感谢我国意识形态领域的专家学者。正是他们的不懈努力和探索，才使得我国意识形态相关领域拥有丰富的研究成果。他们的论文、著作为我提供了宝贵的学术资源，使我能够在撰写这部专著时受益匪浅。其次，感谢贵州师范大学马克思主义学院路世传书记和李俊奎院长的支持与鼓励，尤其要感谢马克思主义学院副书记、副院长彭法教授的关心和大力支持，使得该书能够顺利出版。再次，我还要感谢我指导的研究生——李文亮、水茂榕、徐湘玉、朱迪、赵丽娜等，他们年轻有为、朝气蓬勃，在意识形态领域的研究方面有着自己独到的见解，为本书的撰写注入了新的活力。尤其在问卷调查发放阶段，他们不辞辛劳，在各个网络平台发放调查问卷，不仅为我节省了宝贵时间，还扩大了我的调查范围，使本部著作的调查数据更具客观性和说服力。最后，我还要向我的家人表示感谢。在撰写这部专著的过程中，他们始终关心我的健康状况和学术进展，给予我无尽的关爱和支持。尤其是我的爱人赖小妹女士，不仅无怨无悔地承担起了所有的家务，使我不为家务分心，还为本书收集了丰富的参考资料，并帮忙发放、统计和分析调查问卷。若没有她的支持，我不可能取得今天的成就。正是得益于家人的支持和鼓励，让我在艰难的科研道路上始终保持信心和勇气。

《高校意识形态话语权建设研究——基于全媒体的视角》这部书的完成，只是我在高校意识形态领域探索的一个起点。未来，我还将不断努力，充分发挥自身优势，继续关注高校意识形态工作方面的相关问题。我深知，科研之路不是一帆风顺的旅途，始终充满着各种艰难与挑战，但正是这些艰辛让我不断成长和进步，让我以更加成熟的心态、更加坚定的信念与更加顽强的毅力，迎接未来的挑战和机遇。

杜朝举

2023 年 12 月于贵阳